24.12.88

Carl Oskar Renner

Der Adner
Schachtelmacher von Berchtesgaden

1705 - 1822

ECORA-VERLAG Prien am Chiemsee

Unser Dank gilt allen, die mitgeholfen haben, daß dieses Buch erscheinen konnte, besonders Herrn Anton Plenk, 1. Bürgermeister von Berchtesgaden, Herrn Karbacher, Herrn Angerer von der Sparkasse Berchtesgaden und dem Verlag A. Plenk KG, Berchtesgaden.

Bildnachweis
Das Ölgemälde für das Titelbild wurde von der Sparkasse Berchtesgaden zur Verfügung gestellt.
Die Bilder im Text wurden mit freundlicher Genehmigung des Verlags A. Plenk KG Berchtesgaden dem Bildband »Berchtesgaden in alten Ansichten« entnommen.

© 1987 ECORA-VERLAG
Otto Eckelmann und Alois Rieder
8210 Prien am Chiemsee

Herstellung:
Rieder-Druckservice GmbH, Prien a. Ch.
Printed in W-Germany
Titelreproduktion: Willi Deinhart, Bernhaupten

Nachdruck, auch auszugsweise nur mit Genehmigung des Verlages.

ISBN 3-923437-04-8

Inhalt

Die Zigeunerinnen	7
Unterm Breithorn	15
Das Verbrechen	25
Das Erbkind	35
Der Solochoralist	45
Der Kanzlist	56
Die Wildschweinjagd	67
Heiliger Abend	78
Im Hofer'schen Weinhaus	87
Der neue Besen	97
Hochzeit und Steinlawinen	108
Am Altstädter Rathausturm	116
Bei den Wetzsteinmachern	126
Die gottselig entschlafene Stoakatz	137
Der Scharfrichtergesell	146
Der Brandstifter	156
Bei den Mönchen am Eisack	164
Die Schnupfmaschine	172
Der Münchner Hexenturm	183
Die Keuschheitskommission	192
Grab Nummer 37	201
Der Papst in München	210

Die Welt geht unter	218
Der Freiball	227
Die Dorothe	237
»Mitkemma tuast, Bazi elendiger!«	246
Die Räuberhöhle Campimont	261
Das Französlein	268
Am Steinernen Meer	277
Die Jakobinerlein	287
Der Hagelschlag	294
Anno 1803	301
Beim König	309
Der »Apostel«	316
Auf der Fronveste	325
Die Schlittenfahrt	335
Der junge Hebenstreit	342
Das letzte Kapitel	351

Die Zigeunerinnen

Kaiserliches Reskript vom 11. Juli 1697:
Erstens: Wir, Leopold von Österreich, erklären für Unser Kronland Böhmen, daß alle Zigeuner für vogelfrei und außerhalb aller Gesetze stehend zu betrachten sind.
Zweitens: Wir erklären, daß alle aufgegriffenen Zigeunermänner dem Tode durch den Strang zu verfallen haben.
Drittens: Wir erklären, daß allen Zigeunerweibern und männlichen Zigeunerkindern (jedoch nur bis zum 18. Lebensjahr) im Betretungsfalle das rechte Ohr abzuschneiden und an den Galgen zu nageln ist, sie selbst aber dreimal um den Galgen herum zu peitschen und nach Ausstellung eines Reverses mit Rutenstreichen über die Grenze zu jagen sind.
Viertens: Wir verpflichten alle Grenzgemeinden Unseres Königreiches Böhmen, an den grenznahen Straßen und Wegen Tafeln mit dieser Unserer Erklärung aufzupflanzen und zugleich neben jeder Tafel als verständliches Warnungszeichen einen Galgen aufzurichten.
Fünftens: Wir bedrohen mit schweren Strafen (Vermögende mit hundert Dukaten, Ärmere mit Verlust der Freiheit) alle diejenigen, welche sich der Vorschubleistung an die Zigeuner schuldig machen.
Sechstens: Dieses Reskript erwächst zwölf Stunden nach seiner Promulgation (Veröffentlichung) zu Gesetzeskraft und ist im ganzen Königreich Böhmen mit aller Strenge zu handhaben.

★

Da standen sie, die vierunddreißig Bauern von Kaltenbrunn, und sperrten den Mund auf, als ihnen der Vorsteher durchs Fenster der Gemeindekanzlei heraus das Reskript Seiner Majestät des Kaisers Leopold vorlas.
»Und was heißt das jetzt für uns?« fragte einer, dem der Bauch über den Leibriemen herunterhing.
»Was das heißt?« erwiderte der Gemeindegewaltige, »Wie man bloß so saudumm fragen kann! Wir haben unsere Zigeuner aufzuhängen und ihren Weibern und Kindern die Ohren abzuschneiden! Das heißt's! Zufrieden, Dicker?«
Der Dicke war nicht zufrieden, im Gegenteil, er ging – nicht zuletzt wegen der beschämenden Anrede – mächtig auf und schrie: »Das weißt du aber schon, Vorsteher, daß du mich mit den Zigeunern gern haben kannst! Das Gesindel hat gezogene Röhren, Flinten, Pistolen, Terzerolen, Pallasche, Säbel und Degen – und wir sollen mit den Mistgabeln und Dreschflegeln auf sie losgehen! Geht ruhig los, ihr großgoschige Gesellschaft! Die brennen euch ein paar Löcher ins Fell und wechseln dann nach Oberösterreich hinüber. Ich jedenfalls bleib auf meinem Hof hocken und mach keinen Finger krumm!«
Die harte Rede des Dicken verfehlte ihren Eindruck nicht. Die meisten Bauern pflichteten ihm bei, so daß sich der Vorsteher am Ende mit seinem kaiserlichen Zettel allein sah. Er hustete sich die Erregung aus der Kehle, ging zu seinem amtlichen Spucknapf hin und kehrte dann zum Fenster zurück: »Es ist euch aber schon bekannt, daß ich Soldaten anfordern kann! Und wenn die kommen, dann steht ihr mit ihnen in Reih und Glied! Dann gibt's Pulver zu riechen! Und wehe dem Kaltenbrunner Bauern, der aufmuckt wie etwa der

Dicke dort! Die machen bloß eine Viertelwendung, und du hast deinen letzten Schnauferer getan! Merkt euch das! Und merkt euch mein letztes Wort! Morgen früh seid ihr da! Morgen mittag sind die Soldaten da – und dann geschieht was unser Kaiser befiehlt!«
Der dienstbeflissene Amtmann verschwand im Hintergrund seiner Kanzlei, und noch ehe sich die vierunddreißig Bauern in ihre Höfe verlaufen hatten, war der berittene Gemeindebote bereits unterwegs zum Kreisamt. Am anderen Morgen geschah alles so, wie der Vorsteher es angedroht hatte: Fünfundzwanzig Dragoner kamen mit Lanzen dahergeritten. Der junge Offizier schrie den versammelten Bauern zu, sie hätten seinen Befehlen zu gehorchen und unverzüglich das Wäldchen zu stürmen, darin die Zigeuner lagerten. Er selber werde mit seinen Männern das Gesindel von der Flanke her fassen! – So schrie er. Dieses Geschrei drang bis ins Mark. Wer hätte da gewagt aufzubegehren! Der Dicke war ganz blaß geworden; die Mistgabel in seiner Hand zitterte leise wie Espenlaub im Wind.
In der elften Vormittagsstunde begann der Sturm. Die Zigeuner, die bereits wußten, worum es ging, schossen wild aus dem Gehölz und trafen einen von der Miliz tödlich. Darauf hub ein Massakrieren an, das bis übers Mittagsläuten hinaus dauerte und mit noch zwei toten Bauern und insgesamt elf Verwundeten endete. Die im Kampf gebliebenen Zigeuner hat man nicht gezählt. Vierzig Mannsbilder von ihnen ergaben sich mit erhobenen Händen; sie wurden gefesselt und in die kleine evangelische Kirche gesperrt, die seit der Vertreibung der Protestanten leer stand. Sechsundfünfzig Weiber und über siebzig Kinder trieb man in den Schafpferch beim Dorfweiher und hieß sie niedersitzen und sich ja nicht zu erheben. Das gab ein großes Heulen.

Am Nachmittag erschien von der Bezirkshauptmannschaft Budweis der Henker mit zwei Knechten. Er ordnete an, daß alle, die sich in Kaltenbrunn und dem Nachbardorf Schlögl auf die Zimmerei verstünden, entlang der Grenze Galgen zu errichten hätten, elf an der Zahl, und bis zum frühen Abend müßten sie stehen!
Darauf begannen die drei ihr grausiges Handwerk. Während ein Zigeuner nach dem anderen am Galgen emporgezogen wurde, mußten die anderen ringsherum Gräber ausheben. Als einer mit der Schaufel einen wachhabenden Soldaten angriff, wurden sofort zehn mit den Lanzen erstochen. Noch ehe der Mond aufging, baumelten die letzten im Abendwind.
Die drei Henker aßen und nächtigten in der Dorfschänke auf Kosten der Gemeinde. Bei Tisch gaben sie noch ruhmredig ein paar prickelnde Erlebnisse aus ihrem Arbeitsbereich zum besten, worüber sich die Soldaten köstlich amüsierten. Anderen Tags wurden die Zigeunerweiber mit Ketten zusammengeschlossen und ins königlich-böhmische Kreisamt getrieben. Die gehfähigen Kinder liefen nebenher; die Säuglinge mußten im Pferch liegengelassen werden.
Inzwischen hatten sich bei der Kreisbehörde etliche italienische Tuchhändler eingefunden. Sie waren von Florenz her mit Saumtieren auf dem »Goldenen Steig« bis Prag gezogen und befanden sich jetzt auf dem Rückweg in die Heimat. Da ließen sich doch ein paar junge Frauen und Mädchen, die man fast umsonst anwerben konnte, leicht mitnehmen – wenigstens für unterwegs! Als den noblichten Herren die Schar der Zigeunerinnen gezeigt wurde, erwärmte sich der Seidenhändler Alfonso Cataldi sofort für die junge Veronika Janda, die ihr neunjähriges Töchterlein an der

Hand führte. Er steckte dem Aufseher unauffällig einen halben Gulden zu. Darauf rief der die beiden zu sich, herrschte sie an und befahl ihnen, dem Signore Cataldi die Stiefel zu putzen. Währenddem beschäftigten sich die Henker mit den anderen Frauen. Sie schnitten ihnen das rechte Ohr ab und jagten sie vor zum städtischen Pranger, wo sie gepeitscht wurden. Alles gaffende Volk rannte mit, und niemand scherte sich mehr um Veronika Janda und ihre Tochter Felixa. Alfonso führte sie abseits in seine Herberge und schmückte jede mit einem schönen Seidenschal, begab sich auch sogleich zum Schuster und kaufte ihnen feste Sandalen. Da sahen die beiden Schwarzhaarigen aus, als hätten sie ihn schon seit eh und je begleitet.

Überlang hatten die Händler einen Kaufmannszug zusammengestellt und begaben sich wieder heimwärts.

Cataldi fand während dieser Reise viel Gefallen an Veronika – bis sie ins Tirol gelangten, wo ihn – nicht weitab von Saalfelden – seine Ehefrau erwartete. Da mußte er nach einigen heftigen Auseinandersetzungen, die teilweise sogar mit scharfen Fingernägeln geführt wurden, den Zigeunerinnen den Laufpaß geben.

Doch in der »Stadt am Steinernen Meer« dachte man nicht so übertrieben kaiserlich wie in Böhmen und beachtete die beiden Frauen kaum. Sie konnten ohne Aufhebens in einer Gastwirtschaft, in der vor allem die Landfahrer verkehrten, als Dienstmägde unterkommen. Die Arbeit schmeckte ihnen freilich nicht, doch fürchteten sie, genauso geächtet zu werden wie ihre Sippengefährtinnen von Kaltenbrunn, wenn sie sich wieder dem alten Vagabundenleben hingäben.

Darüber vergingen sechs Jahre.

★

In dieser Zeit war nun auch im Land Tirol die Stimmung gegen die Zigeuner mächtig gewachsen. Der Kaiser hatte nämlich auch hier durch hunderttausend gedruckte Flugblätter das Volk über die Gefährlichkeit dieser »orientalischen Stromer« unterrichten lassen. Sie hätten – so hieß es – schon während der verflossenen Türkenkriege den Osmanen als Spione gedient. Wolle man nicht im Laufe der bevorstehenden kriegerischen Auseinandersetzungen mit Bayern ein Gleiches gewärtigen, müsse man sie gnadenlos ausrotten, wo immer man ihrer habhaft werde, auch die Weiber und Kinder dürften nicht geschont werden!

Wenn sich nun auch Veronika und Felixa im sprachlichen Ausdruck bereits als Tiroler zu geben vermochten, so verriet ihre wilde, braune Schönheit dennoch die Herkunft. Dies um so mehr, als sie sich jeglichen Umgangs mit Männern peinlich enthielten. Doch gerade diese Zurückhaltung machte sie verdächtig.

Eines Abends ließ der Wirt sie heimlich zu sich kommen, schenkte jeder zwanzig Gulden und erklärte, sie müßten noch in dieser Nacht Saalfelden verlassen, weil ringsherum von ihrer Verhaftung gemunkelt werde. Er rate ihnen, hinauf in die Berge zu flüchten; im Gebirg könnten sie sich noch am ehesten von einer Sennerei zur anderen fretten, bis ihnen der Übergang nach Bayern gelänge. Er selber vermöchte nichts mehr für sie zu tun, ohne sich dem Verdacht des Hochverrats auszusetzen. Es fegten aber bereits die ersten Schneestürme um die Gipfel der Alpen und verwehten alle Pfade. Die Sennhütten waren längst verlassen; das mit dem »Sich-dahinfretten« war vom Wirt ein dummes Gerede gewesen. Er wollte die Zigeunerinnen so rasch wie möglich los sein. Sie packten also ihre Habseligkeiten und verließen

weinend die Stätte ihrer langjährigen Tätigkeit. Blindlings strebten sie dem Gebirgswald zu. Die Nacht war kalt und finster. Wäre ihnen die Angst ums Leben nicht im Nacken gesessen, sie hätten sich in eine Wildfutterraufe verkrochen. Doch Mutter Veronika wiederholte ständig – wohl auch zur eigenen Aufmunterung – die mahnende Bitte: »Kind, nicht nachgeben, immer bergauf!«
Immer bergauf! Das war ihre einzige Orientierung.
Als der Morgen aufgraute, hatten sie die Zone der Latschenkiefern erreicht und stapften mühsam durch den tiefen Schnee. Da brach das sechzehnjährige Mädchen Felixa zusammen. Ihre Erschöpfung überwog alle verzweifelten Beschwörungen der Mutter.
Veronika zog das Kind unter einen kräftigen, buschigen Ast. Hier war der Moosboden noch halbwegs trocken. Sie bettete den blassen Kopf des Mädchens in ihren Schoß, deckte ihn mit den Zipfeln ihres wollenen Schultertuches zu – und schlief ein.

Zu dieser Morgenstunde hatte sich der Schnitzer und Schachtelmacher Anton Adner, der droben unterm Breithorn in einer Blockhütte hauste, talwärts auf den Weg gemacht. Er gewahrte die merkwürdigen Spuren im Schnee und stand bald vor den in sich zusammengesunkenen, leblos scheinenden Frauen. Er rieb sie mit dem scharfen Firn ein, bis sie erwachten. Dann schleifte er sie die paar hundert Meter bis zu seinem Häuschen hinauf. Er kochte ihnen etwas von der frischen morgendlichen Ziegenmilch – besaß er doch drei alte und fünf junge Berggeißen – und reichte ihnen von dem

kräftigen Brot, das er selber in der Asche gebacken hatte. Langsam erwachte in ihnen das Leben wieder.
»Bei mir seid ihr sicher!« sagte der Adner, denn er hatte sehr bald erkannt, daß sie Zigeunerinnen waren.
Sie dankten ihm bloß mit dem Glanz ihrer Augen; das Reden fiel ihnen noch zu schwer.
Er hieß sie dann, sich auf sein Lager aus Buchenlaub betten und deckte sie mit etlichen Fellen zu. Noch ehe er die Hütte wieder verließ, waren sie längst in tiefen Schlaf gefallen. Er blieb ein Weilchen vor ihnen stehen, schaute von einer zur anderen und dachte sich: Die schönsten Weiber sind doch die wilden!
Unten in Saalfelden lieferte er einen Korb voll geschnitzten Spielzeugs ab und erhielt dafür von den Handelsjuden die üblichen fünf Gulden. Dann bedachte er kurz den neuen Küchenplan, der jetzt auf ihn zukam, und kaufte, um nicht aufzufallen, in verschiedenen Krämerläden ein: hier die gewöhnliche Menge Hirse, dort das übliche Dutzend Eier, in einem dritten nochmals Hirse und Eier, und bei der alten Hurterin ein Krüglein Etschländer. Als sie den Wein hinstellte und den Adner dabei ansah, als wollte sie ihm einen Zahn ziehen, bedauerte er fast, den Krug gekauft zu haben; wußte er doch, daß an der Zunge dieser Frau das Gift klebte wie Schneckenschleim.
Am frühen Nachmittag erreichte er wieder sein Blockhaus und fand die beiden Zigeunerinnen immer noch schlafend.

o-o-o-o-o

Unterm Breithorn

Anton Adner zählte vierzig Jahre. Anno 1689 war er als ein ganz junger Mann mit den anderen aus den Türkenkriegen zurückgekehrt und hatte gleich mit seiner Spielzeugschnitzerei begonnen, war auch bald auf den Berg gezogen, wahrscheinlich um den verschiedenen Hölzern, die er für sein Handwerk brauchte, näher zu sein. Er war freundlich, und alle schätzten ihn. Woher er kam, wußte niemand; man konnte es auch an seiner Aussprache nicht erkennen. Die einen meinten, er sei ein Schwab; andere hielten ihn wegen seiner Schnitzkunst für einen Erzgebirgler. Wieder andere glaubten in ihm gar das sündige Ergebnis irgendeines habsburgischen Jagdausflugs zu erkennen, weil er eine stark ausgeprägte Unterlippe besaß. Nix G'wiß's woaß ma net!, sagte man sich schließlich und stellte alles Nachgefrage ein. Daß er's mit den Weibern nicht hatte, wurde von den Einschlägigen recht bedauert, waren doch Männer seines Formats im ganzen Saalachtal Mangelware. Gleichwohl hatte man am End ein Einsehen. Denn wie sollte er zum Brautschauen immer wieder da herunterkommen – ganz zu schweigen davon, ob jemals eine zu ihm unters Breithorn hinaufziehen würde!

Während er jetzt seinen Rucksack auspackte und dabei mit seinem spärlichen Geschirr klapperte, erwachte Felixa. Die Blicke ihrer großen Augen ruhten auf ihm, als schauten sie ins Märchenland. Drauf wandte sie sich der Mutter zu, die immer noch schlief. Schlief sie denn? Nein!

Da schrie Felixa: »Mamma!« und noch einmal: »Mamma! Mamma!«

Dann streichelte sie ihr mit der kleinen braunen Hand

sanft übers Gesicht und weinte still auf der Brust der toten Mutter.
Anton stand eine Weile da wie gelähmt. Dann machte er ein paar schwere Schritte hin zum Türstock, wo der Rosenkranz hing. Er nahm ihn und legte ihn auf die starren Hände der Zigeunerin. Ohne Grund ging er vor die Hütte hinaus. Hier besann er sich: Einen Toten muß man beerdigen – und wenn er ein Christ ist, in geweihter Erde! Gewöhnlich sind die Zigeuner christlich. Wie aber bringt er die Leiche hinunter ins Tal und auf den Gottesacker? Wie macht er den ganzen Fall dem Herrn Geistlichen Rat plausibel? und dem Standesamt? und dem Totengräber? – und das alles, ohne Aufsehen zu erregen?
Da stand plötzlich Felixa neben ihm: »Mußt du mich ihnen überliefern?«
»Bin ich denn ein Verräter?« sagte er hart. In diesem Augenblick wußte er mit einem Male, was zu tun war: »Hier oben am Berg werden wir deine Mutter begraben!«
»Und ich?« fragte sie zaghaft. »Du mußt immer in der Hütte bleiben! Nur wenn's finster ist, darfst du ans Grab der Mutter schleichen!«
»Kommen Leute zu dir?«
»Kaum! Höchstens daß sich im Sommer ein Jager verirrt. Die kehren aber nicht bei mir ein.«
»Warum nicht?«
»Die wollen zu den Sennerinnen in die Hütte da drüben.«
»Gehst du auch zu den Sennerinnen in die Hütte da drüben?«
»Kind, du fragst mehr, als mir lieb ist! Jetzt wollen wir deiner Mutter den letzten Dienst erweisen! Während

ich das Grab schaufle, wirst du sie waschen. Nimm vom Regenwasser aus dem Trog; es ist weich!«
Er wandte sich von Felixa ab, holte die Geräte, die unterm Stalldach hingen, und begab sich hinter die Hütte. An einem aperen Fleck, der dem Anschein nach kaum mit Wurzeln durchzogen war, hob er die schmale Grube aus. Als die Sonne untergegangen war, senkten sie gemeinsam den Leichnam hinab. »Schenk ihr bitte den Rosenkranz!« sagte das Mädchen und kniete hin, während er das Grab einebnete und ein paar Moospolster vereinzelt darauflegte. »Herr, gib ihr die ewige Ruhe!« sprach er halblaut, und sie erwiderte: »Amen!« Dann schloß er den Laden an dem einzigen kleinen Fenster und ging mit Felixa in die Hütte hinein.
»Geweihte Erde ist es nicht!« sagte er.
»Aber unberührt von den Füßen böser Menschen!« meinte sie.
Nach einer Weile sprach er: »Kind, alle Menschen sind irgendwann böse. Das darf uns aber nicht traurig machen: Wir selber sind ja auch böse!«
»Du nicht!« antwortete sie.
Er wandte sich von ihr ab, trat an die Feuerstätte hin und kochte einen Hirsebrei. »'s ist ein Armeleutessen!« sagte er, als er die irdene Schüssel auf den Tisch stellte und die geschnitzten Holzlöffel aus der Schublade nahm. »So recht für uns, denn wir sind arme Leut'!«
»Du nicht!« wiederholte sie, »Aber ich! Ich bin eine Waise. Meine Mutter hat sich geopfert; den Vater haben sie am Galgen hinaufgezogen; mein Volk jagen und hetzen sie, und hinter mir – wer weiß, wie nahe! – lauern sie schon auf die junge Zigeunerin, um sie gleich einem Stück Vieh zu kaufen und zu verkaufen wie meine Mutter. Und doch bin ich genauso getauft wie du!« Bei

diesen Worten zog sie ein gefaltetes Tüchlein aus ihrem Rock und entnahm ihm ein arg zerschlissenes Papier. Darauf stand geschrieben, daß der Pater Johann Paul Brimb aus dem Stifte Hohenfurt im Süden Böhmens das Mädchen Felixa Janda im Dorfe Fornschlag nach römisch-katholischem Ritus ohne Paten getauft habe.
Er gab ihr das Blatt zurück und sagte: »Solange wir beisammen sind, wird dich niemand kaufen!« Dann ging er hinaus, holte einen prallen Sack dürres Buchenlaub und bereitete sich zwischen dem Tisch und der Feuerstätte, auf der das Holz am Verglimmen war, das Nachtlager.
Das schreckliche Erlebnis der vergangenen Stunden und das noch schrecklichere des Tages zuvor, hatten Felixas Herz und Sinne überfordert. Während Anton noch seine Schlafstatt richtete, war sie auf der ihren bereits eingeschlafen. Er legte jetzt seine Schnitzwerkzeuge – Balleisen, Flacheisen, Hohleisen, Geißfuß, Bimsstein und Glaspapier – schön nebeneinander auf den Tisch, ergriff eines von den zugeschnittenen Rotfichtenbrettern und fing an, ein sogenanntes »Arschpfeifenrößl« zu schnitzen, die bei den Händlern unten in Saalfelden so sehr gefragt waren. Diese Rößl – etwa eine Spanne lang – rollten auf kleinen Rädern und hatten anstelle des sonst üblichen Hanfschwänzchens ein Pfeiferl zum Hineinblasen. Wer auf diese Idee gekommen war, wußte man nicht; der Adner jedenfalls brachte seine Ware gut an den Mann. Die Spielzeugjuden bedauerten bloß, daß er zu wenig lieferte.
Das wird sich jetzt ändern!, dachte er und drehte den Docht an der stinkenden Ölfunzel ein wenig höher. Jetzt wird mir das Zigeunerkind die Wartung und das Melken der Ziegen abnehmen. Auch werde ich ihr das

Käsemachen beibringen. Vielleicht lernt sie sogar noch das Brotbacken. Das könnte in der Woche dreißig Rößl mehr ergeben, und ein bescheidener Wohlstand würde in seiner Hütte, die jetzt auch die ihre war, Einkehr halten.
Indem er so träumte, floß ihm die Arbeit munter aus den Händen. An diesem Abend brachte er vier Arschpfeifenrößl fertig und strich sie sogar noch mit roter Farbe an. Als er sich dann zum Schlafen hinlegte, empfand er eine große Freude: Er war nicht mehr allein, er durfte jemanden beschützen und für jemanden sorgen! Ehe er die Flamme der Funzel mit den Fingern ausdrückte, warf er noch einen Blick auf das schlafende Zigeunerkind. Wirklich, ein schönes Kind! dachte er noch und streckte sich dann ins prasselnde Laub.
Die Tage strichen dahin und wurden kurz und kürzer. Felixa war außerordentlich gelehrig und stellte sich zu allem, was Anton von ihr verlangte, sehr geschickt an. Der Umgang mit Ziegen war ihr noch von der Kindheit in der Sippe her vertraut, wenngleich damals die böhmischen Geißen viel mehr Milch gegeben hatten. »Die deinen sind nix wert!« sagte sie zu Anton. »Die sind zu dürr und darum frech. Sie müßten gestampften Kukuruz kriegen!«
»Kind, du entwickelst dich noch zu einer vollendeten Bäuerin! Beim nächsten Stadtbesuch bring ich Kukuruz mit.« Er erwartete eine Kundgebung der Freude. Doch das Mädchen entgegnete knapp: »Anton, ich muß dir etwas sagen! Darf ich?«
»Ist doch klar, Kind!«
»Du nennst mich immer Kind, schau mich an! Bin ich denn noch ein Kind?«

Sie stand vor ihm in knospenhafter Frische und Kraft, und er betrachtete sie eine Weile: »Nein, Felixa!« – und es war das erstemal, daß er ihren Namen aussprach – »Nein, du bist kein Kind mehr! Weißt du aber auch, was das heißt?«
»Wir Zigeunerweiber wissen viel, viel mehr als ihr! Darum können wir auch weissagen!« erwiderte sie und lehnte sich an ihn.
Draußen tobte der Schneesturm und rüttelte am Fensterladen.
»In fünf Tagen ist Weihnachten!« sagte der Anton.
»Schade, daß wir nicht in die Christmette gehen können! Ich hab' sie drunten in Saalfelden kein Jahr versäumt!« antwortete sie.
»Auch mich drückt das schon lange – wie mich überhaupt noch manch anderes drückt.«
»Manch anderes? Was ist das Manch-anderes? Sag mir's!«
»Felixa wir leben hier wie Mann und Weib, aber in wilder Ehe! Und deine Mutter ruht nicht in geweihter Erde! Und solltest du eines Tages ein Kind kriegen, – wer wird's uns taufen? Und in vier Monaten ist Ostern; wir müßten beichten gehn! . . .«
Sie stand vor ihm und machte ein trauriges Gesicht. Plötzlich begannen ihre Augen zu strahlen: »Anton, mein gottseliger Vater hat einmal gesagt, was ich damals nicht begreifen wollte: ,Wenn der Ochs nicht zum Berg kommt, dann muß der Berg zum Ochsen kommen!' – Verstehst du was er gemeint hat?«
Ein Weilchen dachte er nach. Dann klarte auch sein Gesicht sachte auf – und sie umarmten sich.

★

Ostern 1704. In ganz Österreich rüsteten sie zum kriegerischen Einmarsch in Bayern. Sie wollten dem »Blauen Churfürsten« Max Emanuel zu spüren geben, daß im Reich allweil noch der Kaiser das Sagen hat, nicht der französische Sonnenkönig und dessen bayerischer Handlanger! Auch im Tirol und im Salzburgischen hoben sie Soldaten aus, besonders altgediente.
»Werden sie dich holen, Anton?«
»Wenn mich nicht jemand hinhängt, dann übersehen sie mich, denn ich existiere nicht in ihren Büchern!«
»Wie ist das möglich? Bist auch du etwa ein Zigeuner?«
»Oh Felixa!« Er schaute sie lieb an und strich mit der Hand über die Fülle ihres blauschwarzen Haars.
»Es ist schön, daß du mich streichelst«, sagte sie, »denn ich bin schwanger!«
Da wurde ihm zweierlei zumute: Mußte das ausgerechnet jetzt geschehen, wo ganz Europa knisterte? Wo in Ost und West, in Nord und Süd Heere aufmarschierten? Wo der Kaiser über den Bayern die Reichsacht verhängte und ihm die Prinzen raubte, die noch Kinder waren? Welch eine schreckliche Zeit – und Felixa in guter Hoffnung!
»Freust du dich nicht, Anton?«
Er konnte ihr keine Antwort geben, sondern dachte: Sag ich ja, so lüge ich; sage ich nein, so ist's, als schlüge ich sie ins Gesicht!
»Du freust dich also nicht und hast mich jetzt satt!«
Jetzt mußte er etwas sagen. Und nun sprach er das, was er schon seit Tagen als Ostergeschenk für sie gehütet hatte: »Felixa, am Weißen Sonntag werden wir getraut!«
Klar und kalt stieg die Sonne hinterm Dachstein herauf, als der Innsbrucker Kapuzinerpater Hyacinth im

schweren braunen Habit von Saalfelden durchs Tal des Breithornbacherls der Höhe zustrebte. Er half – wie schon jedes Jahr – seinem geistlichen Mitbruder, dem Pfarrer, während der Karwoche im Predigen und Beichthören aus. Auch Anton war bei ihm beichten gewesen, und es hatte schier eine halbe Ewigkeit gedauert, ehe er aus dem Beichtstuhl wieder herausgekommen war. Was der Mensch bloß zu beichten hat?, fragten sich einige der bewußten Saalfeldener überzeitlichen Tempeljungfrauen. Hockt da oben am Berg, allein mit ein paar Ziegen, und schnitzt und schnitzt Arschpfeifenrößl! So einer hat doch zum Sündigen gar keine Gelegenheit! Nicht wie unsereins, das ständig den Anfechtungen und Versuchungen der bösen Welt ausgesetzt ist! Oder ist er gar einer von den Bestialisten? Herr, erbarm dich aller Unzüchtigen in diesem Jammertal!
Jetzt stapfte der Pater dahin. Er trug einen kleinen Beutel unter der Kapuze. Sicherlich seine Brotzeit!
Und warum auch nicht? Warum sollte ein Ordensmann nicht auch einmal auf den Berg gehen? Freilich, zu Innsbruck drin hätt' er's leichter, wo die Berg' höher und näher sind! Möglicherweise lebt er unter der Fuchtel eines strengen Priors! Das soll's geben! 'S sind schon arme Hünd', diese Mönche, und verdienen sich den Himmel bereits auf Erden! Ihr habt doch auch bei ihm gebeichtet, Gevatterin? Gell, ein heiligmäßiger Mann! Nur scheint er faule Zähne zu haben, denn er riecht aus dem Maule!
In der elften Vormittagsstunde erreichte Pater Hyacinth Adners Blockhütte. »Gelobt sei Jesus Christus!« sagte er, als er eintrat. »In Ewigkeit, Amen!« antworteten die beiden, die sich sauber angezogen hatten. Dann

setzte er sich hin. Anton verließ die Stube. Felixa kniete sich dem Pater zu Füßen und bekannte ihre Sünden. Als er sie davon losgesprochen hatte, küßte sie ihm die Hände. Er zeichnete ihr ein Kreuz auf die Stirn und sprach: »Liebe Tochter, du hast viel erduldet, und 's ist noch kein End abzusehen!«

Sie hatten über den kleinen Tisch ein blaukariertes Tuch gebreitet. Hyacinth entnahm dem Beutel Kelch, Patene und Meßwein, tat sich eine weiße Stola um den Hals und begann die Meßgebete zu sprechen: »Introibo ad altare Dei – Zum Altare Gottes will ich treten!« Anton und Felixa knieten hinter ihm. Nachdem er das Evangelium gelesen hatte, drehte er sich zu ihnen um und sagte: »Das Schicksal und die Liebe haben euch zusammengeführt und eins werden lassen, eins im Geiste, eins im Leibe. Fehlt noch der Segen unseres Herrgotts, den ich euch mitgebracht hab'. Reicht euch also die Hände und versprecht euch vor Gott, vor mir und vor der gewaltig schönen Schöpfung rings um uns her eheliche Lieb' und eheliche Treu bis ans End'! Versprecht einander auch, in gemeinsamer Aufopferung für die Kinder zu sorgen, die euch der Himmel schenken wolle! Und versprecht endlich mir, an keinem Tage, er hätte euch auch noch so entzweit, die Sonne untergehn zu lassen, ohne euch vorher versöhnt zu haben!«

Er hielt ein und schaute sie an. Da sagten sie zusammen: »Wir versprechen alles und bitten um die Kraft des allmächtigen Herrn!« Darauf schlang der Pater seine Stola um ihre vereinten Hände, legte seine große, runzlige Hand darauf und sprach: »Was Gott verbunden hat, das soll der Mensch nicht trennen! Es segne euch und beglücke euch mit fröhlichen Nachkommen Gott der Vater, der Sohn und der Heilige Geist!«

Danach setzte der Pater die Messe fort und reichte ihnen das Sakrament zur Bekräftigung ihres Versprechens. Anschließend ging er mit Anton hinter die Hütte, hinaus an jenen Ort, wo sie die Mutter Veronika Janda beerdigt hatten, und segnete ihr Grab, daß es geweiht sei. Beim Zurückgehen meinte er: »Ich wünschte, dereinst wie diese Frau in der Freiheit unserer Berge begraben zu sein! Ich fühlte mich dem Himmel näher.«
Anton hatte ein Zicklein geschlachtet und Felixa hatte es nach Zigeunerart zubereitet, herzhaft, knusprig und sehr scharf. Als sie bei Tische saßen und der Pater die ersten Bissen geschluckt hatte, fächelte er sich mit der Hand Luft in den Magen und sagte: »Sollten wir nach dem Glauben der Inder wiedergeboren werden, dann würde ich mir eine Zigeunerin zum Weibe nehmen, denn die verschaffen einem den Himmel schon auf Erden!«
Fragte der Adner: »Pater, was haltet ihr von den Frauen?«
Da schmunzelte der alte Kapuziner genüßlich: »Drei Sorten von Frauen hab ich kennengelernt: die liebenden, die fruchtbaren und die herrschenden. Keine davon ist für den Mann die ideale Frau! Die erste entkräftet ihn, die zweite macht ihn arm, die dritte knechtet ihn. Eine rechte Frau muß zuerst und vor allem ein lauteres Gemüt haben und dann erst von jeder der genannten Sorten eine kleine Prise – wie bei den Naturvölkern. Und die Zigeuner – so glaub' ich – stehen den Naturvölkern näher.«
Bei diesen Worten des alten Priesters bekamen Felixas Augen wieder den schwarzsamtenen Glanz der Kindheit.

o-o-o-o-o

Das Verbrechen

Pater Hyacinth kam am späten Abend müde nach Saalfelden. Am Berg hatte ihn niemand gesehen, denn die Senner hatten das Vieh noch nicht aufgetrieben. Droben in der Blockhütte schwebte das selige Geheimnis noch wochenlang wie das hauchdünne Gewölk vor der aufgehenden Sonne. »Der liebe Gott hat uns heimgesucht!« sagte Felixa manchmal laut vor sich hin, und ihr Gesicht leuchtete vor innerem Glück.
Der Sommer kam und der Herbst verging und der Winter kündigte sich an. Langsam dachte Anton an die bevorstehende schwere Stunde: »Soll ich unten irgendwo eine verschwiegene Wehmutter auftreiben?«
»Wehmutter? Wann hätte eine Zigeunerin je eine Wehmutter gebraucht! Alles, was wir brauchen werden, ist heißes Wasser und eins von deinen scharfen Messern. Bei uns haben die Gebärerinnen ihre Kinder selber abgenabelt.«
Ende Januar 1705 – den genauen Tag wußten sie nicht – brachte die blutjunge Felixa einen gesunden Sohn zur Welt. Er konnte die kleinen, schwarzen Augen noch gar nicht richtig öffnen, da lächelte er schon. Wie ihnen der Kapuziner aufgetragen, taufte der Vater das Kind sofort, und zwar auf seinen Namen Anton und – wie die Mutter es wollte – auf den Namen Dannei. »Und zu Ostern« – hatte der Pater gesagt – »komme ich wieder und werde ihn nachtaufen; was aber nicht heißen soll, als wär' die erste Taufe, eure Taufe, schlecht gewesen, sondern bloß wegen der schriftlichen Formalitäten.«
Dannei gedieh prächtig, tat er doch nichts anderes als essen und schlafen. Felixa war noch schöner geworden. Anton ging mit einem stets freundlichen Gesicht herum

und erhob sich bisweilen mitten in der Nacht, um zu horchen, ob das Kind noch atme. Deswegen schimpfte sie ihn manchmal: Sie habe doch keinen Schwächling in die Welt gesetzt, sondern einen feinen Sohn, – wenn er, auch außer den Augen nichts Zigeunerhaftes an sich habe. Das meiste sei ihm vom Vater eingebunden worden – sogar die hängende Unterlippe! Schade!
Am Weißen Sonntag kam der Pater Hyacinth abermals von Saalfelden herauf. Er taufte den kleinen Anton Adner noch einmal und stellte einen Taufschein aus. Er zelebrierte eine Halleluja-Messe, nahm den Eltern die Beichte ab und reichte ihnen das Sakrament. Als sie ihn nach dem Essen nach den Zeitläuften fragten, wich er aus, gab aber zu verstehen, daß man in diesen kriegerischen Wirren wohl am sichersten im Reichsstift Berchtesgaden lebe. Dort sitze zwar auch ein Wittelsbacher als Fürstpropst, Joseph Clemens von Köln, den der Kaiser ebenfalls geächtet habe, gleich seinem Bruder Max Emanuel; doch halte er sich immer anderswo auf, so daß sein Salzwinkel nicht bedroht sei. Freilich gebe es Schwierigkeiten, in dieses »gelobte Land« zu gelangen, weil die Stiftsherren peinlich darauf bedacht seien, niemanden hineinzulassen, um nicht selber zu verarmen. Denn sie lebten nur vom Salz und vom Holz.
Inzwischen hatte die Österreichische Besetzung Bayerns große Ausschreitungen zur Folge gehabt, und es war kein Wunder, daß sich die Bayern – seit eh und je an maßvolle Regierungsformen gewöhnt – dort und da zur Wehr setzten. Den Höhepunkt erreichte ihr Haß gegen die Bedrücker in der sogenannten Sendlinger Mordweihnacht in diesem 1705er Jahre. Die Österreicher sahen sich deshalb genötigt, die Daumenschrauben noch härter anzuziehen. Sie verstärkten die Wachen

an den Grenzübergängen – und plötzlich war auch wieder das Gespenst von den verräterischen Zigeunern da. Und weil es hieß, die Verräter hielten sich in den bayernnahen Grenzbezirken auf, wurden Suchkommandos aufgeboten, um diese Gebiete durchzukämmen.

An einem lieblichen Morgen im Monat Februar 1706 hatte ein vom Hintertal her angesetzter Suchtrupp von fünf Mann unterm Breithorn eine schüttere Rauchsäule aufsteigen sehen. Nach knapp drei Stunden standen die Männer vor Adners Blockhütte und trommelten an die Tür. Er öffnete, und sie drangen wie die Wilden ein. Felixa saß gerade an der Herdstätte und fütterte den Sohn. »Zigeuner!« schrie einer der Soldaten, und alsogleich stürzten sie sich auf Anton, fesselten ihm die Hände und stießen ihn hinaus. Bald hörte er die jämmerlichen Schmerzensschreie und Hilferufe seines Weibes – fünfmal hintereinander.
Dann kamen die Kerle unter tierischem Lachen aus der Hütte. Felixa zerrten sie hinter sich her. Mit halberstickter Stimme rief sie ihm zu: »Gott sei mit dir und Dannei!« – »Wir kommen schon noch amal vorbei!« sagte einer der wüsten Gesellen zum Anton. »Wir wollen nur noch a bisserl Spaß!« Und sie führten die arme Frau hinüber in die Sennhütte. Bald hörte er auch von dort Felixas schwach und immer schwächer klagende Stimme.
Da ging er zu seinem Werkzeugkasten und durchschnitt sich mit einiger Mühe den Strick an seinen Händen. Er ergriff einen halben Laib Brot, packte das Kind, wickelte es warm ein und eilte mit ihm, so rasch er's vermochte, höher den Berg hinauf. Als er seitlich am Breithorn vorbeikam, schaute er kurz um: Feuer und

Rauch stiegen von der Stelle, wo seine Hütte gestanden, kerzengerade zum Himmel empor.
Da lehnte er sich an den Fels; er mußte sich erbrechen. Nach einer Weile des Verschnaufens wollte er weitergehen, um vor Nacht noch die Achselhornhöhle zu erreichen, die er kannte. Doch da klagte der kleine Dannei. Anton reichte ihm ein Stück Brotrinde, die das Kind lächelnd in ein Händchen nahm; dann schmiegte es sich schmatzend an seinen Hals.
Er kam zur Höhle, fand sie aber besetzt. Ein anderer Fünf-Mann-Trupp Soldaten wollte hier ebenfalls die Nacht überdauern. Anton hatte mit einer ähnlichen Überraschung gerechnet. Die Männer standen breitspurig vor dem Höhleneingang und machten Miene, als wollten sie ihm den Eintritt wehren. Dann gewahrten sie aber das Kind auf seinem Arm, und einer – wohl der Korporal – fragte: »Was willst du hier im Gebirg? Hast du kein Weib?«
Anton setzte sich auf einen Stein und stellte das Söhnchen zwischen seine Beine: »Sie haben uns die Mutter zu Grunde gerichtet. Wir müssen über die Grenz zu Verwandten. Fragt nit weiter, sondern helft uns lieber!«
Die Soldaten schauten einander an, bis der Korporal ein Stückchen Zucker aus seiner Manteltasche zog: »Da, kleiner Mann! Des is besser als a Brotrind'n!« Dannei lächelte wieder und zeigte seine sechs blanken Zähnchen. Und der Korporal fuhr fort: »'s is nit gut für euch, hier zu übernachten! Männer, ihr habt's g'hört! Los! Wir bringen die zwei über die Grenz'!«
Fragte einer mürrisch: »Jetzt wo die Nacht aufzieht?«
»Trottel!« erwiderte der Vorgesetzte. »Kann dir keine Sonne machen!« Und er wies den Frager an, eine Krax'n auf den Buckel zu nehmen. »Da setzen wir den Prinzen drauf! Zwei Mann mit Fackeln voraus! Und ab!«

Eine Stunde später kamen sie am Schindkogl vorbei; nach abermals zwei Stunden umgingen sie den großen Hundstod; kurz vor Mitternacht erreichten sie auf dem Gries das obere Wimbachtal. Hier standen zwei fürstpröpstliche Grenzwächter. Sie waren zwar nicht gewohnt österreichische Grenzsoldaten zu sehen, wagten

aber auch nicht, sie zu stellen. Der Korporal half ihnen aus der Verlegenheit und sprach: »Da bringen wir euch einen, dem is das Weib krepiert; hat bei euch Verwandte. Nehmt ihn und bringt ihn hin, daß der arme Bub seine Milch kriegt! Is eh so a liabs Hascherl!«
Dann wandte er sich an den Anton: »Also macht's es gut mitanand! Hab selber so einen kleinen Bengel daheim. Und kommt ihr mal nach Maria Alm, nachher seids beim Pichler-Wagner willkommen! Pfüad enk!«
Der Adner wollte noch ein paar Dankworte sagen, doch da waren die fünf bereits weg.
Die Fürstpröpstlichen führten ihn sofort ins Blockhaus. Da gab's so ziemlich alles, was der Mensch braucht. Denn der hohe geistliche Herr hielt seine Diener gut. Anton konnte nichts zu sich nehmen, wurde ihm doch erst jetzt das Fürchterliche der verwichenen Stunden deutlich. Er saß in der Ecke und fing heftig zu weinen an. Dannei aber schlief selig auf seinem Schoß. Weil die zwei Wächter nicht wußten, wie man sich in einem solchen Fall verhält, gingen sie hinaus und berieten flüchtig den Weitertransport dieses seltsamen Paars. Am End war ihnen klar, daß da ein Wagen her mußte.
Dann gingen sie wieder hinein und fragten den Adner, wo denn seine Verwandten wohnten.
»Hab keine, hab aber so sagen müssen, denn drüben hätten sie mich genauso umgebracht wie mein Weib, weil sie mich für einen Zigeuner halten.«
»Bist aber keiner?«
»Kennt ihr das nit?«
»Was machen wir also mit euch?«
Da stieß der eine den anderen an, und beide gingen abermals hinaus.
»Du, paß auf!« sagte der. »Meine Großmutter sitzt am

Malterlehen in der Schönau, langweilt sich schon jahrelang. Ich werd' ihr den Mann und das Kind andrehen. Dann wär allen dreien geholfen.«
»Wennst meinst!« erwiderte der andere. »Geh halt und frag sie!«
Der eilte am nächsten Morgen im Tal des Wimbachs hinab. Währenddem sank Anton vor Erschöpfung zusammen und schlief mit seinem Dannei bis zum nächsten Morgen.
Die Waltl-Großmutter war vom Vorschlag ihres Enkels recht angetan. Und weil sie's außerdem mit dem Christentum ernst nahm, richtete sie sogleich das Austragshäusl, wo eigentlich sie selber hätte wohnen sollen, für den fremden Mann und sein Kind her. Sie schickte auch zwei Knechte bis hinter die Wimbachklamm, damit sie das Kind trügen und den Mann stützten, barg ja doch der Pfad entlang der schroffen, nassen Wände seine Tücken und Gefahren.
Am späten Abend zog Anton Adner mit dem Söhnchen Dannei auf dem Malterlehen in der unteren Schönau ein, von der Waltlin freundlich begrüßt.
Die Waltl-Mutter hatte im stillen gehofft, den fremden Mann, der ihr sehr gefiel, als ihren Nachfolger auf dem Malterlehen aufbauen zu können; doch sie wurde bald enttäuscht. Der Adner verstand von der Ökonomie nichts. Er war nur ein Schnitzer. Natürlich hatte sie darüber auch mit dem Herrn Hofmarksrichter Theobaldus von der Lüften reden müssen. Er hörte auf sie, denn sie hatte ihr Lehen schon zwei Jahrzehnte lang als Witwe zu seiner raren Zufriedenheit verwaltet. Er meinte: »Was willst du machen, Mutter Waltlin? Der Hund, den du zur Jagd tragen mußt, ist kein Jagdhund!«
Freilich! Zum Bauer muß man geboren sein! Sonst – so

sagt man – verdrecken einem die Kühe die Milch. Aber mit seinen vierzig Jahren wär der Adner doch noch jung genug, um etwas dazuzulernen! Und dann hat er das kleine Kind. Müßte doch auf dessen Zukunft bedacht sein! Sie selber tät ihm ja gerne unter die Arme greifen! Aber da ist nix zu wollen! Was doch die Mannsbilder für eingefleischte Böck' sein können! – Und sie bat den Hofmarksrichter, sich den Adner einmal selber ins Gebet zu nehmen.

»Anton Adner, du weißt, daß du gegen Recht und Gesetz in die Fürstpropstei eingedrungen bist. Würde die Waltl-Mutter nicht immer wieder für dich geradestehen und nicht immer wieder für dich eine Lanze brechen, wir hätten dich längst über die Grenze zurückjagen müssen! Aber was nicht ist, kann noch werden! Vor allem wenn du dich ihren gutgemeinten Absichten gegenüber so hartköpfig zeigst! Was meinst du dazu? Sprich dich aus!«

Da berichtete er nun dem noblen Herrn die ganze Wahrheit, was er der Waltlin gegenüber nicht getan hatte. Und warum der Waltlin nicht?

»Ich wollte nicht zum Ortsgespräch werden, und meinem Sohn wollte ich ersparen, einmal als Zigeunerkind verspottet zu werden; dabei war seine Mutter eine so herrliche Frau! Eine Frau von tiefer Gläubigkeit und hoher Sittlichkeit und von umfassender Herzensgüte.«

Herr Theobaldus hatte dem Bericht des geprüften Mannes mit zunehmender Teilnahme gelauscht. Nun stand er vom weichen Sessel auf, nahm den Adner am Arm und sagte: »Wer das erlebt hat, was dir geschah, der muß entweder ein unverwüstliches Gottvertrauen haben oder er muß sich aufhängen! Ich versichere dir, daß du in der Fürstpropstei alle Unterstützung erfährst, die du brauchst. Meine Haustür wirst du nie verschlossen finden. Und weil du, wie fast ein Drittel unseres Stiftlandes, am Holz arbeiten willst, lasse ich dir vom Holzmeister pro Jahr zwei Fichtenstämme, einen Buchenstamm und ein halbes Fuder Stangen aus den Herrschaftswäldern anweisen. Die Waltlin mag ein Fuhrwerk schicken!«

Etliche Tage später kam die Waltlin wieder zum Hofmarksrichter. Er bat sie, nicht mehr in den Adner zu dringen, sondern ihn bei seiner Schnitzerei zu belassen, denn er habe schier Unmenschliches mitgemacht. Man müsse sich überhaupt wundern, daß er darunter nicht zerbrochen sei. Sie war über diese Nachricht sehr betroffen und versprach, den Mann künftig zu behandeln »wie ein rohes Ei«.

Der Dannei wuchs am Lehenshof auf wie ein kleiner Freiherr. Der Baumeister, die Knechte und Mägde, vor allem aber die Mutter Waltlin hatten stets ein liebes

Wort für ihn, wann immer er sie besuchte – und der ging den ganzen Tag auf Besuch, auch draußen auf den Feldern.

An Sonntagen besuchte das Gesinde – auch der Adner Anton – den Gottesdienst in der Schönau. Die Waltl-Mutter dagegen ließ sich jeweils auf dem Gäuwagerl in die Stiftskirche fahren, mit dem herausgeputzten Dannei auf dem Schoß. Da strahlten beide. Die anderen Bauern aber fragten sich gegenseitig: »Wo hat sie denn bloß auf einmal das saubere Erbkind her? Und wie eingebildet sie tut! Hockt auf ihrem dicken Hintern, als wäre sie die Pröpstin!«

o-o-o-o-o

Das Erbkind

»Edler Herr, Ihr hattet mir vor etlicher Zeit – vier Jahr' ist's her – gesagt, Eure Haustür stünde für den Adner stets offen. Heut bin ich bei Euch eingetreten, weil ich nimmer weiter weiß.«

Anton stand vor dem Hofmarksrichter wie ein Häuferl Elend.

»Aber, aber! Was ist denn das für eine Red'! Da erzählt uns die Waltl-Mutter, was für ein fleißiger Gesell du bist, und daß du sie sogar bezahlst, wo sie dich doch auch um Gotteslohn behalten tät. Und von deinem Kind redet sie, wie wenn's ihr eignes wär.«

»Ach Gott, Herr von der Lüften, um die Waltlin geht's ja nit! Die ist uns Mutter und Großmutter zugleich. 's geht um den Jakob Hitzelsberger, den Zunftmeister. Er drückt mich mit der Bezahlung von Jahr zu Jahr mehr. Meine Rößl, so sagt er, hätten auf den Märkten keinen Absatz. Außerdem schnitze ich viel zu viel, sagt er, viel mehr als die eingesess'nen Meister und Gesellen. Das sei unanständig, so sagt er.«

Herr Theobaldus, ein guter Verwalter der herrschaftlichen Lehen und Forste, war ein nüchterner Rechner: »Wenn du mehr erzeugst, so spricht das nicht gegen dich, sondern eher gegen die anderen. Nur frag' ich mich, wie du das kannst; denn schließlich sind die Unseren ja auch keine Deppen!«

Mit leicht verklärtem Gesicht erwiderte der Adner: »Wie ich das kann, fragt Ihr? Herr Hofmarksrichter, ich habe doch einen fünfjährigen Sohn! Er leistet bereits ein Gutteil meiner Arbeit, denn er schmirgelt die Rößl mit Glaspapier ab und bestreicht sie mit der Grund-

farb'. Wenn ich ihn nit hätt, ich könnt der Waltl-Mutter vielleicht das Essen, aber nit den Mietzins zahlen.«
»Soll ein lieber Bua sein, dein Sohn!«
»Herr, lieb oder nit lieb, wir zwei müssen zusammenhalten, er und ich! Und er hält schon recht g'scheit zu mir!«
»Prächtig!« sagte der Hofmarksrichter und lächelte. Dann fuhr er fort: »Und jetzt der Hitzelsberger! Er drückt dir den Preis, sagst du!«
»Herr, die Sach ist die! Wo ich noch drüben war im Tirol, da haben mir die Saalfeld'ner Juden das Doppelte von dem bezahlt, was ich heut vom Zunftmeister krieg'. Dabei weiß ich, daß die Juden nach Genua liefern, wo auch der Hitzelsberger hinliefert. Die Juden werden aber doch nit wohlfeiler verkaufen wie er!«
»Adner, da magst du recht haben! Meinst also, daß er dich bescheißt?«
»Um Gott's willen, Herr, wie könnt' ich sowas meinen, wo ich's nit beweisen kann!«
Der von der Lüften trommelte mit den Fingern auf den Schreibtisch und schaute zum Fenster hin, durch das die alte Linde ihren süßen Blütenduft hereinströmen ließ.
»Anton Adner«, sagte er dann; »mit dir läßt sich vernünftig reden! Wenn ich mir jetzt den Hitzelsberger verprelle – und das könnt ich leicht! – dann wirft er mir seinen Zunftkram vor die Füße und sagt, ein anderer soll's machen. Wo krieg ich aber gleich einen anderen her? Deshalb geb' ich dir einen Rat unter vier Augen, einen Rat, den ich dir niemals gegeben hab', verstehst?«
»Versteh', Herr!«
»Nimm den Handel mit den Saalfeld'nern wieder auf!«
Der Adner machte ein enttäuschtes Gesicht und zuckte mit den Achseln: »Herr, so freundlich Euer Rat auch

sein mag, für mich hat er keinen Taug! Wie soll ich denn mein Sach hinüberbringen?«
»Warum läßt du mich nicht ausreden?«
»Verzeiht, Herr Hofmarksrichter!«
»Über den Königssee zum Schwarzen- und zum Grün-See und sogar bis zum Funtensee kann ich dir wegen unserer Jagden herrschaftliches Geleit geben. Über die Grenz' hinüber und dann weiter – da mußt du dir was einfallen lassen!«
Wieder war's die Osterwoche, als Anton Adner mit den siebzehn herrschaftlichen Saumeseln zum Funtensee hinaufkam, dort hinüberwechselte zum Toten Weib und schließlich auf altbekannten Wegen nach Saalfelden gelangte. Er betrat den Ort zunächst nicht, sondern wartete in einem Wiesenstadl den Abend ab. Dann suchte er den Esra Silbermann auf, brachte ihm sein Anliegen vor und fand seine ganze Unterstützung. Esra erklärte sich sogar bereit, beim Senner am Toten Weib die Ware abholen zu lassen, doch bis dahin, also über die Grenze, müsse sie gebracht werden. Bezahlung wie immer!
Darauf schlich sich der Adner unauffällig durch die Gassen, redete am End den Nachtwächter an und erfuhr, was er erfahren wollte, daß nämlich der Pater Hyacinth aus Innsbruck sich noch bis zum Weißen Sonntag im Pfarrhof aufhalten werde, weil er den Erstkommunikanten das Sakrament spenden wolle. Unverzüglich begab sich Anton dahin und traf den braven Kapuziner bei der Verrichtung seines Stundengebetes.
»Gell, sechs oder sieben Jahr' ist's her, daß ich euch droben am Breithorn getraut habe? Das arme Luder! Hat eines so bitterbösen Tod's sterben müssen! Alle Leut haben damals gesagt: Schinden hätt' man sie sol-

len, die fünf Dreckschweine! Ihnen bei lebendigem Leib die Haut abziehn! So hat man sie bloß standrechtlich erschossen! Für einen Söldner ist's auch kein rühmliches End!«
»Wißt Ihr, Pater, wo Felixa begraben liegt?«
»Weiß nit! Aber die Wirtsleut soll'n ihr eine schöne Leich' ausg'richt haben. Frags' halt! – Und was macht dein Bua? Wie hat er grad geheißen?«
»Der Dannei hat zwar keine Mutter, aber eine wunderbare Großmutter gefunden, drüben im Rupertiwinkel.«
»Ach ja, bei den Pröpstlichen! Sind nit unrecht! A weng einschichtig, aber sonst brave Leut! – Was hast denn für später mit dem Dannei vor?«
»Da ist für unsereinen nit viel zu wollen: Schnitzer und Schachtelmacher wie der Alte!«
»Und heiraten willst nimmer?«
»Eine zweite Felixa steht nimmer auf; eine andere mag ich nit! Und außerdem hab ich siebenundvierzig am Buckel. Da sind die jungen Weiber nit scharf.«
»Um so schärfer die alten!« ergänzte schmunzelnd der Kapuziner.

Der Adner brachte nun seine Rößl nicht mehr zur Sammelstelle beim Hitzelsberger. Das fiel natürlich auf, und der Zunftmeister fragte herum. Zunächst konnte sich niemand einen Reim drauf machen, bis man den Adner etwa vier Wochen später mit einer riesigen, vollbeladenen Krax'n auf Königssee zustreben sah. Jetzt wußte man's: der »Zuag'roaste« – wie man ihn auch spöttisch nannte – hat seinen eigenen Handelsweg!

»Ob das nur gutgeht!« meinte der Hitzelsberger zu ein paar Spezln beim abendlichen Umtrunk und machte dazu eine drohende Gebärde.
Indes, es ging gut! Immer wenn er wieder eine Krax'n voll hatte, schloß er sich bei St. Bartholomä dem herrschaftlichen Eselsgeleit an. Da war meistens der eine oder andere nicht voll belastet, so daß die Treiber Antons Ware, verteilt, bis zur Jagdhütte am Funtensee mitnehmen konnten – wie es ihnen von höherer Stelle her befohlen worden war. Als der Zunftmeister davon Wind bekam, legte er mit sehr beredten Worten bei Herrn Theobaldus Verwahrung ein. Der aber überfuhr ihn heftig: »Wenn der Mann seine War' anderwärts günstiger anbringen kann, darf ihm keine Zunftordnung einen gedrückten Preis aufzwingen! Tut sie das, verstößt sie gegen Treu und Glauben!«
Der andere wurde wütend: »Die Herrschaft bevorteilt ihn!«
»Wenn du damit den Transport auf den Eseln meinst, Hitzelsberger, dann bring du deine Krax'n bis St. Bartholomä, und auch sie werden bis zum Steinernen Meer mitgenommen! Und jetzt mach dich aus dem Staube, denn mein Hund steht auf!«
Deutlicher wär's nicht gegangen!
Was jedoch ein echter Alpler ist, der gibt so leicht nicht auf. Und der Zunftmeister dachte sich: Ihr habt immer das große Maul; am End aber lebt ihr alle von uns! Drum hab ich hier auch ein Wörterl mitzureden!
Zwei Jahre lang brachte der Adner seine Rößl zum Funtensee; zwei Jahre lang schaffte er sie nächtens von der fürstpröpstlichen Jagdhütte schwarz über die Grenze in die Sennerei beim Toten Weib. Er machte sich weiter kein Gewissen daraus, denn ein altes Gesetz hieß:

Was der Trödler am Buckl trägt, geht zollfrei von Land zu Land! Und er trug doch seine Ware am Buckl hinüber!
Gottes Mühlen mahlen langsam, sagt ein altehrwürdiges Wahrwort. Aber auch die des Teufels lassen sich manchmal Zeit. – Jakob Hitzelsberger hatte in mühsamer Kleinarbeit herausgefunden, wie der Handel des Adner ablief; er war auch dahinter gekommen, was die Juden bezahlten, er konnte also nicht, wie er es ursprünglich im Sinne gehabt hatte, eine große Anzeige an den Hofkanzler richten, denn der hätte ihm kaltschnäuzig sagen lassen: Dann zahl halt auch du, was die Juden zahlen! Er mußte seine Wut und seinen Haß weiter in sich hineinfressen. Einem solchen Menschen aber steht eine ganz besondere Sorte von Teufeln hilfreich zur Seite, weil sie spüren, daß es da zu einer handfesten Übertretung des göttlichen Zehngebots kommen könnte.
Die beflüsterten also den Hitzelsberger und bliesen ihm ein, einem Almhirten von drüben einen halben Gulden zu geben, daß er den Adner, wenn er beladen ins »Steinerne Meer« einsteige, durch einen kleinen Schubs über einen Schroffen hinab und in die Ewigkeit befördere.
Der Hirt löste den halben Gulden ein, und der Schnitzer und Schachtelmacher Anton Adner blieb seit Mai 1714 verschollen.

★

Ungefähr einen Monat nach der Missetat kam in den Berchtesgadener Wirtschaften so ganz beiläufig die Frage auf, was denn bloß mit dem Holzzunftmeister los sei. Er habe schon seit geraumer Zeit dunkle Ringe um die Augen, wie denn überhaupt sein Blick unstet geworden sei. Dergleichen verrate einen Herzfehler. Andere ergänzten diese Vermutung und meinten, Herzgeschichten lägen bei den Hitzelsbergern in der Familie.

Merkwürdigerweise kam bei solchen Gesprächen die Rede sehr bald auf den verschwundenen »Zuag'roasten« – freilich nur so nebenbei, denn niemand hätte gewagt – öffentlich gewagt! – zwischen den beiden Männern eine Beziehung herzustellen. Und doch wußte jeder, mit welchem Haß der Jakob den Rößlmacher verfolgt hatte. Es schwelte also etwas über den Gemütern, das sich nicht vertreiben ließ, ähnlich dem Kaminrauch an drückenden Wettertagen, der sich über die Dächer wälzt und gar in die Stuben eindringt, wenn das Fenster offensteht. Dieses Etwas blieb dem Hitzelsberger nicht verborgen, denn g'stand'nen Mannsbildern, wie es die Gebirgler meistens sind, glückt es auf die Dauer nicht, sich zu verstellen. Außerdem war er ein heller Kopf: er roch den Rauch in der Luft . . .

»Heut geh i ins Holz!« sagte er eines Morgens zu seiner Frau.

Daß er in die herrschaftlichen Wälder ging, war nichts Außergewöhnliches, denn es fiel in seinen Aufgabenbereich, für die zweihundertsechs Meister und dreiundneunzig Gesellen seiner Zunft die Bäume auszumachen, die das Stift ihnen alljährlich zu billigem Preis überließ. Das waren sechshundertsiebenunddreißig Fichtenstämme und hundertsechsundzwanzig Buchen. Er mußte die Bäume auszeichnen, die der fürstliche Holzmeister nachher zu begutachten hatte.

Er ging also, und am Abend kehrte er aus dem Holz nicht mehr in sein Haus zurück; auch tags darauf nicht.

Die Frau bat etliche Zunftgenossen, ihr beim Suchen zu helfen. Umsonst! Erst eine gute Woche später fanden ihn ein paar Holzschlagbuben hinten am Königssee, unweit St. Bartholomä. Er hatte sich erhängt und ging bereits in Verwesung über.

Jetzt redeten alle ganz offen über ihn und den verschollenen Adner, auch beim Herrn Hofmarksrichter Theobaldus von der Lüften. Hier war es die Waltl-Mutter, die sich mit ihrem Schützling, dem neunjährigen Adner-Dannei, zu einer großen Unterredung eingefunden hatte. Der Bedeutung dieser Zusammenkunft entsprach es, daß sogar der fürstpröpstliche Sekretär, Roman von Schönfeld, erschienen war.

»Liebe Mutter Waltlin« begann Theobaldus, »wir haben dich kommen lassen, weil wir mit dir über den weiteren Bestand des Malterlehens reden müssen.«

»Was gibt's denn da noch zu reden, Herr Richter? Das Lehen ist in meinen Händen, ich verwalte es ordentlich, wie Ihr zugeben müßt, was soll sich da ändern?«

»Wie alt bist du, Waltlin?« Die Frage war im behutsamen Tonfall gestellt.

»Bin ich euch zu alt, ihr Herrn? Sara soll in die Neunzig gegangen sein und hat noch einen Sohn zur Welt gebracht; ich werd' zu Allerheiligen neunundsechzig, möcht' aber keinen Sohn bringen.«

Weil er spürte, wie sie in Hitze zu geraten drohte, meinte der Sekretär beschwichtigend: »Freilich, neunundsechzig ist kein Alter! Es muß jedoch – ganz unverbindlich, versteht sich! – über deinen inskünftigen Nachfolger gesprochen werden, wie's bei einem Erblehen so üblich ist.«

»Ah, so meinst du das!« erwiderte sie, verbesserte sich aber gleich, legte ihm die schwielige, verrunzelte Hand auf den Arm und meinte schmunzelnd: »Nix für ungut, Herr Sekretär!«

Dann erläuterte sie, daß der einzige Enkel, den sie habe, »bei der Grenz« sei: »Da liegens den ganzen Tag 'rum und stehlen dem lieben Herrgott die Zeit weg! Das paßt dem Lackl so in den Kram. Aber so einer paßt nit für die Bauerei!

Für die Bauerei hätt ich mir den da gedacht, den Dannei vom gottseligen Adner-Anton, den der Lump, der Hitzelsberger –«

Scharf unterbrach sie Herr Theobaldus: »Keine Anschuldigung, Waltlin! 's ist nix bewiesen!«

»Aber die Spatzen pfeifen's von den Dächern!«

»Lassen wir sie pfeifen! Jetzt geht's um den Dannei! – Dannei, wie alt bist?«

»Neun, Herr Richter!«

»Und willst Bauer werden?«

»Bauer bei der Waltl-Mutter oder Schnitzer wie der Vater!«

»Komm her zu mir, ich will deine Arme angreifen! – Mein Lieber, da fehlt aber noch etliches Irxnschmalz!«

»Sagt das nit Herr Richter! Wenn's drauf ankommt, leg ich nämlich jeden aufs Kreuz! Euch auch! Denn der Dreh' macht's aus, nit die Kraft!«

Hell lachten die beiden Herrn auf, und die Waltlin stubste den Buben sanft in die Seite: »Bua, so was sagt ma doch nit!«

»'s ist mir nur so rausg'rutscht, Herr!« erwiderte der Dannei und errötete ein wenig.

»Na gut!« nahm der Sekretär das Gespräch wieder auf. »Du scheinst mir recht aufgeweckt zu sein, und eine klare Stimme hast du auch. Kannst du singen, Dannei?«

»Ja, freilich, Herr! Alles, was unsere Mägde singen:

vom Jager, vom Wildschütz und vom Sennerbuam!«
»Wir bräuchten im Stift einen Solo-Choralisten!«
»Herr, was ist das?«
»Das kann ich dir jetzt nicht erklären. Am besten, du gehst mit mir! Gell, Waltlin? In einer Stund schick' ich ihn dir wieder in die Schönau!«
»Na, na, Herr! Da will ich schon dabei sein!«
Darauf der Hofmarksrichter: »Schönfeld, Ihr habt uns ganz vom Malterlehen abgebracht! Waltlin, du willst also noch weiterwirtschaften?«
Stolz entgegnete die immer noch stattliche Frau: »So lange, Herr, bis ich mit gutem Gewissen das Regiment dem Buam in die Hand geben kann – natürlich wenn der Herrgott will!«

o-o-o-o-o

Der Solochoralist

Roman von Schönfeld, der Sekretär, ein Musikant aus Leidenschaft, setzte schon seit Jahren seinen Stolz darein, das Chorgebet der Stiftsherren durch gregorianischen Choralgesang zu verschönern. Dazu hatte er einen Knabenchor zusammengestellt. Auf Stiftskosten gewährte er den Buben freie Verpflegung und Ausbildung in der lateinischen Sprache, deren Kenntnis dem Gesang sehr förderlich war. Nun fiel aber der langjährige Vorsänger oder Solochoralist wegen Stimmbruch aus. Eine neue, jüngere Kraft mußte her.

»Auf den Orgelboden brauchst du nit mit hinaufzusteigen!« sagte der Sekretär zur Waltlin, als sie die feierliche Düsternis der Stiftskirche betraten. »Horch dir deinen Erbsohn von unten an!« Das war ihr zwar nicht ganz recht, aber sie setzte sich in eine Bank und begann für die armen Seelen zu beten und für ihren Seligen, der noch als Junger im Türkenkrieg geblieben war, und für den Adner-Anton und für alle Bekannten und Verwandten: Herr, gib ihnen die ewige Ruh! – Wieso sich da oben nix rührt? – Ah so! Der Orgeltreter hat noch gefehlt! Nun aber ging's los! Der Sekretär fuhrwerkte auf den Tasten herum wie ein Wilder. Das brüllte hinten im Kasten, das pfiff hoch droben bei den zwei posaunenden Engeln, und auf der Seite brummte es aus langen, viereckigen Holzgehäusen – der Stier am Malterlehen brummte manchmal auch so.

Plötzlich hallte es nur noch durchs ganze Kirchenschiff – und still war's.

»Dannei, ich spiel dir jetzt eine Tonleiter vor; die singst du nach, auf la-la-la!« Und der von Schönfeld spielte ruhig auf flauto. Er nickte dem Knaben zu, setzte ganz

leise auf cembalo ein – und der Dannei begann. Nun die nächste Leiter, einen Ton höher.
Und noch einmal einen Ton höher, und noch einmal! Wie das jubelte! Wie das emporjauchzte zu den herrschaftlichen Oratorien und sich verfing in den Netzrippen des Gewölbes!
»Dannei!«
Der Sekretär sprang von der Orgelbank auf, umarmte den Knaben und rief, so daß es die Waltlin unten deutlich vernahm: »Dannei, so kann nur ein Engel singen! Nein, nur ein Erzengel! Einer von den cherubinischen himmlischen Heerscharen!«
Und dann über die Orgelbrüstung hinab: »Hast's gehört, Waltl-Muttter? Diese Stimme ist für unsere Stiftskirche eine Gnade!«
Der Dannei wußte nicht, wie ihm geschah. War seine Stimme wirklich so, wie dieser noble Mann tat?
Jetzt ließ er ihn noch ein Kirchenlied singen, den »Wächterruf«, den die Buben sonntags so gern durch den Kirchenraum schmetterten. Ja, schmettern konnte der Dannei auch, doch das war ein edles, ein eschatologisches Schmettern, ein Schmettern nach der Art der Posaunen am Auferstehungsmorgen zum Tage des Jüngsten Gerichts:
Wachet auf! ruft uns die Stimme
Der Wächter sehr hoch auf der Zinne:
Wach auf, Du Stadt Jerusalem!
Die anschließende Unterredung des Herrn von Schönfeld mit der Erblehenspächterin gestaltete sich schwierig, denn zum einen verstand die Bäuerin nichts von Musik; zum anderen gab sie zu bedenken, daß der Bua – wenn auch vielseitig begabt – ja doch noch ein Kind sei.
»Was soll er denn noch alles? Bauer soll er werden!

Schloßplatz Berchtesgaden mit der Stiftskirche

Schnitzer soll er werden! Lateiner soll er werden! Soll er vielleicht auch noch Pfarrer und Doktor werden? Geh, hörts mir doch auf und steigts mir aufn Buckel! Dannei, kimm, wir fahr'n hoam!«
Da war nichts Gedeihliches mehr zu erwarten. Indes, der Sekretär kannte die Leut vom Rupertiwinkel und wußte sie zu nehmen: »Wann i nit wüßt', Waltlin, was für liabs Weibsbild du bist, ich hätt pfeilgrad g'sagt: ‚Geh doch, alte Hex!' Aber wir kemma scho no zsamm! Jetzt pfüad di!« Und er gab ihr einen Klaps auf die Schulter.
Daß er so plötzlich in der Mundart geredet und ihr sogar einen Klaps gegeben hatte, das vermerkte die wackere Frau als Auszeichnung. Darum sagte sie bereits am Heimweg im Gäuwagerl zum Dannei: »Hast wirklich a Stimmerl so rein wie a Glöckerl. Wirst halt doch in die Singschul' gehn müss'n. Die Bauerei, die packst später a noch!«

Den Dannei rührte das ganze Getue um ihn herum kaum an. Er war eine frohe Natur und sah in allem, was geschah, nur die Sonnenseite. Selbst über den Verlust des Vaters hatte er sich mit dem Gedanken hinwegtrösten können, daß er ja eine so gute Waltl-Mutter besaß, mit der er »über jeden Dreck« reden konnte. Der Vater dagegen war mit den Jahren immer stiller geworden und sogar ein wenig abweisend: Er hatte das bittere Sterben der Mutter nicht zu verwinden vermocht. Es muß ja auch ein fürchterliches Sterben gewesen sein, so fürchterlich, daß er mit ihm, dem Dannei, darüber nie reden wollte. Nicht einmal der Waltl-Mutter hatte er's gesagt! Die wußte nämlich auch nichts Bestimmtes, nur daß die Mutter eine kleine, sehr schöne und sehr zarte, junge Frau gewesen sei mit blauschwarzem Haar und dunkler Haut, ähnlich den verschleierten Weibern aus Indien mit einem Edelstein im Nasenflügel und einem roten Punkt auf der Stirn, so wie man sie manchmal draußen am Schellenberg bei der Soleleitung aus goldenen Bechern trinken sah. So soll die Mutter gewesen sein! Schade, daß er sie nicht gekannt hatte! Aber seine Waltl-Mutter war auch schön, – halt schon ein bisserl faltig im G'sicht und am Hals. Aber das ist Wurscht!

Ein paar Tage später kam die Waltlin mit der Nachricht daher, daß der Jakl aus der Hebenstreit-Mühl' ebenfalls in die Singschul' kommen solle. Der war genau so alt wie der Dannei, nur war er halt der Sohn des Herrn Hofbäckenmeisters Valentin Hebenstreit, eines der honorigsten Bürger von Berchtesgaden. Was für eine Ehr für die Waltlin, daß ihr Dannei neben dem g'wappelten Bäckenbuam singen durfte!

Dann fing die Schule in der Stiftskantorei an. Sieben Buben waren's, so zwischen neun und elf Jahren.

Gleich in den ersten paar Tagen erkannte der Dannei, daß der Bäcken-Jakl zwar das Maul am weitesten aufriß, daß er aber im Lateinischen der dümmste war. Und gar erst im Singen! Da glaubte er nämlich es so machen zu müssen, wie die jungen Salzstößler, wenn sie Samstag nachts unten am Ufer der Ache ihre wüsten Reime grölten: so aus der Magengrube heraus, wie wenn sie Frösche im Hals hätten. Als der junge Cantor Crusius ihm das verwies, schnappte er kalt und belferte, er werde es seinem Vater, dem Hofbäckenmeister, sagen.

Da packte ihn aber der Cantor und warf ihn zur Tür hinaus. Die Folge davon war, daß er anderentags, nachdem er's dem Vater gesagt hatte, den Herrn Crusius um Verzeihung und um zwei Watsch'n bitten mußte, eine rechts und eine links. – Die Watsch'n hat ihm der Cantor nicht verabreicht, doch der Jakl war geheilt.

Er lehnte sich von da ab stark an den Dannei an, der unter ihnen – wie auch in Latein – weitaus der beste war. Und weil die Zwei ein gutes Stück den gleichen Weg hatten, holte das Hebenstreit'sche Gefährt beide jeweils nach dem Mittagessen im Stift ab und brachte sie bis zur Mühl'. Von da an ging der Dannei noch eine gute halbe Stunde zu Fuß nach Hause. Die Waltl-Mutter wollte ihm zwar das Gäuwagerl entgegenschicken, doch er lehnte mit der Bemerkung ab, so könne er unterwegs am leichtesten die lateinischen Vokabeln lernen und habe dann den übrigen Nachmittag Zeit für die Schnitzerei.

★

Arschpfeifenrößl

Die Schnitzerei, das Erbgut des Vaters, liebte er; auch hatte er sich darin bereits eine beachtliche Fertigkeit erworben. Seine »Arschpfeifenrößl«, die er nach Maß und Farbe genau denen des Vaters nacharbeitete, fanden beim neuen Zunftmeister Philipp Steinhauser Gefallen und willkommene Abnahme. Von ihm bekam er auch den Rat, sich in anderen Figuren zu versuchen, die reißend abzusetzen seien; etwa die so beliebte sechsspännige Hochzeitskutsche, das Hühnerwagerl oder gar die Arche Noah mit ihren jeweils sechzehn Tierpärchen. Das seien doch die Sachen, die man auf den Spielzeugmärkten in alle Welt verkaufen könne. Dannei folgte dem wohlgemeinten Rat und brachte so Abwechslung in seine Nebenarbeit. Er ging sogar noch über den Rat des Zunftmeisters hinaus und schnitzte Weihnachtsengel, Leuchterrößl, Räuchermanndl – besonders einen lustigen Türken – und verschiedene Bergknappen, wie sie ihm in ihrer oft drolligen Art auf den Straßen der Stadt begegneten.

In der Vorweihnachtszeit dieses 1714er Jahres mußte er sich jedoch in der Schnitzerei einschränken. Einmal weil Latein schwieriger wurde; vor allem aber weil das Reichsstift Berchtesgaden seinen Fürstpropst Joseph Clemens, den Churfürsten von Köln, nach zehnjähriger Verbannung zurückerwarten durfte. Da mußte das ganze Ländchen aufjubeln, und ein Festgottesdienst sollte begangen werden, daß man noch nach Jahrzehnten in der Erinnerung daran erschauern müßte! Tag um Tag standen jetzt die Choralknaben in der kalten Stiftskirche, vor sich das mächtige Gesangbuch – aufgeschlagen war es über einen Meter breit –, und übten die Einzugs- und Zeremonialweisen zum Empfang des hohen Kirchenfürsten. Am Tage der Unschuldigen Kinder kam der dann verspätet im Rennschlitten an und wurde von den Stiftsherren, den Abordnungen des Salinenwesens und der Zünfte herzlich begrüßt. Da geschah, was sich vielleicht nur alle hundert Jahre einmal ereignet: Die Herren Canonici im Chorraum, die das feierliche »Haec dies« zur Orgel singen sollten, trafen den Einsatz nicht und warfen so vollständig um, daß am End nur noch die Orgel und ein paar lebensmüde Pfaucherer zu vernehmen waren. In diesem hochnotpeinlichen Augenblick fing plötzlich der Dannei den Hymnus der Begrüßung noch einmal von vorne an. Der Kantor an der Orgel griff die strahlende Stimme des Knaben auf und untermalte sie mit brillierenden Variationen. Das klang so schön, daß manchen der Stiftsherren, die in wuchtigen Pelzen aus Feh in den Chorstühlen saßen, die Rührung überkam.

Da war der Adner Dannei nach dem Fürstpropst die Person des Tages. Kein Wunder, daß der Stiftsdekan ihm nach dem Hochamt in der Sakristei fünf bayerische Dukaten aus Inngold schenkte, denen der hohe Herr selbst lächelnd noch einige rheinische Goldmünzen beigab.

★

Der Hofbäckenmeister ließ es sich nicht nehmen, den Dannei und seine Waltl-Mutter nach dem Gottesdienst zu sich in sein Stadthaus einzuladen. Dieses Haus war nur teilweise bewohnt und umfaßte vor allem die eigentliche Bäckerei und einige Repräsentationsräume. Hier gab Herr Valentin heute ein großes Essen, an dem auch der Stiftskantor Crusius teilnehmen durfte – schon wegen dem Jakl. Das Tischgespräch drehte sich hauptsächlich um das Ereignis des Tages. Herr Crusius war klug genug und setzte den Dannei nicht zu sehr ins Licht, sondern verbreitete sich mehr über das Verhalten der Canonici, das nicht von ungefähr sei, sondern zutiefst von ihrer Abneigung gegen den Wittelsbacher Joseph Clemens herrühre. Das Stift habe es nämlich langsam satt, immer nur von den nachgeborenen Söhnen des Hauses Bayern regiert zu werden. Diese Rede war zwar kühn, verhinderte aber, daß man vor der Verwandtschaft des »Choralisten« Jakl Hebenstreit den anderen zu dick herausgestrichen hätte; denen hätte ja sonst der herrliche Hirschbraten nicht mehr geschmeckt!

Von den Gästen wurde bedauernd vermerkt, daß Frau Carolina, die Gattin des Bäckenmeisters, der Gastierung nicht beiwohnen konnte. Ein paar spitzzüngige

Weibspersonen tuschelten hinter der vorgehaltenen Hand, sie sei bei ihren fast vierzig Jahren – ach, wie schrecklich! – noch einmal schwanger geworden. Ja, ja das kann passieren, wenn man einen so wuchtigen Mann hat! Und überhaupt, der läßt ja die Mägde auch nicht in Ruhe! – Ach, Gevatter Valentin, wie schad', daß die liebe Carolina krank ist! Wir wünschen gute Besserung! – Vielen Dank, vielen Dank! ... Ihr scheinheiligen Luder!
Das folgende Jahr über bis in den Herbst hinein fuhren der Jakl und der Dannei stets gemeinsam in die Singschule.
Am Tage von Sankt Mang kam Frau Carolina nieder und schenkte einer Tochter Susanna das Leben. – Die müssen doch immer eine Extrawurscht haben! »Susanna!« Wer tauft denn heutzutage »Susanna?«
Jakl, der jetzt ins Elfte ging, war von dem Geschwisterlein nicht begeistert. Diese Gleichgültigkeit steigerte sich in dem Maße zu schroffer Abneigung, als das Kind schier unaufhörlich schrie, und zwar so schrie, daß es vor Wut zitterte. Nicht nur einmal kam ihm der Gedanke, das Würmchen zu packen und an die Wand zu werfen, so wie es der Knecht Lorenz mit den jungen Hunden tat, wenn's ihrer zu viele waren. Wie sollte er da seine lateinischen Sätze machen und die Vokabeln lernen? Er stieg auf den Heuboden hinauf, er ging in den Keller hinunter, in den Pferdestall begab er sich und sogar ins stinkige Hühnerhaus – überall hörte er das Geplärr. In die Mühle hätte er sich noch zurückziehen können oder in die Radstubn. Doch da schreckte ihn überall die Kälte.
So konnte es nicht anders sein: er blieb im Schulischen jämmerlich zurück; selbst das Wenige, das er sich bisher

geistig einverleibt hatte, war im Verblassen. Nach der Ursache gefragt, gestand er dem Crusius ganz offen, wie's war. Der Cantor wandte sich an den Herrn Hofbäckenmeister Valentin und bat um Aufklärung. Der Meister, dem das Susannchen die Nerven auch schon stark strapaziert hatte, pflichtete den Beschwerden des Sohnes bei. Darauf entschlossen sich die beiden Männer, den Jakl bis auf weiteres von der Singschule zurückzustellen.
Für den Dannei hieß es da, den langen Weg von der Schönau bis ins Stift täglich allein zurückzulegen. Dagegen verwahrte sich jedoch die Waltlin sofort. Und weil sie seit jenem glanzvollen Ereignis in der Stiftskirche die Überzeugung gewonnen hatte, daß aus dem Dannei wohl nie ein Bauer werden würde, wollte sie vor allem sein schulisches Fortkommen fördern. Darum besorgte sie ihm jetzt einen Maulesel, den braven, jungen Firmian. Firmian gehörte zu jener Gattung von Mauleseln, die man um den Finger wickeln kann, wenn man ihnen den Willen läßt. Es bedurfte einiger harter Prüfungstage, ehe sich der Dannei zur Erkenntnis dieser Tatsache durchgerungen hatte. Dann aber waren Firmian und er ein Herz und eine Seele. Firmian hatte nämlich begriffen, daß seine Aufgabe, ja überhaupt seine Daseinsberechtigung darin bestand, den Buben täglich einmal bis zum fürstpröpstlichen Marstall zu bringen, dann sechs Stunden dort zu fressen und zu ruhen und ihn nachgerade wieder zum Malterlehen heimzuschaffen, um daselbst die vorgehabte Tätigkeit des Fressens und Ruhens fortzusetzen bis zum nächsten Morgen.
Der Dannei studierte fleißig, sang ebenso gewissenhaft die Hymnen, Choräle und Psalmen während der Chor-

gebete, und war nachmittags wieder daheim; da schnitzte er dann schöne Figuren, für die ihn der Philipp Steinhauser rechtschaffen bezahlte.

o-o-o-o-o

Der Kanzlist

Nach weiteren zwei Jahren erfolgte beim Dannei der unausweichliche Stimmbruch.
»Man hätte ihn als Knaben frühzeitig nach Italien schikken sollen!« sagte der von Schönfeld zu Theobaldus von der Lüften.
»Die hätten ihn für unsere Schola gerettet!«
»Mein Lieber, da wär' die alte Waltlin wie ein heiliger Michael mitgezogen und hätt weiß Gott! das Flammenschwert Tag und Nacht über ihren Dannei gehalten!«
»Jetzt haben wir die Bescherung! Crusius muß ihn ausstellen. Was machen wir mit dem glänzend begabten Burschen? Man müßte ihn für unsere Verwaltung ausbilden.«
Herr Theobaldus machte ein bedenkliches Gesicht:
»Man muß ihn erst dafür gewinnen, bevor man ihn ausbilden kann. Und da wird sich die Waltlin abermals in die Quere stellen, denn sie hat ihn als ihren Erben am Malterlehen vorgesehen.«
»Und wenn man ihr einen anderen Erben vorschlüge, einen älteren? Denn gar zu lange schafft sie's ja auch nicht mehr!«
»Freund, dir gebricht es an Lebenserfahrung! Wenn die alten Weiber einmal über die Siebzig hinaus sind, werden sie zäh wie die Katzen. Die greift kein Mannsbild mehr an, und selbst der Gevatter Tod hat Respekt vor ihnen. Doch das mit einem anderen Erben, das ließe sich bedenken. Und mir scheint, ich hab's schon bedacht: den Zechmeister-Leonhard aus dem Engeday.«
»Kenn ich nicht!« sagte der Sekretär.
»Macht nichts!« erwiderte der Richter.

»Wir lassen beide kommen und hetzen sie aufeinander!« –

Herr Theobaldus hatte sich geirrt: Es wurde keine Hetzjagd, sondern im Gegenteil, es kam zu einer raschen Einigung. Da sich die Mutter Waltlin schon seit längerer Zeit mit dem Gedanken vertraut gemacht hatte, daß der Dannei nie Bauer werden würde, stellte sie nur eine Bedingung.

»Und wie heißt die?« fragte der Richter freundlich.

Fast prophetisch erwiderte sie: »Ich und der Dannei, wir müssen all unsere Lebenstäg' auf dem Lehenshof haben: Dach, Tisch und Bett! Und das muß verbrieft sein!«

Hochaufgerichtet saß sie bei den drei Männern und schaute sie herausfordernd an. Zum Leonhard aber sagte sie hart: »Hast's g'hört?«

Der erhob sich, wandte sich an den Hofmarksrichter und sprach: »Dann wollen wir's gleich verbriefen, wenn's recht ist!«

Zwei Schreiber wurden gerufen, die Texte wurden aufgesetzt. Nach dem Mittagessen im Stiftskeller, zu dem der Richter alle geladen hatte, wurden die Texte vorgelesen, dort und da verdeutlicht und schließlich ins Reine geschrieben. Da war, was der Hofmarksrichter mit dem Leonhard schon seit einiger Zeit insgeheim vorbereitet hatte, an einem Tage zur Zufriedenheit aller rechtskräftig geworden, ohne den sonst üblichen Streit und Hader. –

»Da wär nun noch der Dannei!« meinte der Sekretär, als die Waltlin mit dem Leonhard gegangen war.

Mit einem Schalk in den Augenwinkeln erwiderte der von der Lüften: »Darüber, Freund, laß dir kein graues Haar wachsen! Außerdem solltest du nicht so scheinheilig tun; weiß ich doch, wie gern du ihn in deiner Schreibstub'n hättest. Aber du wirst lachen: Ich geb' ihn dir! Doch geht's mir jetzt wie der Waltlin: Ich stelle nur eine Bedingung! Er soll arbeiten lernen in der Kanzlei, nicht bloß mit dir an der Orgel herumprobieren! Fähige Musikanten kriegt man nämlich heutzutage billiger als fähige Kanzlisten!«

»Anton Adner junior«, wie sich Dannei nunmehr offiziell nannte und wie er auch auf den von ihm gefertigten Schriften zeichnete, hatte seinen »Stubenhockerdienst« – so pflegte er ihn selber zu nennen – zwar gern angetreten, aber nicht zu gern. Daß er täglich immer noch mit seinem Firmian ins Stift und wieder zum Malterlehen zurückreiten konnte, war noch das schönste an dem »fürstpröpstlichen Kanzlisten.« Auch daß ihn der Herr von Schönfeld persönlich jede Woche einmal an der gewaltigen Stiftsorgel ausbildete, zählte viel. Dagegen dieser stumpfsinnige Kanzleistil mit Hin und Her von Frage – und Antwort – von Gegenfrage – und Gegenantwort – von Dank für die Antwort und für die Gegenantwort – von endgültiger Bitte um Bescheid – von Einwendungen gegen die Antwort und gegen die Gegenantwort – das lähmte den Verstand und machte ihn zum Träger von Akten. Freilich, Akten mußten sein! Dannei dachte dabei an die Verbriefung seines Wohn- und Versorgungsrechts auf dem Malterlehen. Doch war es schlimm, all den Kram im Kopf zu haben. Denn hatte man ihn nicht im Kopf, dann bestand das ganze Tagwerk aus einem Dauerlauf zwischen Schreibpult und Aktenschränken ...

Die Jahre vergingen.

Kanzlist!

Der Kanzlist durfte – auch ohne Begleiterin – ins bürgerliche Tanzhaus gehen; er durfte ohne Ansehen der Person jede der dahockenden Damen zum Tanz bitten und sie ins Freie hinausführen, falls ihr aus irgendeinem Grunde schlecht zu werden drohte; er durfte jede dieser Damen, wenn ihr dann wirklich schlecht geworden war, zu Fuß oder auch per Wagen oder Schlitten nach Hause begleiten und ihr daselbst aufwarten, gleichgültig ob sie noch ledig war oder sich eines glücklichen Ehestandes erfreute.

Der Kanzlist Anton Adner, vulgo Dannei, hatte das Berchtesgadener Tanzhaus all die Jahre nie besucht. Zum einen schon deswegen nicht, weil ihm die Waltl-Mutter zu Allerheiligen 1721 gestorben war, zum anderen, weil er wiederholt gehört hatte, daß Ledige wegen der Heimbegleitung verheirateter Bürgerinnen elend verdroschen worden waren. Er hätte gewiß gern getanzt, doch blutunterlaufene Augen und eingeschlagene Zähne wollte er nicht riskieren. –

Das änderte sich jedoch in seinem sechsundzwanzigsten Lebensjahr.

Während er bis dahin als braver Schreibstubenhocker gedient hatte und sogar zur Würde eines Oberkanzlisten aufgestiegen war, hatte auch der Jakl Hebenstreit, der Freund seiner Knabenjahre, den großen Sprung ins öffentliche Leben geschafft: Er war seinem jäh verstorbenen Vater als Hofbäckenmeister nachgefolgt, so daß er jetzt mit fürstpröpstlicher Erlaubnis ein Mädchen aus dem Salzburgischen, die Tochter eines Salinenschichtmeisters, heiraten durfte. Das Trauungszeremoniell hatte der Stiftsdiakon übernommen, an der Orgel wirkte Herr Crusius, und als Soloeinlage zum Offertorium sang Dannei jenen vormaleinst mißglückten Hymnus der Herren Canonici »Haec dies, quam fecit Dominus – Das ist der Tag, den der Herr gemacht hat«. Eine zwar bürgerliche, doch schon an die Nobilität heranreichende Hochzeit! Ihr weltlicher Teil konnte im Tanzhaus gefeiert werden, durfte aber nicht mehr als hundertachtundvierzig Gäste zählen. Unter diesen bewegte sich auch der Anton Adner junior, der Dannei. Ein schöner, aufrechter, bartloser Mann, dem das blauschwarze Haar, die dunklen Augen und die hängende Unterlippe etwas Exotisches verliehen. Verständlich, daß sich die Mädchenschaft mit gewollter, wenn auch nicht immer gekonnter, aber durchaus unnatürlicher Lieblichkeit um ihn scharte. Der Dannei genoß die Verehrung so wie man einen feinen Wein genießt: schluckweise. Er lächelte nach hierhin, antwortete nach dahin und nickte nach dorthin, und von überall her schwoll ihm freundliche Begeisterung entgegen.

Im Reigen dieser Mädchen befand sich auch die sechzehnjährige Susanna, die Schwester des Bräutigams Jakl Hebenstreit. Für einen jungen Mann öffentlich zu schwärmen und ihn gar anzuhimmeln, war für die Bäckenstochter neu, und sie empfand es unschicklich. Darum hielt sie sich auch mehr im Hintergrund auf. Dem Dannei, der sie von Jugend auf kannte, gefiel diese Zurückhaltung sehr. Als dann endlich die Musikanten zum Tanz aufspielten, wurde das Gedränge um ihn dichter. Da wandte er sich jedoch jäh um, schritt zu Susanna und nahm sie bei der Hand. Langsam formierten sich die Tanzpaare. Einige Mädchen waren – wie üblich – enttäuscht, einige verzogen spöttisch ihre Mienen, eine, nämlich die Tochter des Salzverwesers, streckte sogar gegen Susanna die Zunge heraus.
»Mach dir ja nichts draus, Kind! Im Gegenteil, du mußt dich jetzt betont heiter und aufgeräumt geben! Denn wenn sie merken, daß du dich ärgerst, werden sie nur noch giftiger.«
Susanna beherzigte dieses Wort und tat den ganzen Abend mit Dannei recht verliebt. Das wurmte die Tochter des Salzbeamten so arg, daß sie – von der verärgerten Mutter begleitet – vorzeitig das Tanzhaus verließ. »Die ist jetzt sicherlich versalzen!« meinte Dannei lächelnd, als er sie gehen sah. Susanna konnte ihre Schadenfreude nicht verbergen und schmiegte sich enger an ihn. Das empfanden jedoch ein paar würdige, in Frömmigkeit ergraute Witwen als unanständig und beschwerten sich »aus Gründen der öffentlichen Sittlichkeit« beim Herrn Dekan, dem Grafen Sauer, der gerade gekommen war, um dem Brautpaar für zwei Stunden die Ehre zu geben. Der lachte bloß und polterte: »Was wollt ihr denn? Ihr bei euren Jahren werdet die Be-

wohner unseres Fürstentums nicht mehr vermehren, aber die!«
So ging es also auch bei dieser Hochzeit wie bei vielen anderen: man eifersüchtelte, man belobhudelte sich, man giftete sich an; man betrank sich, man brüllte einander heftig ins Gesicht, und am End schlug man sich herzhaft die Nasen blutig – bis der Nachtwächter und die Stadtschergen kamen und die Festlichkeiten auflösten. Am anderen Tag gestand man sich: Herrgott, war das eine Pfunds-Hochzeit!

Das Brautpaar mitsamt der lieben Verwandtschaft hatte sich nach der Sperrstunde ins hofbäckenmeisterliche Stadthaus begeben, um zu schlafen. Jakl wollte nicht, daß der Dannei auf seinem uralten Firmian noch in die Schönau ritt in dieser fortgeschrittenen Nacht. Er lud auch ihn ins Bäckenhaus. Der Dannei hatte den Genüssen des Kellers mannhaft zugesprochen, in eine Schlägerei war er jedoch nicht verwickelt worden, obzwar es ihn immer wieder gelüstet hatte, dem Herrn Salzverweser wegen des Zurufs »Kanzleihengst« ein Maßkrügerl aufs Hirn zu stülpen. Susanna war's gewesen, die ihn wie ein Schutzengel von der Ausführung zurückgehalten hatte.
Jetzt schlief er in einem urgroßmütterlichen Alkoven und würgte die wilden Vorstellungen, die ihm der genossene Wein eingab, stöhnend in sich hinab, Vorstellungen, die dem göttlichen Zehngebot in vielen Stücken zuwiderliefen.
Anders verhielt sich's bei Susanna, die ihr Mädchenzimmer mit der Mutter teilen mußte. Ihre Augen berührte der Schlaf stundenlang nicht. Zum erstenmale

war sie einem Mann in der Öffentlichkeit begegnet, so begegnet, daß sie den Neid anderer heraufbeschworen hatte, ohne daran Schuld zu haben. Und dennoch! Es entbehrte nicht des Reizes, begehrt und zugleich beneidet zu sein. Der Dannei hatte ihnen den Unterschied gezeigt zwischen einer sauberen und einer leicht angekratzten Dirn. Diesen Unterschied scheint ein ordentlicher Mann zu spüren, und der Dannei besonders! Ob sie in den Alkoven zu ihm hinübergehen und ihm nochmals Gut-Nacht und Dankschön sagen soll?
Sie erhob sich ganz leise; nur schade, daß das Bettgestell knarrte. Dieses Knarren – oder war es die betonte Heimlichtuerei – nahm die Mutter Hebenstreitin wahr. Sie drehte sich um und sprach in das dunkle Mädchenzimmer hinein: »Susanna, laß ihn schlafen! Er will dir nichts!«
Das Töchterlein kehrte wortlos ins Bett zurück und schlief bald ein. –
Er will mir nichts! Warum will er mir nichts? Weil ich erst sechzehn bin? Das möcht' ich doch wissen! – Susanna trug sich mit diesen Fragen über den ganzen Winter hin. Ab und zu kam der Herr Oberkanzlist kurz vorbei zu einer Begrüßung oder weil er etwas Amtliches zu bestellen hatte. Er war stets freundlich und natürlich und seine Augen strahlten, als hätten sie zeitlebens nie böse Menschen oder böse Blicke gesehen.
»Er muß eine wunderbare Mutter gehabt haben«, sagte die Hebenstreitin; »nur schade, daß man nichts über sie erfährt!«
Darauf der Jakl: »Wahrscheinlich hat er sie selber gar nicht gekannt. Der Waltl von der Grenz soll neulich am Biertisch erzählt haben, daß der alte Adner das Büberl aus Tirol bei Nacht und Nebel herüber'bracht hat; da sei's höchstens zwei Jahr' alt g'wesen. Von einer Frau

weit und breit nix! Der Waltl hat dann die zwei Flüchtling zu seiner Großmutter auf's Malterlehen g'schickt.«
»Jedenfalls eine undurchsichtige Herkunft!« meinte die plötzlich mißtrauisch gewordene Witwe. »Wir müssen aufpassen, daß die Susi nicht in den Dreck langt!«
»Aber Mutter! Die Susi weiß doch noch gar nicht, daß es Manndl und Weibl gibt!« erwiderte der Jakl.
»Bua«, antwortete sie, »hast du eine Ahnung!« –
Während dieses Frühjahres hatte der Dannei in seinem Amt alle Hände voll zu tun. Denn zunächst war dem Reichsstift Berchtesgaden von den Stiftsherren ein neuer Fürstpropst gegeben worden – diesmal kein Wittelsbacher, sondern ein Freiherr von Nothafft. Dieser neue Herr hatte dann – dem Fürstbistum Salzburg nacheifernd – beschlossen, alle Protestanten aus seinem Gebiet zur Auswanderung nach Preußen oder sonstwohin zu zwingen, unter restlosem Verlust ihres angestammten oder erworbenen Eigentums. Es war ergreifend, als am Abend des 16. Mai 1732 etwa tausend Männer, Frauen und Kinder aus Berchtesgaden, siebenhundertachtundachtzig Dürnberger und zweiundachtzig Bischofswieser sich am großen Platz vor der Stiftskirche versammelten, ein paar Kleider und etwas Brot zu einer Hucke geschnürt – und mit zum Himmel erhobenen Händen das alte Lied sangen:

Der ewigreiche Gott
woll' uns in unserem Leben
ein immer fröhlich Herz
und edlen Frieden geben
und uns in seiner Gnad
erhalten fort und fort
und uns aus aller Not
erlösen hier und dort!

Halb Berchtesgaden stand mit Tränen in den Augen rings herum; auch der Dannei. War es menschlich – vom Göttlichen gar nicht zu reden! – daß man Leute, die an den gleichen Gott glaubten, die die gleichen Gebete sprachen, die gleichen Lieder sangen, die gleichen göttlichen Gebote hielten oder übertraten – daß man sie wegen ihrer ehrlichen und im Gewissen verpflichtenden Überzeugung gleichsam in die Wüste jagte? Ist es denn ein Verbrechen, den lieben Gott anders zu sehen als die anderen? Wobei es überhaupt dahingestellt bleiben muß, wer ihn richtig sieht! Sicherlich weder der eine noch der andere, weil er viel zu groß ist, als daß unser Auge ihn erfaßte!

Als sie fortgezogen waren, standen viele Häuser leer.

»Dannei, du hast jetzt soviel Schreiberei mit diesen Häusern; willst nit eins haben? Such dir eins aus! Du wirst ja auch einmal eine Familie gründen!« Herr Theobaldus sprach's aufmunternd.

»Herr, ich müßt' Angst haben, mir könnten eines Tags die Balken über dem Kopf zusammenbrechen!«

Manche Bewohner des kleinen Fürstentums bekundeten für die zurückgelassenen Häuser starkes Interesse. Sie mußten mit ihren Gesuchen zuerst die Kanzlei des Hofmarksrichters anlaufen. So konnte auch bei ihnen die Frage nicht ausbleiben: »Du sitzt doch an der Quelle, Dannei; wieso nimmst du dir kein Haus!«

Um sich nicht auf eine weitläufige Diskussion mit ihnen einzulassen, sagte er meist nur so nebenbei: »Was glaubt ihr, wie viele Häuser ich noch in Aussicht hab'!«

Überlang kam der Herbst und die besten Anwesen und Gründe der Vertriebenen waren bereits verteilt. Da stellte ihm die Mutter Carolina Hebenstreitin gelegentlich eines Besuchs draußen in der Mühl' hart zur Rede:

»Wenn du je geglaubt hast, unsere Susanna zu heiraten, dann schlag dir diesen Gedanken nur schleunigst aus dem Kopf! Denn für einen hergelaufenen Habenichts, der ähnlich wie ein Stück Vieh unbesorgt in die Zukunft hineinlebt, ist mir die Tochter zu schad'!«

Der Dannei wartete eine Weile, bis sie wieder zu Atem gekommen war, denn die Wut hatte ihr die Kehle zugeschnürt. Dann antwortete er ruhig: »Daß ich keinen Stammbaum vorzeigen kann, bedaure ich; daß ich mir kein Haus genommen hab', bedaure ich nicht. Bin bisher stets der Meinung gewesen, daß es beim Heiraten um Mann und Weib geht, daß Stammbäume und Häuser auch Ehepartner sind, muß ich einfach übersehen haben!«

Da keifte sie: »Mach du deine Arschpfeiferl, und meine Tochter laß in Ruh!«

o-o-o-o-o

Die Wildschweinjagd

Ähnlich schweres Geschütz fuhr die Hebenstreitin gegen Susanna auf: »Weiß nit, ob du schon was mit ihm g'habt hast oder nit! Ist mir auch Wurscht! Fest steht, daß er mir nit in meine Häuser kommt! Dabei hat er sich bereits gerühmt, viele Häuser in Aussicht zu haben! Pfeifendeckel! Von mir kriegt er keine Schindel!«
Das achtzehnjährige Mädchen besaß weder den Mut noch die Kraft, der herben Mutter zu widerstehen, und fügte sich darein, daß sie den Dannei nicht mehr empfangen durfte. –
Zu dieser Zeit – die Herbstsonne strahlte morgens bereits ganz schief über den Hohen Göll und abends über das Lattengebirge herein – wurde vom Herrn Hofmarksrichter ein neuer fürstpröpstlicher Walddirektor eingestellt, ein Welscher aus der Gegend von Venedig, Dario de Ricci. Als Wohnung wies er ihm das schöne Jagdhaus im Forstwinkel in der Schönau an, nicht weitab von der Hebenstreitmühl'. Die Riccis konnten auch deutsch sprechen, sogar mit einem bayerischen Zungenschlag, stammte doch Darios Gattin aus Schloß Egmating bei München. Der verwegen aussehende Sohn Antonio, der mit seiner fünfzehnjährigen Kraft nicht wußte wohin, lebte mit dem Vater in dauerndem Streit. Dies nicht zuletzt deshalb, weil ihn Dario fast jeden Tag ohrfeigte – zum tiefen Bedauern der Mutter. Aber Frau Daniela hätte kein Wort sagen dürfen, denn in seinem Zorn wäre er selbst vor ihr nicht zurückgeschreckt. Gut, daß das Jagdhaus am Rande des Waldes lag und keine nähere Nachbarschaft hatte; die Leute wären sonst jeden Tag Zeugen dieses Familientrauer-

spiels geworden, zumal es bei den Riccis auch sonst sehr laut zuging.
Vierzehn Tage nach seinem Einstand kam auf Herrn Dario bereits eine hochoffizielle Aufgabe zu: Er mußte seinen Fürstpropst zu einer Wildschweinjagd an den Ammersee begleiten, zu welcher der bayerische Churfürst Carl Albert etliche Fürstlichkeiten eingeladen hatte. Nun sind aber Jagden, namentlich Wildschweinjagden an Seeufern, erst dann schön, wenn schöne Amazonen sie umrahmen! Darum ließ Herr Theobaldus von der Lüften nach einigen ansprechenden und zugleich jagdbeflissenen jüngeren Damen forschen. Da wurde ihm auch Susanna Hebenstreit genannt, die zwar keine Jagderfahrung besäße, sich aber vortrefflich aufs Bogenschießen verstünde. Das kam dem Hofmarksrichter sehr gelegen, und er bat die Bäckenmeisterswitwe, dem Töchterlein ein Jagdkostüm schneidern zu lassen – am besten drüben in Salzburg –, so vornehm, daß sie sich von den Damen des Adels nicht unterschiede.
Die Hebenstreitin frohlockte: Der Weg zum Gipfel der oberen Zehntausend bahnte sich an! Sie fuhr selber mit in die fürstbischöfliche Hauptstadt – und das Kostüm kostete über hundert Gulden. Ein Wahnsinnspreis, doch die Susi sollte glänzen!
Als sich dann an einem Septembermorgen die Jagdgesellschaft auf dem Stiftsplatz versammelte, glänzte Susanna wirklich so auffallend, daß die drei Töchter des Salinendirektors wie auch die beiden des Hofmarschalls und des Kanzlers sich einiger abfälliger Bemerkungen nicht enthalten konnten. Den jungen Jägern freilich – aber auch den alten! – gefiel Susanna sehr, besonders als bekannt wurde, daß sie mit Pfeil und Bogen jagen

werde. »Da kann sie ja mit der Frau Churfürstin Amalie in Wettstreit treten!«, sagte einer der Herren Canonici und schaute genüßlich auf das schöne Kleid.
Ganz benommen war Antonio, der Sohn des Walddirektors. Seine heißen Blicke ruhten unverwandt auf Susannas Blondhaarwellen, die über den grünen Samt des Kleides flossen und in der Frühsonne strahlten. Sein Vater hatte ihm aufgetragen, auf die Anfahrt der siebzehn Jagdkarossen zu achten, daß sie sich in der festgelegten Reihenfolge vollzöge. Doch der schaute bloß und schaute, bis dem Herrn Dario der Geduldsfaden riß. Er verabreichte dem Sohn ein paar so laut klatschende Watschn, daß es über den ganzen Platz hin zu hören war. Da empfanden die Damen Mitleid mit dem Jungen – auch Susanna; und dabei begegnete sie seinem Blick . . .
Dann fuhren die Jagdwagen herein, alle zweispännig, nur die Prunkkarosse des Fürstpropstes wurde von vier Rössern gezogen. Der Walddirektor und sein Sohn führten in ihrem Wagen eine Menge Sauspieße mit, weil ja mit einer Verlegung der Jagd vom Schiff ans Land gerechnet werden mußte, wenn es den Wildschweinen gefallen sollte, nicht aus den Uttinger Wäldern ans Seeufer herauszukommen. Susanna saß mit Sibylla, der Tochter des fürstlichen Holzmeisters, im Wagen zweier Stiftsherren. Diese gesetzten Männer mittleren Alters führten keine unziemlichen Reden, gaben sich aber trotz der großen Gelehrtheit, die man ihnen nachrühmte, recht leutselig.
»Wißt ihr«, fragte der eine, »weshalb der Walddirektor seinen Sohn in aller Öffentlichkeit geohrfeigt hat?«
Erwiderte Sibylle schnippisch: »Der Gesell hat nix anders im Kopf wie die Susi. Wenn er sie sieht, vergißt er, daß ihm der Rotz von der Nase rinnt!«

»Kann ich was dafür?« fragte Susanna gereizt. »Hab noch kein Sterbenswörterl mit ihm geredet!«
»Hat ja niemand was dagegen, wenn er dich verehrt; schließlich wär' ein junger, rassiger Walddirektor keine schlechte Partie!«
»Du bist gemein!« antwortete Susanna. »Mit seinen fünfzehn Jahren ist er doch noch ein Kind!«
»Ei da schau her! Du hast dich also schon nach seinem Alter erkundigt! Also ist er dir doch nicht so einerlei, wie du tust!«
Sibylla wurde angriffslustig. Da legte aber der Stiftsherr, der neben ihr saß, seine dicken Finger auf ihren Arm und sagte versöhnlich: »Mädchen, was soll die Gehässigkeit! Bei eurem Aussehen kriegt jede ihren Mann, und sicherlich nicht den geringsten! Aber richtig war's nicht vom Herrn Dario, den Sohn so bloßzustellen!«
»Ach Gott, der wird doch schier jeden Tag gewatscht! Wir hören den Streit und das Geschrei bis zur Mühl' herunter!«
Bedachtsam meinte der Herr: »Ohrfeigen gelten zwar – dem Herrn sei's geklagt! – als Erziehungsmittel, aber Erziehung sind sie nicht, namentlich wenn das Kind in dieses Alter gekommen ist.«
In diesem Augenblick überholte sie der Wagen des Walddirektors. Dario de Ricci grüßte die Damen und die Canonici sehr freundlich. Antonio tat gar nichts, sondern schaute nur auf Susanna. Das war ihr so peinlich, daß sie den Mund zu einem spöttischen Lächeln verzog und sich nach der anderen Seite wandte. Darauf flüsterte ihr Sibylle zu: »Einen Blick hat der Gesell! Das kriecht einem bis in die Nabelgrube!« –

★

Man fuhr zügig dahin über Traunstein und Rosenheim und kam vor Nacht ins Schwesternkloster Weyarn, wo sie vom Propst Patricius und allen Stiftsherren freundlich empfangen wurden. Der würdige Klostervorsteher wies die geistlichen Herren ins Dormitorium (Schlafsaal) zu seinen Brüdern ein; die Damenschaft bezog das eben erst kunstreich hergerichtete Gästehaus; die Weltlichen verlegte man in die Klosterschule. Während der fürstlichen Abendtafel bereiteten die Singschüler des Hauses den noblen Gästen ein Konzert, galten sie doch im ganzen Oberen Bayern als die glanzvollste Chorgemeinschaft.

Dario ließ derweil von seinen Leuten die Reisebeutel der Herren und Damen in die angewiesenen Gemächer bringen. Dabei gelang es Antonio, die Taschen der beiden Fräulein in die Hände zu kriegen. Er fragte einen der diensteifrigsten Klosterbrüder, und der zeigte ihm das Zimmer im Erdgeschoß nach der Gartenseite zu. Der junge Mann betrat den feinmöblierten Raum, prägte sich die Lage der Betten ein und prüfte das Fenster. Weil es noch offenstand, schloß er es, doch so, daß es mittels eines Stichels von außen leicht geöffnet werden konnte. Dann zog er sich in den Stall zurück, hatte ihm doch der Vater gestattet, mit den Kutschern bei den Rössern zu nächtigen.

Als das geistliche Konzert, viel bewundert, in vorgerückter Stunde zu Ende gegangen war, geleiteten die Klosterbrüder mit Windlichtern ihre Gäste zu den Gemächern und wünschten ihnen gesegneten Schlaf. Sibylle und Susanna waren zwar rechtschaffen müde, konnten sich aber an die Größe ihres Zimmers nicht gewöhnen und hatten Angst. So beschlossen sie, sich gemeinsam in ein Bett zu legen, obwohl diese Kloster-

betten sehr schmal waren. Sie schliefen aber bald ein. Inmitten der Nacht wachten sie plötzlich auf. Starr vor Entsetzen gewahrten sie, wie sich einer am Fensterkreuz sachte emporhaspelte. Da schrien sie. Und wenn auch ihr Geschrei nur in die Weite des Gartens hinausdrang, so schienen es doch einige Nachbarn gehört zu haben. Bald sah man, wie dort und da ein Windlicht aufflammte, und schon stand auch ein alter Mönch unter der Tür ihres Zimmers.
»Habt ihr einen bösen Traum gehabt, liebe Fräulein? Ja, ja, auch die Klöster sind nicht von den Anfechtungen des herumschleichenden bösen Feindes sicher! Aber schlaft nur wieder! Ich setze mich vor die Türschwelle und bete den Rosenkranz; so wird der Satan weichen.« Er sprach's und machte die Tür wieder zu. Sie sahen den Schein eines Lichtes durch einen Bretterschlitz und beruhigten sich langsam. Susanna erhob sich und schloß alle Fensterriegel.
Sie lagen noch lange wach, und als ihnen gegen Morgen die Augen endlich zugefallen waren, mußten sie – von den Jagdhörnern geweckt – rasch aufstehen. Sie kamen sich wie gerädert vor.

Zuvor hatte aber bereits der Herr Propst Patricius von dem nächtlichen Ereignis erfahren. Er sah nun nicht, wie sein alter Mitbruder, den bösen Feind, sondern einen ganz handfesten Bösewicht für den Einsteiger an und erkundigte sich bei seinen Knechten. Weil diese gern sich selbst in der Rolle des Fräulein-Besuchers gesehen hätten, gönnten sie dem »Dahergelaufenen« das Erlebnis nicht, und der Roßknecht erzählte dem

Herrn Propst, daß der »Schwarze« aus dem Stroh in die Nacht hinausgeschlichen war.

Wie ein Lauffeuer sauste diese Nachricht durchs Kloster, und noch ehe die Jagdgesellschaft zur Weiterfahrt aufbrach, kam die Kunde auch dem Herrn Dario de Ricci zu Ohren. Er packte seinen Sohn und begab sich mit ihm hinter die Kirche auf den Gottesacker der Mönche. Nach kurzer Rede und Gegenrede schlug er ihn hier am Grabmal des vorletzten Propstes zusammen und ließ ihn liegen. Erst als die Fürstpröpstlichen schon längst über alle Berge waren, fand ihn der Bruder Gärtner und übergab ihn dem Bruder Infirmarius (Krankenwärter). Der wusch ihn, weil er aus Mund und Nase geblutet hatte, und befahl ihm, sich ganz und gar ruhig zu verhalten und sich nicht zu bewegen; sein Gehirn sei arg erschüttert.

Auf der weiteren Reise drehte sich das Gespräch aller um diese nächtliche Begebenheit, und die beiden Fräulein waren in die Mitte des allgemeinen Interesses gerückt – mehr als es ihnen behagte. Von allen Seiten wurden sie bedauert, bemitleidet, bewundert, und immer wieder mußten sie ihre Gemütsbewegungen schildern angesichts des im strahlenden Mondschein am Fensterkreuz aufsteigenden Schattens. – Dabei war aber der Mond tief im letzten Viertel gestanden!

Die jüngeren Stiftsherren huldigten einer freieren Denkungsart als die Alten. So kam es zwischen ihnen zu Auseinandersetzungen über die Handlungsweise des Vaters Dario an seinem Sohn. Ein junger Südländer im Alter von fünfzehn-sechzehn Jahren stehe nun einmal in jener Lebensphase, in welcher der Mann Wände niederreißt, um zum Weibe zu kommen!

Wenn man dies als unverrückbaren Grundsatz gelten

lasse – so die anderen –, dann könne man alles, was mit Askese, Abtötung und Selbstüberwindung zu tun habe, ruhig über den Haufen und zum alten Eisen werfen; denn dann sei dem sinnlichen Drang der Geschlechter Tür und Tor geöffnet, und die Fortpflanzung des Menschengeschlechts dürfe dann nicht mehr als eine paradiesische Aufforderung, sondern als das Resultat eines gepflegten Zuchtstalls angesehen werden.
Das waren schwere Brocken, die man sich da gegenseitig an den Kopf warf, und als man am Abend in Diessen am Ammersee ankam, lag eine gereizte Stimmung über der Gesellschaft. Sie legte sich aber bald, weil die churfürstlichen Prunkschiffe bereits an den Heftstecken lagen. Herr Herculanus Karg, der Propst des Klosters, lud seine Mitbrüder sofort in die klausurierten Gastzimmer, während die Damenschaft gebeten wurde, sich in die erlesen ausgestatteten Kabinen der Schiffe zu begeben, wo ihnen mit churfürstlicher Huld und feinen Sitten aufgewartet würde.
Sibylla und Susanna erhielten ihre gemeinsame Kabine auf einer jener zweimastigen Brigantinen, die denen nachgebaut waren, welche der gottselige Herr Churfürst Ferdinand Maria hatte auf den Starnberger See legen lassen. Das Schiff war aufwendig ausgestattet.
Da hingen geschliffene Spiegel und kunstvolle Gemälde im Mittelgang, und um die Reeling herum zog sich ein Säulengang, der so recht angetan war, darunter bei verliebten Gesprächen zu lustwandeln.
Die beiden Fräulein gelüstete es indes nicht, auch nur einen Schritt in diesen Gang zu tun, weil ihnen noch der Schlaf, um den sie in der vergangenen Nacht waren betrogen worden, schwer in den Augen hing. Sie verlöschten das Windlicht und krochen in die Betten, die ganz

nahe beieinander standen. Von draußen vernahmen sie die gleichmäßigen Schritte der Schiffswache und das Plätschern der Wogen an die Planken.
Flüsterte das Fräulein Sibylla: »Was hättest du getan, wenn der Schwarze über dich hergefallen wäre?«
»Das hab' ich mich auch schon gefragt!« entgegnete Susanna und fuhr nach einer längeren Weile fort: »Sicherlich hätt' ich mich nach besten Kräften gewehrt; dann wär' er vielleicht zur Besinnung gekommen, denn für gewalttätig halt' ich den jungen Kerl nicht.«
Fräulein Sibylla war neugierig: »Freilich, wenn eins so gut aussieht wie du, ist's kein Wunder, daß die Gesellen scharf sind! Hast du schon einen gehabt?«
»Was für eine Frage?« erwiderte Susanna.
»Entschuldige, Susi, das hätt ich mir denken können, wo der Herr Oberkanzlist bei euch ein und aus geht!«
»Tut er das?« fragte Susanna spitzig.
»So hab' ich's jedenfalls gehört!«
»Gehört oder gesehen, mir ist's egal! Solltest du ihn jedoch haben wollen, den Herrn Oberkanzlisten, – ich tret' ihn dir gerne ab!«
Sibylla spürte, daß die andere die Stacheln aufstellte, und schwieg.
Bald schliefen beide.

Die Begegnung des Herrn Fürstpropstes Cajetan von Nothafft mit dem durchläuchtigsten Herrn Churfürsten Carl Albert geschah am anderen Tag um die Mittagszeit im Schloß zu Diessen. Es waren die üblichen Höflichkeitsbekundungen, die dem Herrn von Bayern um so schwerer fielen, als viele Vorgänger des neuen

Rupertiwinkler Fürsten Wittelsbacher gewesen waren und dieses Fürstentümchen beinahe als Hausbesitz angesehen hatten.
Kurz vor dem Vesperläuten ließ dann der Hofschiffmeister auf dem großen Leibschiff des Churfürsten die Segel setzen, nachdem die schießwilligen Herrschaften rings an der Reeling ihre Posten bezogen hatten. Viele waren es nicht, denn den alten Stiftsherren lag an der Schießerei nichts, und die jüngeren befürchteten, sich wegen Unfähigkeit eine Blöße zu geben. Um so aufgeweckter gebärdeten sich die Damen, zumal ihnen die junge Churfürstin Maria Amalia mit ihrem Wiener Charme voranging. Da redete jede, wie sie wollte, ob deutsch oder französisch, ob wienerisch oder bayerisch; jede verstand jede, und auf Äußerlichkeiten legte man keinen Wert.
Majestätisch zog das Leibschiff über den See dahin, rechts und links begleitet von je zwei Brigantinen voll neugieriger Zuschauer. Auf der Höhe von Utting drehten die Schiffe und hielten auf das Ufer zu. In diesem Augenblick begannen die Treiber in den Wäldern des Uttinger Hinterlands ein mächtiges Geschrei, trommelten auf Blechtöpfe und jagten die Wildschweine herab ans Gestade. Den Einsatz der Meute hatte der Churfürst untersagt, weil er die wertvollen Hunde nicht der Lebensgefahr aussetzen wollte. Als die aufgescheuchten Schweine jeglichen Alters aus den Büschen heraustraten, verharrten sie eine Weile, wurden aber sogleich wieder weitergetrieben und liefen vor das in Ufernähe angelegte Leibschiff.
Nun begann das, was sie Jagd nannten, von dem sich aber viele Stiftsherren mit Grauen abwandten. Selbst der Herr Fürstpropst achtete nicht der dem Churfürsten

schuldigen Freundlichkeit und stellte seine Flinte weg, als er sah, wie die verschreckten Tiere sich ins Wasser stürzten und von der Reeling herab wahl- und ziellos abgeschlachtet wurden. Bei einem anderen Gast hätte Carl Albert diese Weigerung als einen groben Akt der Unfreundlichkeit angesehen; dem Freiherrn von Nothafft und den anderen geistlichen Herren verzieh er's.
Seine hochgemute Gemahlin Maria Amalia indes kümmerte sich nicht um die Mönche, sondern feuerte eifrig drauf los, so daß sich das Seewasser am Gestade bereits zu röten begann. Als sie dann gewahrte, wie sich das Fräulein Hebenstreit nur des Bogens bediente, griff auch sie zu dem ihren, und jetzt fing zwischen den beiden Damen ein wilder Wettstreit im Vernichten an.
Für die armen Viecher war es ein Glück, daß die Nacht früher aufzog, als erwartet, so daß der Churfürst im Hinblick auf die Sicherheit der Treiber die Jagd abblasen ließ. Auf allen Schiffen entzündeten sie jetzt Laternen und Windlichter und kehrten vergnügt nach Diessen zurück.
Im Schloßhof hatten inzwischen etliche Knechte ein schönes Feuer entfacht und alle Vorbereitungen für einen nächtlichen Wildschweinschmaus getroffen. Nach der Mahlzeit, bei der viel Wachauer Wein geflossen war, rief die durchläuchtigste Frau Churfürstin das Fräulein Susanna zu sich, lobte ihre Fertigkeit im Bogenschießen und erkundigte sich nach ihrer Familie. Als sie erfuhr, daß sie mit einer Bäckenstochter gewetteifert hatte, schämte sie sich, ließ es sich jedoch nicht anmerken. Susanna Hebenstreit dagegen strahlte.

o-o-o-o-o

Heiliger Abend

Während der folgenden Tage fuhren die Fürstpröpstlichen noch über Starnberg nach Kloster Beyharting, verweilten daselbst fünf Nächte und ergingen sich in der herbstlichen Stille dieses gottgesegneten Landstrichs. Als sie nach zwei Wochen wieder heimkehrten, schlug das Wetter um. Stürme fegten über das Lattengebirge, und auf die Spitzen der Alpen fiel der erste Schnee.
Im Hause Hebenstreit war Jubel über Jubel, denn die Allerdurchläuchtigste hatte die Tochter Susanna des gemeinsamen Bogenschießens gewürdigt! Wohin sollte man das schreiben? Wie sollte man's der Nachwelt überliefern? Mußte man das Ereignis nicht in eine Tafel aus Untersberger Marmor gravieren und diese am eigenen Stadthaus feierlich anbringen lassen? Diese Fragen beschäftigten vor allem die Mutter Hebenstreitin. Und weil sie nicht recht wußte, wie man's anstellen sollte, daß die Würdigung der Tochter zustande käme, wandte sie sich an den Herrn Grafen von Sauer, den Stiftsdekan, dem ihre Hofbäckerei ebenfalls die Tafel belieferte. Der Graf, in den besten Mannesjahren, verstand etwas von Frauen. Er lächelte, als sie ihm ihre Frage stellte. »Carolina«, sagte er, »du bist doch Witwe?«
»Gott sei's geklagt!« erwiderte sie.
Darauf er: »Man sieht dir aber nicht so sehr an, daß du deinen Mann verloren hast, sondern daß du auf der Suche nach einem neuen bist! Will mir doch scheinen, daß es hier nicht um die Anerkennung der Tochter, vielmehr jedoch um die Bedeutung der Mutter geht! Warum willst du dich nicht bescheiden, Carolina? Denn selbst wenn deine Tochter mit der Churfürstin Sauerkraut aus ein und derselben Schlachtschüssel gegessen hätt' und

danach mit ihr auf ein und denselben Abtritt gegangen wär', so hätt' ihr das nicht ein Fünkchen Adel eingebracht. ‚Schuster bleib bei deinem Leisten!' sagt ein altes Wahrwort. Besser wär's, so mein' ich, sie bleibt, was sie ist; eine kernige Bäckenstochter, und heirat't einen, der zu ihr paßt! Mit deinen hochfahrenden Plänen verdirbst du nur das gute Kind! Wenn du aber selber noch auf einen Mann aus bist, dann nimm dir halt einen ordentlichen Backstubenknecht, schiel' aber nicht nach einem ‚von'!«
Diese herben Worte aus dem Munde des würdigen Stiftsdekans paßten der Hebenstreitin nicht. –
Es ging schon auf Allerheiligen, da kehrte Antonio de Ricci von Weyarn in den Forstwinkel nach Berchtesgaden zurück, von seiner Mutter unter vielen Tränen begrüßt. Der Krankenpfleger des Klosters hatte ihn gesund gemacht, hatte ihm auch ein Sendschreiben an seinen Vater mitgegeben. Darin hieß es, die Eltern sollten das Kind mit Milde behandeln, aber auch auf eine ordentliche Ausbildung bedacht sein, damit die starken Kräfte, die in ihm steckten, sich entladen und in eine rechte Bahn geleitet werden könnten. Der Walddirektor, der grundsätzlich die Meinung eines anderen, ausgenommen die eines Vorgesetzten ablehnte, lachte über den Brief und ordnete an, Antonio habe seiner Mutter zu helfen und alle auf dem Holzplatz und im Roßstall anfallenden Arbeiten zu verrichten; da würden ihm die Flausen schon vergehen.
Die Arbeiten am Holzplatz!
Überall lag tiefer Schnee, und aus den Kaminen stiegen dicke Rauchsäulen zum winterlich-grauen Himmel empor. Da saß man gern an der Ofenbank und rieb sich den Buckel an den warmen Kacheln. Auch im Forst-

haus, das sich breit vorm Walde hindehnte, heizten sie
kräftig ein; denn dem Herrn Walddirektor schmeckte
die grimmige Kälte dieses Berchtesgadener Landes gar
nicht. Darum gab es am Holzplatz viel zu tun. Da mußten die kernigen Fichtenwurzeln zerspellt und zersägt
werden. Sie waren hart wie Glas und verlangten viel
Kraft. Schwartlinge, die man drüben in der Sägemühl'
beim Hebenstreit holte, waren zu spalten und kleinzuhacken. Und immer wieder mußte man den Schnee, den
der Himmel Tag um Tag in reicher Fülle herabschüttelte, um Haus und Stall und Scheune herum wegschaufeln, wollte man nicht darin ersticken, – vom Räumen
der Zufahrtswege gar nicht zu reden.
Antonio arbeitete, wie Herr Dario befohlen hatte. Er
arbeitete fleißig und mit der ständigen Furcht im Nacken,
der Vater könnte wieder über ihn kommen. Das schreckliche Erlebnis vom Weyarner Friedhof tauchte in seiner
Seele empor wie ein böser Traum – Tag und Nacht. Die
Tätigkeit am Holzplatz strengte ihn sehr an, besonders
wenn der Vater zu Hause war. Der stellte sich mitunter
ans Fenster und klopfte daran wie ein Wilder, wenn sich
der Sohn eine Verschnaufpause gönnen wollte.

Frau Carolina Hebenstreit weilte jetzt nur noch selten
in der Mühl'; die drei Müller und die vier Sägewerker
hielten den Betrieb allein in Gang. Susanna erledigte die
Schreibarbeiten. Dagegen beanspruchte die Hofbäckerei in der Stadt die ganze Kraft der Meisterin. Außerdem, so munkelten giftige Mäuler, stellte ein sauberer
Bäckengesell ebenfalls Ansprüche an sie. Wie immer
auch, Frau Carolina liebte es, seit dem Tode des Gatten

dem pulsierenden Leben der fürstpröpstlichen Hauptstadt nahe zu sein.
Eines Tages, als im Laden die übliche Ratscherei auch auf den Walddirektor kam, erfuhr sie von dem Ereignis in Weyarn und daß ihre Tochter darin verwickelt gewesen war. Warum hatte Susi ihr das verschwiegen? – Sie wird das Kind zur Rede stellen!
»Susi, mir will scheinen, daß du zwischen Gegensätzen hin und herpendelst. War es erst der um zehn Jahre ältere Arschpfeiferlschnitzer, so soll es jetzt – wie man hört – der um drei oder vier Jahre jüngere schwarze Antonio sein! Wie verhält sich das nun in Wirklichkeit?
Susanna verzog spöttisch ihr liebes Gesicht: »Kann ich dafür, daß der Antonio bei uns hat einsteigen wollen? Ich will ihm nichts!«
»Durch euer Geschrei, so heißt's, habt ihr erreicht, daß ihn der hartherzige Alte beinahe erschlagen hätt'.«
»Ich weiß nicht, Mama, wie Ihr Euch in dem Fall gebärdet hättet!«
»Er ist halt noch unerfahren, der arme Gesell. Fast könnt' er einem leid tun.«
Zögernd erwiderte Susanna: »Auch mir tut er leid, wenn ich ihn drüben am Holzplatz in der Kälte so werkeln seh' von früh morgens bis spät abends.«
Das klang gut in Frau Carolins Ohren: »Als Nachbarn wären wir eigentlich verpflichtet, teilnahmsvoller zu sein. Außerdem hab ich mir sagen lassen, daß die Riccis ein sehr noblichtes Geschlecht sind; wir sollten sie nicht so links liegen lassen.«
»Was wollt Ihr damit sagen, Mama?« Susanna fragte, wußte jedoch genau, was die Mutter meinte.
»Was werd' ich schon sagen wollen!« entgegnete die Hebenstreitin mit betonter Förmlichkeit. »Es ist eine

alte Erfahrungstatsache, daß weibliche Wohlhabenheit, dazu ein sauberes Gesichterl, und männlicher Adel gern zueinander finden. Könnte sich diese Tatsache nicht erneut bestätigen?«
»Mama, Antonio ist um soviel jünger!« Das klang fast wie geschrien. Da setzte sich die Müllerin näher zu ihrer Tochter und fuhr mit mütterlicher Anteilnahme fort: »Ich weiß. Als junges Mädchen hätt' man gern einen gesetzten Mann mit einem Kreuz wie ein Scheunentor. In seinen Armen möcht' man versinken können. Kommt man aber erst in die Jahr', dann ist einem der ältere Mann nicht mehr eine schöne Last, sondern eine schöne Belastung. Dann seufzt man und träumt von einem jungen, mit dem man noch einiges erleben und sich austoben könnt'. Überdenk das, liebes Kind. Und überhaupt: Die Südländer sind reifer als die unseren. Schau ihn doch an, den Antonio!«
Susanna überdachte die Worte der Mutter und konnte darob die halbe Nacht nicht schlafen. Als ihr aber dann die späte Morgensonne ins Fenster schien, erwachte sie mit der Überzeugung, die Erwägungen der Mutter beherzigen und sich zu eigen machen zu müssen. –
Es kam das liebe Christfest.
Wer in der Heiligen Nacht nicht ans Schmerzenslager gefesselt ist, der geht in die Mette, selbst wenn er kaum mehr richtig hatschen kann! Schließlich kann man ja auch fahren oder man fährt bei einem anderen mit! Die vom Malterlehen in der Schönau hatten zehn Leut in ihrem Schlitten, darunter auch den Adner Dannei. Der Herr Walddirektor aus dem Forstwinkel ließ sich mit Gattin und Sohn von einem livrierten Kutscher und zwei hinten aufsitzenden Jägern fahren. Die Bäckenstochter Susanna aus der Hebenstreitmühl' saß, in dicke Pelz-

decken gehüllt, auf einem zierlichen Rennschlitten und kutschierte sich selbst. Wie wenn sie verabredet gewesen wären, trafen sich die drei Gefährte auf der Straße und fuhren hart hintereinander zügig dahin. Die Laternen an Deichsel und Kutschbock leuchteten weit, und das Geläut an den Kumten der Rösser schwirrte hell durch die stille Nacht. Als sie im weiten Stiftshof ausgestiegen waren, wünschten sie sich gegenseitig, so wie es schicklich war, eine frohe Weihnacht und gaben sich dabei die Hand. Der Händedruck zwischen Susanna und Antonio war, als gingen durch ihn Ströme des Blutes ineinander über.

Während sich die vom Malterlehen und die vom Forstwinkel sofort in die hohe Stiftskirche begaben – sie hatten ja Kutscher, die die Rösser versorgten –, mußte Susanna selber ihren Rappen in den Marstall hinüberführen. Kaum hatte sie ihn an die Raufe gekoppelt und mit der Wolldecke behängt, stand im Schein einer müden Gasölfunzel Antonio vor ihr. Er sagte kein Wort, sondern nahm das Mädchen fest in seine Arme. Er hielt sie lange.

Dem Herrn Dario de Ricci war das Verschwinden des Sohnes aus dem Gotteshaus nicht aufgefallen, denn man saß in den Bänken getrennt nach Geschlecht und Alter. Auch die Mutter Hebenstreitin vermißte die Tochter nicht, hatte sie sie doch an ihrem Stadthause vorbeifahren sehen; nach der Mette würde sie ja auf einen Sprung bei ihr vorbeikommen!

Susanna kam nach der Mette nicht bei ihr vorbei, sondern zog ihr Roß aus dem fürstpröpstlichen Marstall, spannte es vor den Schlitten und fuhr heim in die Mühl'. Auch die Familie des Walddirektors fand sich geschlossen bei ihrem Gefährt ein, das der Kutscher und die Jäger

bereits angespannt hatten. Der große Kastenschlitten vom Malterlehen verließ den Stiftshof so ziemlich zuletzt, weil der Herr Stiftsdekan Graf Sauer den Dannei unter der Kirchentür aufgehalten hatte. Was sie da miteinander besprochen, wußte natürlich niemand; nur war es einigermaßen verwunderlich gewesen, daß ein Marstallknecht dem Herrn Grafen kurz zuvor in der Sakristei etwas zugeflüstert hatte.
Sie kamen am Malterlehen an. Der Dannei betrat sein ererbtes Austragshäusl, schürte im Kachelofen kräftig nach und nahm sein Schnitzzeug zur Hand. Dann begann er aus dem Holz einen Weihnachtsengel mit zarten, langaufstehenden Flügeln herauszuarbeiten, mit einem Krönchen auf dem Haupte und zwei Kerzenhaltern in den Händen. Als er nach zwei Stunden fertig war und das feine Gebilde vor sich hinstellte, hatte der Engel doch wahrhaftig ein bißchen die Gesichtszüge der Susanna. »Schade«, sagte er darauf zu sich selbst, »daß es so enden mußte! Hatte ich doch gehofft, daß sich zwischen dir und mir ein Stück neue Welt auftun würde!«
Auch Susanna fand in ihrer Mühl' lange Zeit keinen Schlaf. Wieder und wieder stellte sie sich ans Fenster, kratzte mit einer Haarnadel den Rauhreif weg und schaute hinüber zum Forsthaus. Sie wußte, daß sich dort kein Licht zeigen konnte, weil es sich nicht zeigen durfte. Sie wußte aber auch, daß er fortan jede erdenkliche Möglichkeit wahrnehmen und herüberkommen würde. Und sie wollte mit der ganzen Sehnsucht ihres Herzens für ihn bereit sein. –
Das Schicksal meint es oft gut mit den Liebenden. Herr Dario de Ricci hatte sich in dieser Weihnachtsnacht derart verkühlt, daß der Salinenphysikus, den er zu Rate zog, ihm einige Wochen Aufenthalt in seiner venetia-

nischen Heimat empfahl. Im Frühjahr, wenn die Schneeschmelze beginne und seine Arbeit in den herrschaftlichen Wäldern dringend vonnöten sei, könne er dann wieder geheilt und gestärkt zurückkehren.
So blieben Mutter und Sohn allein im Forstwinkel. Frau de Ricci, die unter der Wildheit ihres Gatten viel zu leiden hatte, segnete den Tag seiner Abreise und hoffte, nunmehr mit dem Sohne eine Zeitlang menschlich leben zu können. Vor allem beschloß sie, für ein paar Wochen nach Schloß Egmating zu reisen, denn sie war eine Schrenck'sche und hatte dort ihre Verwandten. Sie hätte natürlich den Sohn gerne mitgenommen, doch Antonio bat sie, ihn daheim zu lassen. Er wolle sich die Mißgunst des Vaters nicht noch mehr zuziehen, sondern den Holzplatz ganz und gar in Ordnung bringen. Mit der Kocherin werde er gut auskommen.
Und die harmlose Mutter fuhr weg.
So begann das folgende Jahr 1734 für Susanna Hebenstreit und Antonio de Ricci in feuriger Verliebtheit, die sich bis zu furioser Leidenschaft steigerte. Da fielen viele Barrieren, und was alle, die es gewahr wurden, voraussahen – selbst die Mutter Hebenstreitin –, das geschah: Susanna verlor ihren Liebreiz und kam bisweilen daher wie eine Sieche. Antonio aber wurde dürr wie ein Windhund, und am Holzplatz des Forsthauses lag ellenhoch das glitzernde Weiß.
Es verging der Januar, es verging der Februar, die Mutter kehrte von Egmating freudig und erfrischt zurück. Als sie erkannte, was sich da zusammengebraut hatte, war sie entsetzt. Doch ihr Entsetzen währte nicht lange, denn da stand plötzlich Herr Dario vor der Tür, auch er freudig und erfrischt. Die Freude wich jedoch, als er den Zustand des Holzplatzes erblickte. Und dann be-

gann in der Abendstunde das große Verhör. Vor dem harten seelischen Zugriff des gewalttätigen Mannes blieb nichts unerwähnt von alledem, was sich während seiner Abwesenheit ereignet hatte. Und wenn es ihn auch gelüstete, wiederholt gelüstete, über den Sohn herzufallen, so scheint ihn doch dessen Jammergestalt davon abgehalten zu haben. Am Ende der Auseinandersetzung befahl er der Gattin, für den ‚Kerl' Wäsche und Kleidung herzurichten, denn er werde auf mehrere Jahre in die Fremde ziehen.
Anderen Tags fuhren Vater und Sohn de Ricci nach Salzburg. Antonio wurde daselbst einem fürstbischöflichen Institut einverleibt, das sich mit jungen Menschen aus der Nobilität befaßte.

o-o-o-o-o

Im Hofer'schen Weinhaus

Der Stiftsdekan Graf Sauer stand, sich sonnend wie ein alter Kater, in einer Fensternische des mittleren Stiftstraktes und schaute zum Priesterstein hinüber. Dort lustwandelte gerade der Adner Dannei. Besser hätte man gesagt, er schaufelte den Parkweg frei. Für den Oberkanzlisten bedeutete das eine Erholung. Denn wer wie er stundenlang am Pult zu stehen und Akten zu sichten und zu schreiben hatte, der sehnte sich nach der glasklaren Luft und der prickelnden Kälte des freundlichen Wintertages.

Der Graf öffnete das Guckfensterl und rief mit dröhnender Stimme hinüber: »Adner, ich muß mit dir reden!«

»Ich komme, Herr Dekan!« antwortete der, lehnte Schaufel und Reisigbesen an die Wand des Gartenhauses und eilte ins Stift.

»Dannei, wie lange stehst du nun schon in unseren Diensten?«

»Gute neunzehn Jahre, Euer Gnaden! Mit der Singerei hat's angefangen.«

»Neunzehn Jahr'! Und jetzt bist du . . .?«

»Achtundzwanzig!«

»Und immer noch ledig! Ist's nicht eine Schand'? Ein kerniges Mannsbild wie du und hat kein Weib?«

»Ja mei, Euer Gnaden, zum Heiraten gehören stets zwei, und meine Mutter Waltlin – Gott hab sie selig! – hat immer gesagt: ‚Gut gehängt ist besser als schlecht verheirat't'!«

»Bist du nicht einmal mit der Kleinen vom Hofbäcker liiert gewesen?«

»Wohl, wohl, Herr Dekan! Aber der Frau Meisterin war ich zu wenig, und außerdem soll Susanna jetzt mit dem Sohn des Herrn Walddirektors ihr Wesen haben.«
»Kennst du den?«
»Wie sollt' ich? Ist ja noch fast ein Bua!«
»Und du meinst nicht, daß es zwischen dir und der Susanna wieder zu einer Einigung kommt? Sie ist ein sauber's Deandl.«
»Darüber hab ich nicht nachgedacht. Vorderhand ist sie mir jedenfalls wurscht.«
»Wurscht! Ich versteh zwar nicht viel davon, aber wie kann einem ein solches Weibsbild wurscht sein?«
»Euer Gnaden, verzeiht mir meine Offenheit! Doch ich versteh' Euer Interesse nicht.
Der Graf legte ihm die Hand auf die Schulter: »Dannei, ich mag dich!«
Sie unterhielten sich noch eine Weile über die Faschingsfeiern in der Stadt, doch darüber konnte Dannei kaum Auskunft geben. Denn seitdem es zwischen ihm und der Susanna auseinandergegangen war, hatte er das Tanzhaus nicht mehr betreten; und auf dem Tanzboden beim Greiner in der Schönau gab's ständig Schlägereien. Um da mitzuhalten, fehlte ihm nicht nur das Irxnschmalz, sondern auch der Spaß an der Derbheit.
Er verließ das Stift und kehrte in seine Kanzlei zurück. – Am Abend besuchte der Hofmarksrichter Theobaldus von der Lüften aus der Nonngasse den Grafen Sauer, um zu erfahren, wie es mit dem Dannei und den Hofbäckenmeistersweibern stehe.
»Da steht gar nix!« erwiderte der Dekan.
»Zwischen ihm und der Susanna scheibt sich nix mehr!«
»Ich frag mich bloß, was das Deandl und die Alte jede Woche in Salzburg zu schaffen haben. Jede Woche

fahren sie mit der Post dahin, bleiben irgendwo zur Nacht und kommen erst am anderen Tag zurück.«
Mit einer Geste der Selbstverständlichkeit entgegnete der Graf: »Beobachten lassen! Ihr beschäftigt doch so etwas wie Spirren; oder sind die bloß als Bauernleger geeignet?«
»Was wollt ihr denn mit unseren Schergen! Die schnappen höchstens ein paar Fallensteller, wobei stets zu befürchten ist, sie könnten selber in ein Fuchseisen latschen! Das mit Salzburg muß ich persönlich in die Hand nehmen.«
»Ihr seid aber nicht mehr der Jüngste!«
»Jung genug, lieber Graf, für Weibergespinste!«
Madame Hebenstreit und Tochter reisten mit dem Postwagen derer von Thurn und Taxis nun schon zum achten Mal ins fürstbischöfliche Salzburg, acht Wochen hintereinander jeden Donnerstag. Bei der Reitschule stiegen sie ab und begaben sich ins Hofer'sche Weinhaus, das auf der selben Zeile lag wie das Institut der jungen Herren von Adel. Sie bezogen das gewohnte Zimmer und warteten. Auf wen sie warteten? Auf Antonio de Ricci, der sie schon jedesmal besucht hatte – heute aber partout nicht kommen wollte.
Es wurde Abend und die Nacht brach herein. Ein Schneesturm fegte durch die Gassen und heulte um die Kamine. Der Nachtwächter hatte bereits die neunte Stunde angeblasen und kehrte jetzt im Weinhaus zu, um sich einen heißen Punsch zu vergönnen. Die beiden Hebenstreit'schen begegneten ihm im Hausflur und fragten nach dem Zustand draußen auf der Gasse.
»Bleibt hinterm Ofen hocken!« sagte er. »Bei dem Wetter läßt man keinen Hund vor die Tür.« Sie aber gingen hinaus.

Sie stapften im Schnee dahin, der ihnen manchmal fast bis an die Knie reichte. Der Sturm verschlug ihnen bisweilen sogar den Atem. Und Finsternis überall. Nur vorne, weit vorne fiel ein Lichtschein in den peitschenden Treibschnee. Dort vorne mußte das Institut sein. Am hellichten Tage hätten sie bis dahin fünf Minuten gebraucht; jetzt waren sie eine gute Viertelstunde unterwegs gewesen, als sie endlich ins Torhaus des herrschaftlichen Gebäudes einbogen. Der Portier fragte nach ihrem Begehr. Sie mußten erst eine Zeitlang verschnaufen, ehe sie ihm antworten konnten: »Signore de Ricci!«
Der Mann blätterte in einigen Zetteln herum, die auf seinem Tische lagen, zog einen heraus und meinte: »Signore de Ricci hat Nachturlaub. Darf ich ihm eine Nachricht hinterlegen?«
»Nachturlaub?« fragte Susanna.
Der Portier erwiderte: »Ich dürfte Euch seinen Aufenthaltsort nennen, falls Ihr zu seiner Verwandtschaft zählt. Zählt ihr dazu?«
»Verwandt sind wir noch nicht,« entgegnete Frau Carolina, »aber als fürstpröpstlicher Hofbäck zählt man zu seinem engeren Bekanntenkreis.«
Dieser Hinweis schien dem Portier zu genügen, und er sagte: »Ihr werdet den Herrn in dem Hofer'schen Weinhause finden.«
»Von dort kommen wir gerade und haben ihn nicht gesehen!«
»Mit Verlaub, meine Damen, doch weitere Auskünfte kann ich nicht geben!« Der Portier wandte sich wieder seinem Tische zu, wo er eine Patience aufgelegt hatte.
Die beiden Hebenstreit'schen blieben noch eine Weile im Torhause stehen und besprachen sich. Sie konnten

ihn doch unmöglich unterwegs verfehlt haben! Vielleicht hatte er aber das Weinhaus nur vorgeschützt und war ganz woanders hingegangen, zu einer anderen! In Salzburg wachsen auch Mädchen auf und schönere Mädchen! Da ist die Versuchung größer als in Berchtesgaden! Andererseits konnte er doch nicht so mir nix dir nix das Hofer'sche Weinhaus angeben. Denn gesetzt den Fall, die Leitung des Instituts suchte ihn und fände ihn dort nicht! Hätte das nicht seine sofortige Entlassung zur Folge? Nun, vielleicht ist er inzwischen beim Hofer eingetroffen!

Halb hoffend, halb zweifelnd begaben sich die beiden Frauen wieder ins nächtliche Unwetter hinaus und kamen schließlich im Weinhaus an, schier halb erfroren und mit zu Brettern erstarrten Kleidern. Sie fragten den Wirt, ob der Signore gekommen sei. Der Hofer tat sehr bärbeißig und meinte, er könne sich nicht auch noch um die Weibergeschichten in seinem Hause kümmern. Wenn der Signore da sei, sei er da, und wenn er nicht da sei, sei er eben nicht da! Basta – Das war ein recht einleuchtendes Argument, so daß sich die beiden keine weitere Frage erlaubten und auf ihr Zimmer zurückzogen.

Lange fanden sie keinen Schlaf. Wieder und wieder erwogen sie Antonios Fernbleiben und die Tatsache, daß er sich ins Weinhaus abgemeldet hatte wie alle die sieben Male zuvor. Und warum war der Wirt plötzlich so bösartig geworden, wo sie ihm doch ihr gutes Geld brachten?

Da stürzte es plötzlich über die alte Hebenstreitin lawinenartig gleich einer Vision: Wo ist die Wirtstochter? Während des ganzen Nachmittags und des ganzen Abends war sie nicht zu sehen gewesen und hatte doch

sonst um die zwei fürstpröpstlichen Frauen stets herumgemaunzt wie eine verliebte Katz. Wie, wenn der Antonio für sie Feuer gefangen hätte? Eine Wirtstochter ist für einen sparsam gehaltenen jungen Mann einträglich. Sie bietet Speise und Trank und obendrein – wenn sie gut beisammen ist – ein flottes Vergnügen. Nun, unflott hatte sie nicht ausgesehen, das mußte man ihr bescheinigen. Es haftete ihr etwas Zigeunerhaftes an; das machte sie kühn und rassig. Neben ihr nahm sich Susanna aus wie eine lahme Ente, Gott sei's geklagt!
»Du hast ihn wahrscheinlich nicht richtig zu nehmen gewußt, den Antonio! Jetzt könnt' er dieser Wildkatz ins Gehege gegangen sein!« Frau Carolina sprach's und warf einen giftigen Blick auf die Tochter.
»Ihr redet daher, Mama, als wär ich eine Häsin! Ich kann mich nicht von ihm ruinieren lassen und will es auch nicht. Sonst bin ich ein alter Karren, noch ehe wir geheiratet haben!« Selten hatte Susanna gewagt, der Mutter so scharf zu begegnen. Diese schnappte denn auch nach Luft und erwiderte: »Da tut man alles Mögliche, um dem Kinde eine anständige Zukunft zu sichern – und das ist die Antwort! Aus ist's zwischen dir und mir! Heirat', wen du willst, meinetwegen auch den Arschpfeiferlschnitzer! Aber in mein Stadthaus kommt ihr mir nicht, das merkt euch!«
Susanna fing an zu schluchzen.
Das wurde eine böse Nacht für Mutter und Tochter, denn sie bedachten sich gegenseitig mit heftigen Vorwürfen. Erst gegen Morgen zu war Susanna von der Müdigkeit überwältigt und schlief ein.
Carolina grübelte indes darüber nach, wie sie einen Beweis für ihre Vermutung erbringen könnte, und kam schließlich zu dem Ergebnis, den Ausgang des Wein-

hauses besonders scharf zu bewachen. Die jungen Herren des Instituts waren nämlich gehalten, nach dem Nachturlaub spätestens um sieben Uhr früh beim Portier einzupassieren. Das hatte Antonio selber gesagt. War er nun bei der Wirtstochter, dann mußte er um diese Zeit das Haus verlassen.

Sie setzte sich also ans Fenster, schabte mit den Fingernägeln die dicken Eisblumen von den Scheiben und hauchte so lange ans Glas, bis sie eine klare Sicht auf die Gasse hatte. Der Schneesturm war kurz nach Mitternacht abgeflaut. Die Hausknechte fingen bereits an, die Eingänge ins Weinhaus freizuschaufeln, bevor die städtischen Schneeräumer kämen, denn die machten sich einen Spaß daraus, ihren Schnee vor die Türen der Häuser zu schippen. Carolina lurte unentwegt durch das apere Fensterfleckchen. Bei den Kapuzinern hatte es bereits halb sieben geschlagen. Sie horchte. Da war doch eine Tür quietschend ins Schloß gefallen! Knarzte da nicht die Treppe? Jemand schob den Haustürriegel zurück. Und siehe: Er war's! Antonio de Ricci verließ das Weinhaus. Er drehte sich auf der Gasse noch einmal kurz um, winkte und eilte in Richtung Institut davon. Sie hatte also richtig vermutet!

Jäh wandte sie sich ans Bett der schlafenden Tochter: »Steh auf! Wir bleiben keine Minute länger in diesem niederträchtigen Hause!«

Susanna, eben erst umfangen von der Wohltätigkeit erquickender Ruhe, schrak zusammen und fand sich erst zurecht, als sie das nüchterne Zimmer wahrnahm. Gewohnt, den Anordnungen der starken Mutter widerstandslos zu willfahren, kleidete sie sich schweigend an, wischte sich mit zwei benetzten Fingern die Traumwelt aus den Augen und folgte. Frau Carolina warf unten vor der Gaststubentür die fälligen drei Gulden und dreißig Kreuzer klirrend auf die Steinfliesen und verließ mit der Tochter das unwirtliche Wirtshaus. Sie begaben sich auf den Domplatz, wo der Postschlitten vorbeikommen mußte.

Um die Mittagszeit kamen sie in Berchtesgaden an. Während Frau Carolina im Stadthaus blieb, ließ sich das Mädchen zur Mühl' hinausfahren.

Zwei Wochen vergingen, vier Wochen vergingen. Das Frühjahr kam.

Herr Theobaldus, der Hofmarksrichter, klügelte immer noch an einem Plan, wie er den Hebenstreit'schen auf die Salzburger Spur kommen könnte. Da ließ ihm der Stiftsdekan melden, die »Sache Salzburg« könne ad acta gelegt werden. Woher er das wußte? Susanna hatte sich bei ihm zu einer Aussprache unter vier Augen eingefunden, weil sie ihn in seiner robusten Art mochte. Dabei hatte er sie, noch ehe ihr ein Wörtlein gegönnt war, mit der Frage überfahren, was sie denn allwöchentlich in Salzburg treibe. Darauf hatte sie ihm die Not ihres Herzens geklagt. Der alte Graf war Seelsorger genug, sie ausreden und sich ausweinen zu lassen, ehe er auf die Sinnlosigkeit einer ehelichen Verbindung mit dem Ricci eingegangen war. Susanne nahm seine Worte auf, wie das dürre Brachfeld den Regen und ging getröstet von ihm.

Freilich war ihr in diesem Gespräch nicht entgangen, daß der Dekan in einem vergleichenden Nebensatz den Dannei erwähnt hatte – so gleichsam im Vorbeigehen. Als sie jetzt wieder heimfuhr, bedachte sie diese Erwähnung. Gewiß der Dannei, wiewohl zehn Jahre älter, wär schon der Mann! Wenn er nur kein so armseliger Häusler wär'. Es ist doch kein rechter Zusammenstand: die Hofbäckenstochter und – wie die Mama sagte – der »Arschpfeiferlschnitzer«! Andererseits wär's mit dem Antonio, wenn man's unvoreingenommen bedachte, ebensowenig ein Zusammenstand; hierin hatte der Graf ganz recht! Was bleibt ihr nun? Eine große Leere bleibt! Sie hat keinen Boden mehr unter den Füßen! Ein erbärmlicher Zustand! Zum Heulen!

o-o-o-o-o

Der neue Besen

Das Leben in der Hebenstreitmühl' floß einschichtig dahin wie schon seit mehr denn zweihundert Jahren. Da werkten die vier Müller. Sie hatten viel zu tun, denn die Bauern brachten ihr Getreide zu ihnen von weither, weil man bei denen nicht übervorteilt wurde und sauberes Mehl erhielt. Das Hauswesen besorgte die Wirtschafterin Amelei mit zwei Mägden und einem Knecht, der auch die fünfzehn Kühe im Stall betreute. Susanna lebte mit ihnen und zwischen ihnen wie etwa ein besonders geachteter Gast. Sie brauchte keinen Finger krumm zu machen, mußte sich freilich auch jeglichen Dreinredens enthalten. Niemand fragte sie nach ihrer Meinung, denn jedermann wußte, daß sie keine Meinung zu haben hatte. Der Obermüller und die Amelei gaben den Ton an. Und wenn Frau Carolina – was höchst selten geschah – auf ein paar Augenblicke vorbeikam, dann redete sie nur mit diesen beiden.

Die Achtung, die das Ingesinde dem Mädchen Susanna zollte, war allerdings nur vordergründig, hatten doch alle ihr wildes Treiben mit dem Sohn des Walddirektors noch in guter Erinnerung. Nicht wegen der Moral – die Moral ging ja nur den Pfarrer etwas an! – sondern wegen der Schicklichkeit! Ist man die Tochter eines Hofbäcken, darf man sich nicht benehmen wie die Kuhdirn Burgel und die Melkerin Bärbel! Man hat sich zurückzuhalten, zu beherrschen!

Wenn man sich schon die Hände mit den Arbeiten der anderen nicht schmutzig machen will, darf man sich auch nicht benehmen wie die anderen! Würde man etwa den Herrn Fürstpropsten so achten, wenn er selber die Rösser striegelte?

So gab es auf der Mühle niemanden, mit dem sie hätte ein vertrauliches Wort reden können. Es kam die Osterzeit, in der man – altem Väterbrauch gemäß – zum Beichten ging. Für die Mannsbilder war das die peinlichste Zeit im Jahr. Denn welcher g'standne Bauer, Holzfäller oder Salzknecht gesteht schon gerne einem anderen, daß er's mit der und der hatte, daß er gestohlen hat wie ein Rabe und gesoffen wie ein Bürstenbinder und daß er sein Weib mißhandelt hat! Und welche Frau – ausgenommen die paar Betschwestern – mag denn schon ihre verfluchten Ratschereien, Ohrenbläsereien, Verleumdungen, handfesten Lügen und Eifersüchteleien eingestehen, von der Eitelkeit und Lüsternheit gar nicht zu reden!
Osterzeit! Auferstehung! Zeit der Befreiung von seelischer Not! So heißt's! Aber das ist ja die Verrücktheit an der ganzen Sach'! Man soll sich befreien lassen; im Grunde genommen will man jedoch gar nicht befreit werden! Im Grunde genommen heuchelt man dem Beichtiger etwas vor und überlegt dabei, wie man die Cilly oder die Resi, die auch beichten gehen, so geschwind wie möglich wieder 'rumkriegt. Denn die sind imstande und meinen's ernst mit der Reue und dem Vorsatz, die dummen Gäns'! – Oder glaubt leicht einer, die alte Afra, diese giftgeschwollene Natter, wird nach der Beichte ihre arme Schwiegertochter nicht mehr bis aufs Blut peinigen? Weit gefehlt! Im Grunde genommen, soll doch alles beim Alten bleiben, nur sollen die Leut' sehen, daß man im Beichtstuhl gekniet und nachher mit betreten lächelnder Miene wieder ins Kirchenschiff zurückgegangen ist. Man schämt sich freilich vor den anderen, denn die wissen genau, wie man's getrieben hat und wie man's wohl auch weiterhin treiben wird.

Aber man war beichten! Und niemand konnte einem an der Ehr' herumkratzen!
Und dennoch! Wenn eins so richtig im Dreck liegt und sich vorne und hinten keinen Rat mehr weiß – wie etwa die Susanna Hebenstreit – dann reißt's einen geradezu in den Beichtstuhl, so wie der Ertrinkende vom rettenden Fischer ans Gestade gerissen wird.
Montag in der Karwoche.
Droben auf Maria Gern, dem lieblichen Wallfahrtsort, waren drei Kapuziner aus Wasserburg eingezogen, alte Männer mit mächtigen Weißbärten und dicken Bäuchen, aber kindlich lieben Augen. Der Stiftsdekan hatte gerade diese Ordensbrüder kommen lassen, weil er seinen Berchtesgadenern das bitterharte Geschäft des Beichtens ein bißchen erleichtern wollte; denn die Kapuziner galten als sehr großzügige und weitherzige Ausspender himmlischer Gnaden. Und wenn sie auch bisweilen wüste Höllenpredigten hielten, so legten sie sich am End doch abwehrend vor die »porta inferi«, vor die Pforte der Hölle.
Bereits seit dem frühen Morgen bewegte sich das Weibervolk den Berg hinan, fast alle einzeln. Sie beteten still für sich den Rosenkranz oder erwogen betrachtend die vierzehn Kreuzwegstationen. Unter ihnen schritt auch Susanna, schweigend und in sich gekehrt wie auch die anderen. Sie durchforschte ihr Gewissen: Vielerlei gab es da nicht, aber viel! Erschreckend viel, was das sechste Gottesgebot betraf. Und das zählte bei den Beichtigern am meisten, wenn es um die Mädchenbeichte ging. Da konnten sie in die Vollen greifen! Susanna mußte in der Reihe lange anstehen, ehe sie in den dunklen Schlund des Beichtstuhls hineintrat. Sie sagte dem Pater ihre Sünden und duckte sich dann, der folgenden Strafpre-

digt gewärtig. Indes, der würdige Mann, voll Erfahrung in den Bereichen des Innenlebens, hatte sehr bald die aufgestaute Bedrängnis in Susannas Herzen gespürt – und fragte gar nichts. Er redete sanft – wie seltsam! – von der Stille, die der Mensch sich schaffen müsse, sofern ihm das Leben erträglich sein soll. Er redete vom Sturm im Hochgebirg, dem man nur entrinnen könne, wenn man die schützende Hütte erreiche. Er redete vom Schoß der Mutter, in den sich das Kind symbolhaft immer wieder flüchte bei Ungemach und drohender Gefahr. »Eine Stille, eine Hütte und eine Mutter – dieser drei kann der von Sünden geplagte Erdenmensch nicht entraten! Merk dir das, meine liebe Tochter! Jetzt aber geh hin und sprich etlichemale das Wort der Emausjünger: »Herr, bleib bei uns, denn es will Abend werden!«

So beladen, wie sie den Berg nach Maria Gern hinaufgegangen war, so beschwingt verließ Susanna den Gnadenort und eilte in die Mühle zurück. Sie sagte in der Kuchl, daß sie heut nicht zu Tisch kommen werde, weder mittags noch abends. Darauf schloß sie sich in ihre Kammer ein: sie wollte mit ihrem befreiten und befriedeten Herzen allein sein.

Das Osterfest ging vorüber, das Pfingstfest kam und dann Fronleichnam, das Fest des göttlichen Glanzes. Da trägt der Herr Fürstpropst das Allerheiligste in der großen goldenen Monstranz durch die Gassen und über die Plätze der Stadt. Da stellt er es auf vier Altäre, die den vier Himmelsrichtungen entsprechen und segnet Volk und Land, segnet der Hände Arbeit und des Geistes Mühen und bittet um Schutz vor den Unbilden der Witterung. Da ziehen sie im Festtagsstaat mit: die Geistlichkeit, der Adel, die Bürgerschaft, die Schnitzer, die Salzer und die Bauern, und ganz nahe dem mitgetragenen Prunkzelt, darunter der Fürstpropst schreitet, von Weihrauchwolken umduftet, ziehen die blumenstreuenden Kinder, der psallierende Kirchenchor und die Jungfrauen mit gelöstem Haar. Diese vor allem hatten das G'schau, das mit einer geheimen Prüfung verknüpft war: Jungfrauen! Waren sie's noch? oder taten sie bloß so? Und manch einer der festen Mannsbilder konnte ein hinterhältiges Grinsen nicht recht verwinden.

Im Kreise des Kirchenchores schritt auch der Adner Dannei mit, war er doch die Stütze des Männergesangs. So konnte es nicht ausbleiben, daß den Jungfrauen ein paar unbeherrschte Blicke entwischten und die Männer musterten, wie denn auch diese sich recht eingehend mit den frischen Blumen befaßten, die sich die Jungfrauen vorne ins Mieder gesteckt hatten. So trafen sich plötzlich Danneis und Susannas Blicke. Weder er noch sie schlug die Augen nieder, und es war diese Begegnung wie ein kurzes Gespräch: Hast du mich vergessen? – Ich vergess' dich nicht! – Schade daß es so gekommen ist! – Können wir's noch rückgängig machen?

»Was meinst, Susanna, könnt's zwischen uns wieder werden, wie's war?« Er fragte sie, als sie beide zu Mittag den Heimweg antraten – sie fuhr im Gäuwagerl, er ritt neben ihr.

»Und was meinst du? Denn schließlich hängt's doch von dir ab!« Sie schaute verschämt vor sich hin auf den glänzenden Rücken des tänzelnden Rappen.

»Ich möcht' eher meinen, es hängt von deiner Mutter ab!« sagte er hart.
Sie zögerte ein Weilchen, dann erklärte sie bestimmt: »In diesem Bereich ist Mama nicht mehr mit im Spiel, sie mag sich gebärden, wie sie will!«
Sie schwiegen lange. Kurz vor der Hebenstreitmühl' – er mußte ja weiter in die Schönau – sagte er: »Wir sollten uns einmal aussprechen!«
Indem sie ihm vom Wagen die Hand hinreichte, meinte sie: »Dannei, ich wart auf dich!«
Dann ritt er dahin.

Die hochsommerliche Sonne brütete über dem Berchtesgadener Kessel. Böhmische Zigeuner waren eingefallen wie die Heuschrecken. Ihre mehr als ein Dutzend Planwagen hatten sie an die Ache hingestellt; die schäbigen Rösser grasten ringsumher. Der fürstpröpstliche Hofmarksrichter ließ an seine Untertanen die Weisung ergehen: »Seid wachsam! Schließt Tür und Tor!« Und der Walddirektor bewaffnete seine Holzknechte. Weiß Gott, man will die armen Hunde ja nicht verscheuchen wie der Habsburger; sie wollen schließlich auch leben! Aber Vorsicht ist geboten!
Dannei ritt oft an ihrem Lager vorbei, wenn er die Nacht nicht auf der Hebenstreitmühl' verbrachte. Wie ihn die zerlumpten Leut immer anstarrten! Besonders die alten Weiber! Spürten sie vielleicht die stammverwandte Mutter in ihm? Diese seine Herkunft an den schwarzen Augen und den Haaren zu erkennen, war ja nicht schwer. Sonst freilich hatte er die hohe Gestalt seines Vaters.

Und eines Abends lauerte ihm eine Junge auf dem Heimwege auf: »Brüderchen«, fragte sie, »bist du nicht einer von uns?«
»Wieso?« erwiderte er.
»Zeig mir Hand, Brüderchen! Nur Hand!«
Er langte ihr vom Roß herab die Rechte hin. Sie schaute und strahlte: »Herzliebes Brüderchen, Gott Vater im Himmel schenkt dir langes Leben und kurzes Leben: Langes Leben mit Jahren, kurzes Leben mit Frau!«
»Wie lang das eine, wie lang das andere?« fragte er.
»Sehr lang, sehr kurz!« entgegnete sie und streichelte ihm die dargereichte Hand.
Da gab er ihr einen halben Gulden und dachte: Das hätte meine Mutter auch gesagt haben können!
Sie spuckte die Münze an und biß hinein, dann zeigte sie lächelnd ihre blitzenden Zähne. Er aber ritt, ebenso lächelnd, heim in die Schönau aufs Malterlehen. Er übergab das Pferd dem herbeigeeilten Knecht und ging in sein Zuhäusl. Das war all die Jahre her von der jungen Zechmeisterin sorgfältig betreut worden; denn sie waren ihm verpflichtet.
Hatte Dannei bisher an jedem Abend, den er zu Hause verbrachte, das eine oder andere Rößl geschnitzt und damit die Galerie seiner Arbeiten rings an den Wänden immer wieder um eins vermehrt, so tat er heute nichts. Er saß auf der Ofenbank, starrte ins Windlicht und bedachte die Worte der jungen Zigeunerin. Zwei Leben. Ein langes und ein kurzes. Was heißt das schon: lang und kurz? Lang und kurz sind dehnbare Begriffe. Er zählte jetzt bald dreißig Jahre; Susanna ist zehn Jahre jünger. Wenn sie sich ehelich verbinden – was zu erwarten ist – und wenn sie zehn oder zwanzig Jahre gemeinsam verleben, dann ist das eine kurze Zeit. Und doch

könnte er, Dannei, sich vorstellen, daß ein zehn- oder zwanzigjähriges Zusammenleben mit Susanna ein wahres Paradies auf Erden sein müßte. Denn das Mädchen war in der Zwischenzeit – wohl durch leidvolle Erfahrungen mit dem Italiener – nicht nur körperlich reifer, sondern auch seelisch tiefer geworden. Sollte sie ihm aber nach zehn oder zwanzig Jahren genommen werden, dann in Gottesnamen! Der Mensch soll nicht auf Jahre hinaus rechnen und planen und forschen und grübeln; er vergißt nämlich sonst über allem Es-könnte-sein das eigentliche Leben. Lieber Herrgott, laß mich der Stunde leben, laß mich den Tag auskosten! Laß mich meine Arbeit im Herzen annehmen und nicht ablehnen! Laß mich das Leben nicht auskalkulieren, sondern laß es mich leben!

Dannei schlief nicht gut in dieser Nacht, und am anderen Morgen ritt er abseits am Zigeunerlager vorbei. Bei der Mühle hielt er an und warf Steinchen hinauf ans Fenster, hinter dem er Susanna wußte. Sie kam und begrüßte ihn, dann eilte er weiter, denn er hatte sich beim Aufstehen etwas verspätet. Er betrat die Kanzlei, wo er die vier anderen Kanzlisten, seine Untergebenen, dienstbeflissen vorfand. Nachdem er an sie die noch vom Vortag anstehenden Arbeiten ausgeteilt hatte, begab er sich zum Amtsraum des Herrn Hofmarksrichters, um weitere Aufgaben entgegenzunehmen. Vor der Tür traf er den Amtsdiener, der ihm erklärte Herr Theobaldus von der Lüften sei krank.

Was ihm fehle?

Das habe man nicht erfahren, weil die drei Stiftsmedici, die gegenwärtig bei ihm seien, sich jeglicher Äußerung enthalten hätten.

Ob er vielleicht einen Auftrag an die Kanzlei hinterlassen habe?

Nein, habe er nicht! – Doch da komme gerade der Herr Gerichtsbeisitzer; der werde dem Herrn Oberkanzlisten sicher alles Weitere sagen können.

Der Assessor Ferdinand von Haller war erst vor zwei Jahren in fürstpröpstliche Dienste aufgenommen worden – nicht wegen besonderer juristischer Fähigkeiten, sondern weil er im Kreise der Stiftsherren einen näheren Verwandten hatte. Und wie es halt oft so ist: Er ersetzte den Mangel an Geist durch anmaßendes Benehmen. Aufgeblasen wie ein Frosch, kam er daherstolziert und fragte, was es gebe. Der Diener teilte ihm die Nachricht von der Erkrankung des Freiherrn mit. Das war für ihn, als hätte er eine Heilsbotschaft vernommen. Sein Körper straffte sich, und mit steifen Schritten, die denen eines gereizten indianischen Hahnes glichen, ging er ins Arbeitszimmer des Hofmarksrichters hinein und setzte sich an dessen Schreibtisch.

Dannei war ihm in Entfernung gefolgt und stand jetzt unter der Tür. Da herrschte er ihn an: »Bekanntlich haben sich die Kanzlisten anmelden zu lassen! Wozu gäbe es sonst einen Amtsdiener!«

Dannei zog sich von der Tür zurück und sagte dem Diener, er bitte vorgelassen zu werden. Der ging hinein und kehrte mit der Weisung wieder, der Herr Assessor werde in die Kanzlei schicken, sobald er eines Schreibers bedürfe. Das war für Dannei ein völlig neuer Tonfall. Bei Herrn Theobaldus hatte er jederzeit freien Zutritt gehabt, hatte auch wohl mit einem ganz persönlichen Anliegen kommen können und war mit großer Freundlichkeit geduldig angehört worden. Gott gnade, wenn der von Haller gar der Nachfolger werden sollte!

Er wurde es!

In den Abendstunden dieses gleichen Tages erlitt der

Freiherr von der Lüften einen zweiten Schlaganfall und überlebte ihn nicht. Tags darauf erging vom Hofkanzleramt die Einsetzung des Assessors zum vorläufigen Hofmarksrichter mit allen Rechten und Pflichten.
»Wen der Herrgott strafen will, den schlägt er mit einem fürstpröpstlichen Amt!« sagte der alte Stiftsdekan zu den würdigen Herren an der Tafelrunde nach der Abendmahlzeit; er meinte damit den neuen Hofmarksrichter. Die ergrauten Männer – mit Ausnahme dessen, der der Verwandte des Herrn von Haller war – nickten ihm verständnisinnig zu, und einer meinte: »Je früher sich ein junger Spund die Hörner abstößt, desto brauchbarer wird er für die nächsten Jahrzehnte!«
Ferdinand von Haller, ausgestattet mit allen Rechten und Pflichten seines Richteramtes, fühlte sich gehalten, als erste große Amtshandlung die Überprüfung der zivilen Hofchargen zu betreiben: ob sie keiner dunklen Machenschaften bezichtigt werden könnten, ob ihre ehelichen Verhältnisse im Lot seien, ob ihre Frauen die Tugenden der heiligen Mutter Anna, ihre Mädchen die Keuschheit der gottseligen Schwestern Martha und Maria besäßen, ob ihre Söhne den verehrungswürdigen tapferen Makkabäerbrüdern glichen, und vor allem, ob sie selbst in ihren Herzen das neunte Zehngebot beachteten: Du sollst nicht begehren deines Nächsten Weib, Tochter oder Magd! Das war eine gewaltige Prüfungsaufgabe, die sich da der neue Herr stellte, so daß Graf Sauer in seiner handfesten Ausdrucksweise meinte: »Der glaubt', er könnt' die Flöhe furzen hören!«
Nun, ob er sie hören wollte oder nicht, er fing jedenfalls bei den Hofmedizinern mit der Durchleuchtung oder »Perlustration«, wie er es nannte, an und nahm sich dann die Kammerherren, die Hofjäger, Hofjuweliere,

Hofsalinenbeamten, Hofwaldmeister, Hofoffiziere und andere vor. Er versäumte auch nicht – und das machte seine Verfahrensweise anrüchig – sich speichelleckerischer Zuträger zu bedienen.

o-o-o-o-o

Hochzeit und Steinlawinen

Es ging bereits in das Jahr 1735 hinein, als der Hofbäckenmeister Hebenstreit an der Reihe war. Nun, gegen den braven Jakl, der mit seiner Familie und der Mutter Caroline im eigenen Stadthaus wohnte und hantierte, war nichts zu erinnern. Aber diese seine Mutter! Daß sie eine Beißzange, eine Quadratratsch'n, eine Quertreiberin war, das hätte zur Not noch angehen können; doch daß sie's reihum mit den jungen Bäckengesellen trieb und den und jenen über den Kopf ihres Sohnes hinweg kurzerhand hinauswarf, wenn sie seiner überdrüssig war, das schlug beim Herrn Ferdinand von Haller schwer zu Buch. Damit nicht genug. Nachdem, wie das alte Wahrwort sagt, der Apfel nicht weit vom Stamme fällt, konnte man von ihrer Tochter Susanna, getrennt in der Hebenstreitmühl' wohnend, nicht viel anderes erwarten. Das wurde von der dortigen Wirtschafterin Amelei aufgrund von Schlüssellochbelauschungen in dick aufgetragenen Schilderungen erhärtet. Und siehe da! Plötzlich kam auch der Hofoberkanzlist Anton Adner, sprich Dannei, massiv ins Gespräch! Fast zweimal in der Woche kehre er in der Mühle zur Nacht ein, lasse sich von ihr, der Amelei, mit guten Gaben aus Kuchl und Keller bedienen, bedrecke die Bettwäsche und sage am Ende nicht einmal Vergelt's-Gott. Und das gehe schon ein ganzes Jahr lang so!
O Sodom und Gomorrha! stöhnte Herr Ferdinand von Haller vor sich hin; und das geschieht am grünen Holze! Das geschieht durch meinen Oberkanzlisten!
»Ich hab dich rufen lassen, Dannei, weil ich mit dir ein ernstes Wort zu reden hab'!«

Der Stiftsdekan Sauer sprach's und fuhr fort: »Zwischen uns war bisher alles in Ordnung und so soll's auch weiterhin bleiben! Du kannst dir denken, daß ich mich gefreut hab, als ich erfuhr, daß zwischen dir und der Susanna alles wieder im Lot ist. Gott sei Dank! Nun aber muß endlich der letzte Schritt getan werden: Ihr müßt heiraten! Euer gegenwärtiges Zusammenleben kommt ja einem Luderleben gleich, und das kann man bei einem, der in fürstpröpstlichen Diensten steht, nicht dulden – wegen des schlechten Beispiels. Mit Recht können nämlich die anderen, denen man ein solches Leben vorhält, erklären: Was wollt ihr denn? Eure eigenen Leut machen's ja nicht besser! Also komm in den nächsten Tagen mit der Susanna zu mir, am besten abends, damit wir das Stuhlfest begehen!«
Dieser Rede ging an Deutlichkeit nichts ab, und Dannei besprach sich mit Susanna.
»Heiraten?« fragte sie. »Nur weil's der Graf will?«
»Nicht weil's der Graf will, sondern weil wir Ärgernis erregen um uns her!«
»Also dann, weil's die Leut wollen! Was die Leut wollen, Dannei, das sollt' uns eigentlich gar nix angehen! Denn die Leut drehen allweil den Mantel nach dem Wind. Da müßt' man heut das wollen und morgen jenes: oder gar das Gegenteil vom heutigen!«
Dannei war überrascht. Wollte sie ihn nicht oder wartete sie noch immer auf einen anderen, auf einen »von«, auf den schwarzen Welschen? – Auch Susannna überlegte: Ob er nicht doch zu alt ist, der Dannei? Wenn sie ihn mit dem Antonio verglich – mein Gott! dazwischen lag eine halbe Welt! Freilich der wilde Antonio konnte erschrecken; aber der lautere Dannei war ermüdend.

»Reden wir morgen darüber!« sagte sie dann und verabschiedete ihn.
Sie konnte nicht einschlafen, weil sie zum soundsovielten Male weder den einen noch den anderen Mann mit der Vorstellung von einem zukünftigen Gemeinschaftsleben in Einklang zu bringen vermochte. Erst gegen Morgen übermannte sie der Schlummer. Darum konnte sie auch nicht ans Fenster gehen, als der Dannei sein Steinchen hinaufwarf. Den ganzen Tag über erwog sie das Für und Wider. Gegen Abend schälte sich in ihrem Inneren die Überzeugung heraus, daß der Antonio zwar der bessere Liebhaber sei, der Dannei jedoch der dauerhaftere Gefährte sein werde, und das allein zähle – wie die Alten sagten – im ehelichen Leben.
Sie gab ihm also am Abend das Jawort.
Am 17. April 1735, in der Osterwoche, segnete der Dekan ihren Ehebund in der Stiftskirche – im Beisein nur einiger betender Frauen. Dannei und Susanna hatten ersucht, sie vom kirchlichen Aufgebot zu dispensieren. Weder Susannas Mutter und Bruder noch irgendeiner aus der Gerichtskanzlei waren verständigt worden; nicht einmal die Amelei hatte davon erfahren. Nach der Brautmesse fuhren sie zu dritt hinaus nach Schloß Marzoll. Der Besitzer, Freiherr Lasser von Lasseregg, war nämlich ein Schwager des Grafen. Die Freifrau hatte eine gute Tafel richten lassen, und alle freuten sich mit den Vermählten.
Während der darauffolgenden Tage löste der Dannei seine Wohnung im Zuhäusl des Malterlehens auf. Der Bauer Zechmeister versicherte ihm beim Abschied, daß ihm das Wohnrecht vertraglich auf Lebenszeit zugesichert sei und daß weder er noch sein Nachfolger daran etwas ändern würden. Jetzt erst begann sich das Gerücht

von der Heirat der Bäckenstochter und des Oberkanzlisten in den Gassen Berchtesgadens auszubreiten. Jetzt erst erfuhr man auch, daß die Hebenstreitmühl' erblich auf die junge Frau Adner mit dem Tage ihrer Hochzeit übergegangen war. Der hat vielleicht ein Glück! maunzten die Leut. Kann sich in ein gemachtes Nest zu einem jungen Weiberl hinhocken und alle Viere von sich strecken! Denn jetzt arbeitet die Mühl' nit mehr für den Jakl oder gar die Alte, sondern für den neuen Herrn, und die im Stadthaus müssen das Mehl, wenn sie eins haben wollen, käuflich erwerben. Frau Carolina spuckte Gift und Galle, doch nur innerhalb ihrer vier Wände, weil sie sich wegen ihres tadelnswerten Lebenswandels größere Ausfälle nicht gestatten durfte. Hätten diese Wände Ohren gehabt, sie wären in diesen Wochen taub geworden vor lauter Verwünschungen über den »Häuslschleicher«, den »Arschpfeiferlschnitzer«, den »zuag'roasten Habenixen« und so weiter.

Dem Dannei war nicht verborgen geblieben, daß die Amelei dem von Haller manches hinterbracht hatte, was die Haustürschwelle nicht hätte überschreiten dürfen. Das wußte sie selber auch, und darum reichte sie an Lichtmeß ihre Kündigung ein. Alles andere blieb in der Mühle wie es war, nur daß eben jetzt Susanna das Sagen hatte. Dannei arbeitete nach wie vor in der Kanzlei, was dem Herrn Hofmarksrichter zwar nicht recht passen wollte, aber passen mußte, weil über dem Einarbeiten eines anderen Oberkanzlisten Jahre vergangen wären, was sich der verhältnismäßig unerfahrene Richter nicht leisten konnte. Sie arbeiteten also nicht gegeneinander, auch nicht miteinander, sondern nebeneinander her. Ferdinand von Haller tat dem Dannei nicht mehr weh – wohl tat er ihm sowieso nicht!

–, und so lief das Hofmarksgericht wie eh und je in festgefügten Bahnen.

Das lieblose Gerede und die gehässigen Ratschereien um Susanna und Dannei ebbten in dem Maße ab, als die beiden, ohne irgendein Aufsehen zu erregen, ihren Alltagspflichten nachgingen. Nur ein paar ortsbekannte fromme Frauen, die dem Mesner alles zu hinterbringen pflegten, was sich in Berchtesgaden und im Umfeld am Rande der Legalität bewegte, warteten von Woche zu Woche mit steigender Neugier darauf, ob sich bei der jungen Adnerin noch nichts rühre. Und als sich bis ins 37er Jahr hinein partout nichts rühren wollte, waren sie mit der Erklärung bei der Hand, das sei der Fluch der vorehelichen Bettgemeinschaft. Doch auch diese sumpfigen Gerüchte verloren sich, und alles war wieder beim alten.

Nicht ganz! Denn auch die beiden Eheleute sehnten den Tag herbei, an dem sich ein neues Leben aus ihrer Zweisamkeit ankündigen würde. Weil sich aber nichts ankündigte, weder im 38er noch im 39er Jahr, begannen sie sich in der Heimlichkeit ihrer Herzen zu fragen, woran es denn wohl liegen könnte. Und in jedem stieg die schreckliche Befürchtung auf, der andere könnte vom Himmel mit Unfruchtbarkeit geschlagen sein. Der andere! Aus der Befürchtung erhob sich die leise, unausgesprochene Anklage – gegen den anderen. Und am End stand wie das Haupt der Rachegöttin die Entfremdung zwischen ihnen. Dannei und Susanna hatten einander nichts Liebes mehr zu sagen. Weil sie sich aber auch gegenseitig nicht wehtun wollten, schwiegen sie. Sich anschweigende Eheleute sind etwas Widernatürliches; auf die Dauer reiben sie sich auf, es sei denn, sie gehen vorher auseinander.

Dazu wäre es zweifellos gekommen, hätten nicht die politischen Ereignisse im Herzen Europas eine andere Lösung für sie bereitgehalten: Der österreichische Erbfolgekrieg begann.

Kaiser Karl VI. war ohne männliche Nachkommenschaft im Oktober 1740 gestorben; Bayerns Churfürst Carl Albert erhob nicht ohne Berechtigung Anspruch auf die Nachfolge. Die Kaisertochter Maria Theresia verwarf diesen Anspruch, besaß allerdings nicht die militärische Macht, dem mit Frankreich, Preußen und Sachsen verbündeten Bayern wirkungsvoll entgegenzutreten. Sie floh in der fürchterlichen Kälte dieses Jahres, in der man mancherorts nicht einmal die Toten begraben konnte, nach Ungarn und mobilisierte im Frühjahr 1741 ihre Truppen. Laut Reichsgesetz hatten in einem solchen Falle alle reichsfreien Fürsten, Städte und Klöster – auch die kleinen – ein gewisses Kontingent zu stellen. Für den damaligen Fürstpropst Cajetan Freiherrn von Nothafft zu Berchtesgaden bedeutete das ein Aufgebot von einem Berittenen und vierundzwanzig »Fußerern«.

Das Hofmarksgericht, das alle Untertanen registriert hatte, wurde vom Kanzleramt beauftragt, die am ehesten entbehrlichen Männer auszuwählen. Und siehe, Herr Ferdinand von Haller meldete auch seinen Oberkanzlisten zur Abstellung nach Salzburg und von dort aus zur Armee nach Wiener-Neustadt. Lange war er mit sich im Widerstreit gelegen, ob er sich wirklich von dem erfahrenen Manne trennen sollte. Schließlich gewann aber die Überzeugung die Oberhand, daß ein so gesunder Mensch wie der Adner dem Reiche mit der Waffe in der Hand einen größeren Dienst erweisen könnte, als dem Fürstpropst mit der Schreibfeder. Ob's

ehrlich gemeint war, muß dahingestellt bleiben; jedenfalls reichte er diese Begründung beim Kanzler ein. Der Kanzler erkannte die Entscheidung an, schnitt sich doch der Hofmarksrichter letzten Endes selbst in die Finger.
Als Dannei seine Frau davon unterrichtete, machte sie zwar ein bedenkliches Gesicht, zuckte aber die Achseln und meinte: »Wirst dagegen nichts unternehmen können!«
Am 6. Juni 1741, dem Tage des heiligen Norbert, marschierten die erwählten Berchtesgadener, voran der Berittene, auf Salzburg zu. Und am 15. August kamen sie – umkommandiert – über Linz und Freistadt nach Prag. Als sie hier am Vyschehrad sich der königlich-böhmischen Militärbehörde stellten und nach weiterer Verwendung fragten, meinte der Rittmeister, der die wakkeren Berchtesgadener Gesellen musterte, mit gönnerhafter Miene zu seinem Feldwaibel: »Dergleichen muß man ins Erzgebirge schicken!«
»Zu Befehl, ins Erzgebirge!«
Dannei wollte fragen, was sie in dem Erzgebirge zu tun hätten. Weil er aber bereits bemerkt hatte, daß man mit Fragen bei den Soldaten schlecht ankommt, schwieg er. Ende August wurden sie nach der Stadt Brüx zur dortigen Festungskommandantur in Marsch gesetzt. Hier erhielten sie einen merkwürdigen Auftrag: Sie sollten in den »Gründen« des Erzgebirges, zusammen mit den anrainenden Bauern, Baumsperren und Steinlawinen errichten, um die Sachsen, die nördlich des Gebirgskamms wohnten, vom Einfall in Böhmen abzuhalten oder ihnen diesen Einfall zumindest zu erschweren.
Baumsperren!

Davon hatten die Berchtesgadener aus dem Mund ihrer Väter bereits gehört. Die waren nämlich auch wiederholt gezwungen gewesen, die Zugänge in ihr Stiftsland – sei es gegen Salzburg, sei es gegen Tirol – auf diese Weise abzuriegeln. Baumsperren sind für geschlossen marschierende Heerhaufen gefährlich, namentlich dann, wenn sich Steinlawinen dazugesellen. Da gibt's dann kein Vorwärts und kein Rückwärts mehr; da ist man willenlos dem Schicksal ausgeliefert.
Also Baumsperren und Steinlawinen!
Die Vierundzwanzig wurden in das Dorf Vierzehnhöfen am Fuße des Gebirgs abkommandiert. Ein geländekundiger Korporal begleitete sie. Der mußte auch die Bauern herbeitreiben und für die ordnungsgemäße Verpflegung aller sorgen. Vierzehnhöfen war das Standquartier. Von hier aus hatten sie in die »Gründe«, das sind enge, tiefe Schluchten im Gebirge, vorzudringen, um zunächst die Beschaffenheit des Gesteins und den Baumbestand zu prüfen.
Sie teilten sich in drei Gruppen auf und jede Gruppe erhielt zwanzig Bauern. Mit Sägen, Äxten, Ketten und Keilen ausgerüstet, ging man die Arbeit an: im Rauschengrund, im Hammergrund und im Hüttengrund. Die Arbeit kam munter in Gang. Weithin vernahm man das berstende Niederprasseln angesägter Hochwaldfichten. Sie wurden ausgeästet, geschält und dann, mit der Spitze voraus, in rasender Geschwindigkeit in die Tiefe des Grundes hinabgeschickt, wo sie sich meistens etliche Ellen tief in die Erde hineinbohrten. Zwanzig bis dreißig solcher Bäume, zwischen die man das Astwerk noch hineinflocht, bildeten mit den Steinlawinen rechts und links ein nur mühsam überbrückbares Hindernis. Das war die strategische Absicht der österreichischen Heeresleitung.   o-o-o-o-o

Am Altstädter Rathausturm

Es pfiffen bereits die Herbststürme über den Gebirgskamm herein und vertrieben aus dem Bielatal um Brüx herum die rauhen Nebel. Da hatte das Kommando der Berchtesgadener seine Aufgabe erfüllt. In den drei Gründen waren je sieben Baumsperren aufgerichtet worden, und je siebzehn bis zwanzig Steinlawinen harrten des Druckes auf den auslösenden Balken.
Sie harrten vergeblich!
Das Heer der 20 000 Sachsen, das sich vor Prag mit den bayerisch französischen Truppen vereinigen wollte, hatte durch Kundschafter erfahren, daß die drei Einfallschneisen nach Böhmen gesperrt waren, und rückte daher über den Sattel von Nollendorf heran. Dieser Paß, weiter östlich gelegen, stand völlig offen, und die Sachsen kamen zügig voran. Am 22. November standen sie bei Königsaal, eine kleine Meile vor Prag. Der bayerische Churfürst Carl Albert erwartete sie mit seinen 13 000 Mann. Gemeinsam schickten sie an den Stadtkommandanten eine Aufforderung zur Kapitulation. Der, ein gewisser Graf Ogilvy, erwiderte höflich, man könne doch füglich nicht erwarten, daß er einen Platz räume, nachdem er »noch keines einzigen Kanonenschusses gewürdigt worden« sei.
Zwei Tage später, am 24. November, nachts ein Uhr, begann das Ringen um Prag. Es dauerte drei Stunden. Um vier Uhr früh übergab Ogilvy auf der Karlsbrücke die Schlüssel der Stadttore, erklärte sich gefangen und unterschrieb eine Ordre, wodurch auch die Zitadelle Vyschehrad mitübergeben wurde, in welche die vierundzwanzig Berchtesgadener zurückgekehrt waren.

Um die Mittagsstunde des 25. November ließ der bayerische Generalleutnant die Zitadelle besetzen und alle dort Einsitzenden als »Kriegsgefangene« registrieren. Ein bayerischer Fahnenjunker überwachte die Listenführung. Als die Berchtesgadener an der Reihe waren, wandte er sich fragend an sie, ob ihnen der Hofbäck Hebenstreit bekannt sei. Da schauten alle auf den Dannei. Der erwiderte: »Ich hab seine Schwester zum Eheweib!«

»Die Susanna?« antwortete der andere.

»Kennt Ihr sie?« fragte der Dannei.

»Wie sollt' ich nit? Wo wir doch über sieben Ecken miteinander verwandt sind. Auch ich heiß' Hebenstreit!«

»Dann stammt Ihr wohl von Ohlstadt? Sie hat wiederholt von einem entfernten Vetter gesprochen, der dort ebenfalls das Bäckenhandwerk betreibe.«

»Stimmt! Soll ein lustig Ding sein, die Susanna!«

Bei dem Wort grinsten einige der jungen Männer, die noch um Susannas Affäre mit dem Buben des welschen Walddirektors wußten. Dannei sah das und konnte vor Scham dem Junker nicht antworten. Der aber meinte begütigend: »Ist g'wiß ein fein's Weiberl worden!«

»Bin's zufrieden!« entgegnete Dannei. Und um die Rede abzulenken, fragte er: »Ist der Krieg aus?«

»Wenn du damit das Kämpfen meinst – so ist er aus. Aber wir bleiben in Prag, bis unser Herr Churfürst Kaiser worden ist und die Marietheres in die Knie gezwungen hat!«

»Und solange müssen wir eure Gefangenen sein?« fragte Dannei.

»Allerdings! Doch wird's nit zu lange dauern, denn wie zu hören war, wollen die Stände Böhmens unseren Herrn Churfürsten bereits in drei Wochen zu ihrem

König proklamieren. Dann hat die Marietheres ihre böhmische Kornkammer verloren und muß sehen, woher sie ihr täglich Brot kriegt.« So der bayerische Junker.

Und in der Tat! Am 17. Dezember vollzog sich das feierliche Schauspiel. Unter Trompeten- und Paukenschlag bewegte sich ein prächtiger Zug aus dem königlichen Schloß Hradschin durch die Gassen der Kleinseite und über die steinerne Brücke in die Altstadt. Voran ging ein königlicher Hofoffizier, ihm folgten vier Trompeter und ein Heerpauker, ein Rittmeister der churfürstlichen Hartschiergarde, vier Reihen Hartschiere, endlich die Hauptperson des Zuges: der Herold mit dem königlich-böhmischen Wappenschild, in der rechten Hand ein Zepter, in der linken einen Schild, auf dem der böhmische zwiegeschwänzte Löwe zu sehen war. Vier weitere Reihen von Hartschieren beschlossen den Zug. Auf dem Altstädter Ring machte man Halt, und der Herold verkündete unter großem Zulauf der Bevölkerung in deutscher und böhmischer Sprache, daß Carl Albert, Churfürst von Bayern, den Thron von Böhmen in Besitz genommen habe. –

Als die nach Wien heimgekehrte Maria Theresia dies alles gehört hatte, schrieb sie an den ihr vertrauten Grafen Kinsky: »Schone das böhmische Land nicht! Es muß Uns erhalten bleiben! Ich lasse lieber meine ganzen Heere und alle Ungarn töten, ehe ich auch nur etwas davon abtrete!«

Nach Frieden klang das nicht!

Doch Carl Albert, der Bayer, verließ seine Truppen und verließ Prag, reiste nach Frankfurt und ließ sich daselbst im Februar 1742 zum Kaiser krönen. Dabei hoffte er, schleunigst in die böhmische Hauptstadt zurückzukehren und sich auch noch zum König von Böhmen krönen lassen zu können. Aber sein böses Schicksal, der verräterische Franzose, hatte es anders beschlossen: Rückzug aus Prag! Rückzug aus Böhmen! Kaiser Carl VII. – wie er jetzt hieß – mußte in Frankfurt bleiben – und die Österreicher fielen in sein Erbland Bayern ein. Die Sachsen und ein paar Bayern hielten jedoch Prag noch das ganze Jahr 1742 über besetzt. So blieb denn auch der Vyschehrad in ihrer Hand und damit die dort kasernierten Kriegsgefangenen aus dem österreichischen Heeresverband – auch die vierundzwanzig Mann aus Berchtesgaden. Es muß der bayerischen Burgwache zugute gehalten werden, daß sie die Gefangenen sehr menschlich behandelten, besonders die fürstpröpstlichen. Diese vor allem deswegen, weil sie die gesamte Wachmannschaft mit der berühmten geschnitzten »Berchtesgadener War'« versorgten, obwohl laut Verordnung die Kriegsgefangenen auf dem Vyschehrad mit Strickarbeiten zu beschäftigen waren. Anfänglich hatten sie auch aus dickem Schafwollgarn lange Schals – zwei links, zwei rechts – stricken müssen, die dann zu Decken für die Kasernen zusammengenäht wurden. Als aber die Korporale und Feldwaibel bedachten, daß die Fürstpröpstlichen ja auch Bayern waren wie sie selber, fingen sie an, ganz anders mit ihnen umzugehen. Sie schickten die meisten mit dem beginnenden Frühjahr 1743 zu Aufräumungsarbeiten in die königlichen Hofgärten. Nur den Dannei und den Forstschreiber Sales übergaben sie dem Türmer am Altstädter Rathaus zur Unterstützung bei der Feuerwache. Dieser alte Mann, Vaclav Cukr, tat sich beim Stiegensteigen schon recht hart. Jetzt konnte er die beiden jungen Männer, wenn's nottat, in die Stadt schicken, konnte sie auch, wenn ihn das Reißen zu arg plagte, nächtens auf der Turmbrüstung wachen lassen. Der Sales war von dem Wachen nicht begeistert, um so mehr der Dannei. Darum erfreute er sich auch der besonderen Zuneigung des schrulligen Alten. Vaclav Cukr war zwar ein Tscheche, sprach aber sehr ordentlich deutsch.

»Das haben sie jetzt davon, die Bayern, daß sie in unser böhmisches Land eingefallen sind!«

»Wie meint Ihr das?« fragte Dannei verwundert, denn auf der Zitadelle hatten sie nichts über die kriegerischen Vorgänge erfahren.

»Wie ich das meine? Die Frau Erzherzogin Maria Theresia hat dem Herrn Pandurenobristen Franz von der Trenk den Befehl gegeben, Bayern zu brandschatzen und das Land auszubeuten von oben bis unten. Und jetzt räubert der wüste Gesell von Cham bis Reichenhall.«

»Sagtet Ihr: Reichenhall?« fragte der Dannei beängstigt. »Wißt Ihr, ob der Obrist vielleicht auch in Berchtesgaden war?«

»Freilich war er! Und für dreihunderttausend Gulden Salz hat er requiriert – worüber die hohe Frau gar nicht begeistert gewesen sein soll. Denn Berchtesgaden ist ein Reichsfürstentum, und der Fürstpropst hat, wie es hieß, der Erzherzogin sogar Soldaten zu Hilfe geschickt.«

»Zum Beispiel mich!« antwortete der Dannei trocken.

Vaclav schaute den jungen Mann mit großen Augen an: »Und du hast gegen die Bayern gekämpft?«

»Wär ich sonst ein Kriegsgefangener?«

»Was für eine verrückte Welt!« Er schüttelte den Kopf und fuhr fort: »Bist du verheiratet?«

»Ja! Und ich bedaure es!«

»Solltest du nicht! Denn entweder ist das Weib brav,

dann gibt's ein neues Leben, wenn du heimkommst; oder es ist nicht brav, dann gibt's eine neue Freiheit!«
»Hm!« machte Dannei und wandte sich der Turmstubentür zu, um den Kameraden Sales vom Wachdienst auf der Brüstung abzulösen. –

Unter ihm lag das nächtliche Prag. Er hörte das Gröhlen der betrunkenen Soldaten und das Kreischen der Kuchldirnen und Serviermädchen. Silbern glänzte die Moldau im Widerschein des verhangenen Mondlichts. Auf der Königsburg Hradschin verloschen langsam die Kerzen hinter den Fenstern. Nur in den Schiffsmühlen bei der Karlsbrücke brannten die Ölfunzeln; sie werden die ganze Nacht brennen, denn die Stadt braucht jetzt viel Brot für das Besatzungsheer von dreißigtausend Mann.
»Ist das Weib brav«, hat er gesagt, »dann gibt's, wenn du heimkommst, ein neues Leben!«
Wann werden wir heimkommen? Da steht man in den besten Jahren, könnte Brauchbares leisten – und muß Monat um Monat dahindösen wie im Halbschlaf, ohne Aufgabe, ohne Ziel, ohne Schaffensfreude! – Feuerwache!
Plötzlich stand der Vaclav Cukr hinter ihm.
»Vaclav, heißt es nicht, die kostbarste Lebenszeit totschlagen, wenn man sich hier an die Turmbrüstung hinlümmelt und aufpaßt auf die Fahrlässigkeit der Prager Pflastertreter?«

»Antonin, Antonin, du mußt noch viel lernen! Du mußt vor allem den Sinn der Zeit verstehen lernen! Die Zeit, die uns vom Herrgott eingeräumt ist – und dabei

spielt es keine Rolle, ob sie kurz oder lang ist –, diese Zeit müssen wir anfüllen und ausfüllen. Wenn ich so da heroben stehe und unten das hastige Treiben der Leute sehe, dann spüre ich, wie sie schuften und sich abrackern und die Stunde herbeisehnen, wo diese Rackerei endlich aufhört, damit das Leben beginnen kann. Als ob die Zeit des Rackerns nicht auch ihre Lebenszeit wär'! Jede Stunde, jede Minute ist unsere Lebenszeit, denn das Leben ist – jetzt! Keine Stunde, keine Minute kann, wenn sie verronnen ist, zurückgerufen werden. Sie ist vorbei und trägt an sich die Wertmarke, die du ihr aufgeklebt hast, du allein, denn es war deine Stunde, deine Minute. Daß die Zeit unaufhörlich kommt und geht, das liegt in ihrer Natur. Und gemäß dieser Natur sind Stunden und Minuten – für sich betrachtet – bedeutungslos und leer, sind nur Verpackung. Das Füllsel, den Gehalt bekommen sie erst von dir. So kann es dann sein, daß manch ein schlichter Mensch sein Leben am End seiner Tage ganz vollgefüllt hat, während der andere, der zeitlebens auf hohem Piedestal stand, nichts anderes gemacht hat, als Wind gesät und Spreu geklopft. Dann wird er vor dem Herrgott mit der leeren Schaufel dastehn.«
Dannei hatte der langen Rede in der Finsternis unter dem Turmdach aufmerksam zugehört. Weiß der Himmel, der alte Mann hatte recht! Aber muß man nicht erst sein Alter haben, bevor man's versteht? Solange man jung ist, muß sich doch was rühren! Und planen muß man! Nicht bloß trachten, die Stunden und Minuten auszufüllen! Sonst vergeht nämlich mit der ganzen Ausfüllerei das Leben, und man hat's zu nichts gebracht. Nein, lieber Vaclav Cukr, so schön deine Betrachtung über die Zeit sein mag, für mich ist sie nicht taugsam! Ich

brauche ein Ziel! Und wenn diese Faulenzerei hier auf dem Turme zu Ende sein wird – einmal muß sie's wohl –, dann will ich den Stiftsdekan bitten, mich vom Hofmarksgericht abzuziehen und ins Salinenamt zu versetzen, vielleicht gar in die Inspektion. Er gäbe den Posten ja keinem Unwürdigen. Dann aber wäre ich wer! Und die alte Hebenstreitin dürfte ihre dünnen Nasenflügel nicht mehr hochziehen wie ein Roß, das den Wolf wittert.

So vergingen dem Dannei auf dem Rathausturm die Monate in Sehnsucht, Erwartung und Hoffnung auf das Leben, auf das eigentliche, selbstgestaltete. Der Winter kam, der zweite in Prag. Da sickerte von irgendwoher das Gerücht durch, die Besatzer beabsichtigten, sich aus Böhmen zurückzuziehen und heimzukehren. Für die österreichischen Kriegsgefangenen hieß das: Freiheit. Und wirklich, bald spürte jeder in der Stadt, daß der große Exodus bevorstand. Da weinten junge Mütter heiße Tränen und vermaledeiten den Tag, an welchem sie sich von der Montur hatten blenden lassen. Manches Soldatenbräutchen schnürte ein Bündel, um damit das scheidende Heer zu begleiten. Zwölf rundbackige Böhmenmädchen die sich in den Hofgärten einen Fürstpröpstlichen angelacht hatten, taten sich da leichter, denn ihre Liebhaber blieben in Prag.

Eines Abends kam jener Fahnenjunker Hebenstreit zum Dannei und bat ihn förmlich, mit ihm gemeinsam die Heimreise anzutreten. Zu zweit sei man vor den in Bayern überall herumräubernden Panduren halt doch sicherer als allein. Er habe auch schon ein zweites Reitpferd beschafft, damit sie beweglicher wären. Dannei sagte zu und verließ den guten Vaclav Cukr, der zu ihm wie ein Vater gewesen war: »Und kommst du je wieder

nach Prag, und der alte Wascho schaut noch vom Turm herunter, dann beeil dich und setz dich ein Stündchen zu ihm!« Darauf fielen sie einander in die Arme.
Es war die vierte Adventswoche, kurz vor Weihnachten, als das bayerische Regiment in wilder Hast der böhmischen Landeshauptstadt den Rücken kehrte und Richtung in die Oberpfalz nahm. Der Auszug dauerte drei Tage. Dannei und sein weitläufiger Schwager begaben sich kurz vorher noch in die Karmeliterkirche, um dem wundertätigen Prager Jesulein Lebwohl zu sagen und ihre Heimreise zu empfehlen. Als sie das Gotteshaus betraten, sahen sie sich ganz allein vor dem Gnadenaltar. Das war verständlich, denn zum einen fegte draußen ein beißender Schneesturm, zum anderen wollten die Leute den Abmarsch der feindlichen Soldaten auch nicht verpassen. Wer denkt denn da ans Jesulein!
Die beiden jungen Männer stellten sich vor das liebliche Wachsfigürchen hin und sangen miteinander das im Werdenfelser Heimatland gebräuchliche Hirtenlied:

> An Engel is kemma,
> Er hat uns verkündt,
> Sollt'n eppas mitnemma
> Fürs göttliche Kind.
> Es is ja gebor'n
> Zu Bethlem im Stall,
> Sonst wär'n wir verlor'n
> Z'weng'sn Adam seim Fall.

In der Oberpfalz löste sich das Regiment auf. Dannei und der Fahnenjunker schlossen sich bis ins Ries einem französischen Haufen an, der auch noch unterwegs war, und gelangten kurz nach Dreikönig 1744 an den Lech. Über Tölz ritten sie dann auf Umwegen nach Ohlstadt und kamen in die Ledergasse, wo der Hebenstreit seine Bäckerei hatte. Hier wurde der Dannei von einem heftigen Fieber befallen, so heftig, daß man den Pfarrer von Weix mit den Sterbesakramenten herbeiholen mußte.

In jenen drei Wochen, die er daniederlag, schrieb er an seine Frau einen Brief: »Meine liebe Susanna! Jahre sind's her, daß ich von Dir fort bin. Ich war nämlich zwölf Monate lang Kriegsgefangener in Prag. Schlecht ging es mir nicht, weil ich die längste Zeit als Feuerwächter auf einem Rathausturm verpflichtet war.

Nur das dauernde Einerlei konnte einen zermürben. Aber ich hab's überstanden. Mit einem Bäcken namens Hebenstreit aus Ohlstadt, der Dich kennt, bin ich übers Schwäbische hierher gekommen. Nun hat mich eine Krepense erwischt, so daß ich vor ein paar Tagen sogar die letzte Ölung kriegen mußte. Ich spür' jedoch, daß es schon wieder aufwärts geht. Oft hab ich an Dich gedacht in all den langen Monaten und durfte Dir doch nicht schreiben. Nun wird es aber am längsten gedauert haben, und ich hoffe, daß wir bald ein neues Leben miteinander beginnen können. Ich hab mir viel vorgenommen und vertrau' auf unsern Herrgott, daß er's gelingen läßt. Wir müssen nur fest zusammenhalten. Ich freu' mich, wieder bei Dir zu sein! Dein Dannei«.

o-o-o-o-o

Bei den Wetzsteinmachern

Als Susanna eine gute Woche später diesen Brief erhielt, war sie nicht allein. Der junge Antonio de Ricci lag in ihrer Stube auf der Chaiselongue und wartete, bis sie käme. Weil sie aber nicht kam, stand er auf und schaute nach ihr. Wie erstarrt lehnte sie im Vorhäusl mit dem Schreiben in der Hand und flennte still. Er riß ihr den Brief aus den Fingern und versuchte zu lesen. Das gelang ihm jedoch nicht recht, denn er hatte es nicht mit der deutschen Sprache. Doch die Unterschrift genügte. Raubtierartig zerknüllte er das Papier, rannte in die Kuchl zum Herd und warf es in die Glut.
»Und du hast gehofft, die Franzosen könnten ihn erschossen haben!« schrie er Susanna an.
Sie begann laut zu schluchzen und wollte sich ihm an den Hals werfen. Doch er stieß sie zurück. Da fiel sie vor ihm auf die Knie. Er jedoch nahm seinen Hut vom Nagel und ging; heftig krachte hinter ihm die Tür ins Schloß.
Mitte Februar ritt Anton Adner in den Hof der Hebenstreitmühl' ein, der nur spärlich geräumt war. Man merkt's halt, daß der Mann gefehlt hat!, dachte er sich und brachte das Roß hinten in den Stall. Als er wieder vorkam, stand Susanna unter der Vorhäusltür, auf dem Gesicht ein gefrorenes Lächeln, im Herzen einen finsteren Abgrund: eins verriet das andere.
»Susanna«, sagte er erschrocken, »bist du krank?«
Da verzerrte sich der Frost um ihre Lippen zu einer Fratze: »Soll das die Begrüßung sein nach der langen Zeit? Pfui Teufel!«
Als Dannei sein Weib so vor sich stehen sah und dieses Wort hörte, wurde er mit einem Male inne, daß aus

seiner Ehe nun wirklich ein Scherbenhaufen geworden war. Nur vermißte er noch die Klarheit über das Wie. Diese Klarheit mußte er haben! Darum packte er Susanna am Arm und zog sie mit sich in die Stube hinein. Er setzte sich auf seinen Platz, hieß sie auf die Wandbank hinsitzen und sprach: »Erzähl!«
Sie schwieg.
»Erzähl, sag' ich!« wiederholte er.
Sie schwieg weiter
Er stand auf und trat vor sie hin: »Entweder du redest, oder ich bring' dich an den Pranger!«
»Nicht an den Pranger!« flehte sie.
Da setzte er sich wieder hin, und sie fing an zu berichten, wobei sie in der Rede immer wieder stockte und immer wieder weinte. Antonio sei etwa vor Jahresfrist als gelernter Architekt aus Venedig zurückgekehrt und in den Dienst des fürstpröpstlichen Hofbauamtes getreten. Er habe sie aufgesucht und habe ihr versprochen, sie als seine Frau mit nach dem Süden zu nehmen, falls ihr Mann aus dem Kriege nicht mehr heimkomme. Freilich müsse er ein Praktikum von mindestens zwei Jahren hier in Berchtesgaden absolvieren. – Und dann sei der Krieg aus gewesen, und der Dannei sei nicht erschienen, ein ganzes Jahr lang nicht.
»Ihr aber habt in der Zwischenzeit wieder zusammengelebt!«
Susanna nickte.
Wieder stand er auf, ging hinaus in die Kuchl und spuckte ins Herdfeuer. Dann begab er sich hinauf in die Kammer, schnürte sein Gewand und die Wäsche zu einem Bündel und verließ damit das Haus. Er ritt in die Schönau. Beim Malterlehen klopfte er an und erklärte dem Zechmeister ohne Umschweife, daß er sein Wohn-

recht im Zuhäusl wieder wahrnehmen müsse. Am Abend stand er vor dem Jagdhaus im Forstwinkel. Dario de Ricci öffnete ihm die Haustür. Ein mächtiger Hund fuhr ihm entgegen.
Dannei grüßte und sprach: »Bitte, Herr, nehmt den Hund an Euch und schickt mir den Herrn Sohn heraus; ich habe mit ihm eine Rechnung zu begleichen!«
»Schulden müssen beglichen werden!« erwiderte der Walddirektor und zog den Hund mit sich in den Hausflur hinein.
Ein paar Augenblicke später stand Antonio unter der Tür. Dannei griff nach seinem Hals und schlug ihn so, daß er beiläufig das Gleichgewicht verlor. Dann warf er ihn an die vereiste Schneewächte, die sich gegenüber der Tür gebildet hatte. Gleich einem Maltersack fiel der hagere, junge Mann daran herunter und blieb eine Weile liegen. Der Adner stieg in den Sattel und kehrte in die Schönau zurück.
Anderen Tags ritt er nach Berchtesgaden, um den Grafen Sauer zu besuchen und die weitere Zukunft mit ihm zu besprechen. Da erfuhr er aber, daß der Herr Stiftsdekan im vergangenen Herbst gestorben war. Einen Nachfolger hätten Seine Hochfürstlichen Gnaden noch nicht ernannt. Sofort begab er sich aufs Hofmarksgericht. Herr Ferdinand von Haller ließ ihn sofort vor und erklärte, seiner Einstellung in die frühere Position stünde nichts im Wege, nur müsse er bemüht sein, so rasch wie möglich die Abkehr seiner Ehefrau von ihrem skandalösen Irrweg zu erreichen und die Wiederherstellung einer gesunden Ehe zu bewirken. Nach vier Wochen könnte das geschehen sein; dann dürfe er seinen Kanzleidienst von neuem beginnen.
Die vier Wochen waren vergangen und was war geschehen?

Antonio de Ricci hatte einige große Reisekoffer gepackt und war Hals über Kopf mit der Post nach Venedig abgereist. Ob er sich vorher noch mit Susanna abgesprochen hatte, ist nicht erkundbar geworden, dürfte aber im Hinblick auf die späteren Ereignisse wahrscheinlich sein. Jedenfalls folgte ihm die junge Frau vierzehn Tage darauf nach. Dabei glaubte der Hofjude Blumenfeld mit ihr das Geschäft seines Lebens gemacht zu haben: Um jederzeit auf der Bank von Venedig Wechsel ziehen zu können, hatte ihm nämlich Susanna die Hebenstreitmühl' zu Nießnutz übereignet.

Als Anton Adner jetzt beim Hofmarksrichter vorsprach, wurde ihm bedeutet, daß eine Wiederaufnahme seiner früheren Tätigkeit wegen zerrütteter Eheverhältnisse aussichtslos sei. Man werde ihm – weil unschuldig – eine kleine Abfindung aussetzen, um ihm den Einstieg in ein neues Berufsleben zu erleichtern. Es sei ihm jedoch zu raten, die Fürstpropstei Berchtesgaden ganz zu verlassen, weil hier niemand wagen werde, ihm einen auch nur einigermaßen verantwortungsvollen Posten anzuvertrauen.

Jetzt kommt's knüppeldick!, sagte der Dannei zu sich selbst und überlegte, was zu tun sei. Er war ja auch Schnitzer, und die Holzschnitzerei hatte im Berchtesgadener Land schon seit Jahrhunderten ihren Mann ernährt – nicht üppig zwar, aber doch. Warum sollte er also seine Ware nicht auch außer Landes herstellen und verkaufen können? Nur – wo sollte er außer Landes wohnen?

Er schrieb einen Brief an die Bäckerei Hebenstreit in Ohlstadt: »Lieber Spezi! Du hast damals, als wir uns auf dem Vyschehrad kennenlernten, einen guten Riecher gehabt, meine Frau betreffend. Nun ist sie mir davon-

gelaufen, nachdem sie sich während meiner Abwesenheit einen anderen angelacht hatte. Doch das ist nicht alles. Mein früherer Dienstherr, der Hofmarksrichter, kann mich wegen dieses Skandals nicht weiter beschäftigen, so daß ich nunmehr auf der Straße stehe.
Außerdem riet er mir, außer Landes zu gehen. Denk einmal darüber nach, ob in eurem Hause nicht vielleicht eine kleine Kammer für mich frei wäre, wo ich winters über schnitzen könnt'. Im Sommer tät ich dann ausziehn und meine War' über Land verhökern.
Schreib mir, ob's möglich ist!«
Die freundliche Antwort ließ nur vierzehn Tage auf sich warten. Dann schlichtete Dannei seine paar Werkzeuge in ein Holzköfferchen, packte seine anderen Habseligkeiten zusammen und wanderte auf Ohlstadt zu. Niemand vermißte ihn, niemand fragte nach ihm; bald war er vergessen.

In Ohlstadt aber wartete man auf ihn, und zwar wartete kein geringerer als der Bürgermeister Lorenz Schretter. Warum? Da war den Wetzsteinmachern zu Ohlstadt im verwichenen Herbst der Floßschreiber aus der Türkei nicht mehr zurückgekehrt. Wahrscheinlich hatten sie ihn dort unten überfallen und ausgeraubt, möglicherweise sogar erschlagen, denn der Floßschreiber führte die »Stoakatz« bei sich und tätigte den Wetzsteinverkauf an den Donauufern entlang bis hinab ans Schwarze Meer. Die Ohlstädter sahen sich also um den sauer verdienten Lohn eines ganzen Arbeitsjahres geprellt. Mit den Wetzsteinmachern verhielt es sich nämlich so: Alljährlich wenn der Frost gewichen war, werkten sie den ganzen Sommer über bis in den Herbst hinein an ihren blaugrauen Bergwänden westlich des Ortes und brachen hier mächtige Platten des vielgefragten Wetzsteins heraus. Während des Winters zerkleinerten sie diese Platten zu Stücken von 15 auf 24 Zentimeter, ließen diese in ihren vierundzwanzig Schleifmühlen glätten und verpackten sie zu je zwei- bis dreihundert Stück in große Fässer. Die Fässer verlud man bei der Bartlmä-Mühle auf Loisachflöße. Diese, von Tölzer Flößern gesteuert, trieben in die Isar und wurden bei Wolfratshausen zu mehreren zusammengebunden. So setzten sie ihre Fahrt fort zur Donau und dann immer weiter. Ein solches Riesenfloß war mit sechzig- bis achtzigtausend Wetzsteinen beladen. Kein Wunder, daß der Floßschreiber und seine vier Ohlstädter Begleiter eine große Verantwortung trugen.

Und jetzt wartete der Bürgermeister auf den Oberkanzlisten Anton Adner aus Berchtesgaden: »Ihr seid, wie uns unser Meister Hebenstreit glaubhaft versichert, ein in allen Schreib- und Rechenkünsten wohlerfahrener Mann. Ihr seid fürstpröpstlicher Untertan und darum, so will es uns scheinen, ein gewissenhafter Mensch. Als einen solchen hat Euch auch unser Meister gerühmt und für das Amt eines Floßschreibers vorgeschlagen. Wir wollen Euch nicht verhehlen, daß es ein gefährliches Amt ist. Ihr müßt sehr auf der Hut sein vor allen möglichen Räubern und Marodebrüdern, entlaufenen Mönchen und Vagabunden. Solltet ihr das Amt übernehmen wollen, dann seid gewiß, es wird Euer Schaden nicht sein; denn unser Ohlstädter Gemeinwesen erfreut sich eines guten Rufes ebenso wie eines gesunden Kämmerers. Entscheidet Euch in den nächsten Wochen, weil Ihr Mitte April die Fahrt antreten müßtet, um – so will es

der Brauch – an Peter und Paul wieder daheim zu sein!«
»Was hast du mir da eingebrockt, Vetter?« sagte der Dannei zum Hebenstreit. »Findet sich denn unter euren Mannsbildern keiner, so daß ihr das Amt einem Hergelaufenen antragen müßt? Oder ist's bloß wegen der Gefährlichkeit?«
»Nur deswegen, Dannei, nur deswegen! Wir haben unter uns keinen Verständigen und Vertrauenswürdigen, der – wollte er's übernehmen – nicht Weib und Kind zurücklassen müßt'. Wer aber will das schon, und wessen Weib tät da nicht zum Himmel aufschrein wie eine Besessene?«
Dannei grinste: »Also muß ein Unbeweibter her! Dergleichen kann nicht mehr viel verlieren! Höchstens das Leben, und das taugt ihm eh nicht mehr viel! Das hast du dir doch so gedacht, Vetter, als du den Bürgermeister auf mich scharf gemacht hast? Aber wundere dich nicht: ich übernehme das Amt! Nicht aus Überdruß am Leben, sondern weil ich mein Leben noch sehr liebe. Und überhaupt: Um mich geistert die Weissagung einer Zigeunerin. Was kann mir da schon passieren!«
»Du glaubst an so was?«
»Jetzt mehr denn je! Denn die Hälfte ihrer Weissagung ist bereits eingetroffen.« –
Dannei wartete die zugestandene Bedenkzeit nicht ab, sondern unterrichtete den Bürgermeister schon an einem der folgenden Tage über seine Absicht. Darauf handelten sie einen Vertrag aus, darin für die eine Fahrt mehr herausschaute als in der Hofmarksrichterei während des ganzen Jahres.
Der Hebenstreit hatte ihm eine geräumige Kammer mit Alkoven gerichtet und betrachtete ihn vorläufig nicht als Mieter, sondern als Gast. Seine Frau Cilli war von

dem neuen »Verwandten« freilich nicht recht angetan und äußerte gleich in den ersten Tagen ihrem Eheherrn gegenüber, daß sie die bewußte Susanna durchaus verstehe, denn dieser Gesell da sei für eine g'stand'ne Bayerin zu g'scheit. Die Ehe habe schiefgehen müssen, weil der andere, der Italiener, zwar vielleicht nicht dümmer, aber jünger und darum unerfahrener und unreifer gewesen sei und darum Susannas Bemutterung geradezu herausgefordert habe. Und eine achtundzwanzigjährige kinderlose Frau habe halt nun einmal Muttergefühle!
»Aber dein Dannei, wie soll man denn einen solchen Kerl bemuttern? Der, wenn einen mit seinen Zigeuneraugen bloß anschaut, läßt einem schon alles Blut gerinnen!«
Der Hebenstreit gab seiner Frau um des lieben Friedens willen Recht, konnte sich jedoch nicht verheimlichen, daß diese Ablehnung möglicherweise von einer verdrängten Zuneigung herrühre: Cilli, liebes Mädchen, auf dich werd' ich aufpassen müssen!

Wie vereinbart, traten sie Mitte April an der Floßlände bei der Bartlmä-Mühle die große Fahrt an: vier junge Ohlstädter, verwegene Gesellen, und der Dannei auf vier kleinen Flößen, die schon fast tauchten. Weil aber die Loisach noch allerhand Schmelzwasser führte, hatte der Neuförg, der vom vordersten Floß aus die anderen dirigierte, keine Bedenken. So verlief denn auch bis Wolfratshausen alles planmäßig. Unterhalb der Loisachmündung, wo das Gerinn tiefer war, pflockten sie die vier kleinen zu einem großen Gefährt zusammen und stapelten die vielen Fässer, wie sich's gehörte, in der Mitte aufeinander.

Drei Fässer setzten sie bereits beim Zierer in Freising ab, denn der belieferte mit Wetzsteinen die Holledauer Bauern. Er zahlte ordentlich, hatte auch den Ohlstädtern für die Weiterfahrt ein paar geselchte Speckseiten und ein Faßl Weihenstephaner Bier mitgebracht. –
Darauf entluden sie in Landshut, in Dingolfing und in Straubing für die am Gäuboden. Passau nahm in diesem Jahr nichts ab, hatten doch die armen Fretter im Vorwald ihre Wetzsteine vom vergangenen Jahr noch nicht verbraucht. Und wenn der Stummel auch noch so zusammengeschunden war – sie paßten ihn in ein Holzheft und strapazierten ihn bis zum letzten Bröckerl.
Die Österreicher in Linz waren zwar den Bayern gegenüber sehr zugeknöpft, kauften aber dennoch, weil die Viereckhöfer im Innkreis an die Ohlstädter Wetzsteine gewöhnt waren und keinen »Ersatz« wollten, wie ihn die Burgenländer schon wiederholt angeboten hatten.
Prächtig lief dann das Geschäft in Ungarn. Bei vielen dieser Bauern war noch die Erinnerung an die Befreiung vom Türkenjoch wach, jene Befreiung, die der gegenwärtige deutsche Kaiser Carl VII. und sein herrlicher Vater Max Emanuel mit herbeigeführt hatten. Man fühlte sich den Bayern zu Dank verbunden; und schließlich gab es eben – sag, was du willst! – keine besseren Wetzsteine als die ihren!
In Bulgarien drängten sich die Käufer um das Floß, vor allem die aus der Ukraine. Sie überboten sich beim Kauf gegenseitig so, daß Dannei es für richtiger hielt, die Restladung hier abzusetzen als in der Türkei, selbst auf die Gefahr hin, die Kundschaft dort zu verlieren; zumal es bei den Türken auch noch der Brauch war, oft stundenlang zu feilschen. – Das Floß war leer, und die Tölzer konnten, schier im Handumdrehen, die mächtigen Stämme als Bauholz verkaufen.

Darauf begannen sie die Rückreise zu Fuß, nachdem der Dannei die Flößer bezahlt hatte. Der Tölzer Nauförg erklärte sehr bestimmt, man müsse unbedingt Tag und Nacht beisammen bleiben, nächtens eine Wache aufstellen und das Messer stets griffbereit haben. Andernfalls könne man sich das Wiedersehn mit der Zugspitz getrost in den Kamin schreiben.
Dank ihrer Aufmerksamkeit und Vorsicht gelangten sie auch unbehelligt bis zum Berge Harsan im Ungarischen. Hier lag ein Rosenheimer Schiffszug an den Heftstecken und lud Getreide auf für die Heilig-Geist' Brüder zu Hall in Tirol. Der Nauförg dieser vier festgefügten Plätten nahm sie gern mit. Sie mußten ihn natürlich bezahlen, ebenso den Stangenreiter der sechsundzwanzig Rösser, die den Schiffszug bergwärts treidelten. Vier Wochen, so hieß es, würde die Fahrt bis Passau dauern. Hier mußten sie dann sowieso den Rosenheimern Pfüad-God sagen und versuchen, mit dem Zeiselwagen zumindest bis Tölz zu kommen. Nachdem sich alle in einem lauten Gebet dem lieben Wasserheiligen Sankt Nikolaus empfohlen hatten, ging die Fahrt planmäßig vonstatten; auch mit dem Zeiselwagen hatten sie Glück.
Als sie jedoch in Tölz angekommen waren und sich von den Flößern verabschiedet hatten, vernahmen sie ein schreckliches Gerücht. Der wüste Räuber Schneeberger habe sich mit seinen Spießgesellen in der halbverfallenen Veste Schaumburg oberhalb Ohlstadt niedergelassen und liege auf allen Fuhrmannsstraßen ringsum im Hinterhalt. Wehe dem, der nach Ohlstadt müsse! Nicht einmal die Soldaten vom churfürstlichen Landfahnen in Tölz hätten gewagt, ihn aufzugreifen. Da war nun guter Rat teuer. Sie hatten ihre »Stoakatz«, die Truhe voller

Taler, Kronen und Gulden, glücklich bis vor die Haustür gebracht, und jetzt verwehrte ihnen einer den Eintritt! Sie wandten sich an den Pfleger in Tölz und baten um Hilfe. Der wackelte mit dem Kopfe hin und her und meinte, bei den gegenwärtigen üblen Zeitläuften, wo die Österreicher das Land besetzt hätten, dürfte sich kein bayerisches Aufgebot formieren. Das wisse der Schneeberger genau, und darum belagere er die Straßen – vielleicht sogar mit geheimer Duldung der Besatzer. Aber eins wär' vielleicht möglich – er winkte und zog sich mit den fünf Männern in sein Privatissimum zurück.

o-o-o-o-o

Die gottselig entschlafene »Stoakatz«

Am anderen Tag – 's war Sonnwend – kauften zwei Jungmänner beim Sargschreiner einen jener Kästen, in denen man gewöhnlich die armen Leut begrub. Zwei andere mieteten beim Wagner-Pauli ein kleines Plattenwagerl und kauften beim Gärtner drunt an der Isar einen prächtigen Efeustock und ein paar Totenblumen. Der Dannei aber ging zum Herrn Pfarrer, erklärte ihm seine Lage und bat ihn auf Empfehlung des Herrn Pflegers um ein Tragekreuz und vier große Ministrantenkittel. Sollte zufällig ein alter Weihwasserkessel irgendwo rostig herumliegen, so würde er auch für diesen recht dankbar sein. Der Pfarrer gab ihm alles, sogar noch eine von Motten angefressene Stola und ein ausgedientes Birett sowie ein übergroßes, schwarz eingebundenes Psalterium, das kein Pfarrer wegen des Umfangs und Gewichts gemocht hatte.

Sie brachten alles auf den Gottsacker hinters Tölzer Totenhaus, luden Blumen und Gewand samt der »Stoakatz« in den Kastensarg und setzten ihn aufs Wagerl. Dann überprüften sie gegenseitig ihre Mienen, ob sie auch ernst seien, und machten sich auf den Weg gen Ohlstadt.

Überlang kamen sie auf die Fuhrmannsstraße nach Weil. Da konnte die Gefahr hinter Büschen und Bäumen, in Gruben und Gräben lauern. Sie öffneten also den Kasten und bekleideten sich, ausgenommen der, welcher das Wagerl zog. Sie ordneten den Efeu über den Kasten und steckten die Blumen darein. Voraus schritt einer mit dem Tragekreuz, ihm folgte das Wagerl mit dem Sarg, dahinter zogen mit langen, langsamen Schritten die drei anderen, in der Mitte Dannei mit dem

Birett. Sooft die Straße durch einen Wald, ein Gebüsch oder ein Gehölz führte, beteten sie laut den Rosenkranz und sprachen nach jedem Ave-Maria mit zerknirschter Stimme: »Herr, gib ihm die ewige Ruh'!« Sie vermieden peinlich, um sich zu schauen. Der Tölzer Pfleger wollte nämlich erfahren haben, daß der Schneeberger ein sehr abergläubischer Mensch sei; ohne Grund würde ein solcher nie einen Sarg anlangen.

Kurz vor Weix verlor sich die Straße in einen dichten Wald. Wenn überhaupt, dann lauerten die Räuber hier. Der Dannei schlug das Psalterium auf und sang, was er als Chorbub im Stift oft und oft gesungen hatte: »Miserere mei, Deus!« Er sang die Psalmverse ergreifend und weiß Gott, er war auch selber ergriffen bei dem Gedanken, daß er ja wirklich ein Totes zu beklagen hatte: seine »verblichene« Ehe. Erbarm dich meiner, o Gott, und erbarm dich auch ihrer nach deiner großen Barmherzigkeit! Tilge unsere Missetaten in der Fülle deiner Erbarmungen! – Vielleicht hätte nicht einmal ein Räuber gewagt, diesen Aufschrei des Herzens, dieses Klagelied zu unterbrechen!

Sie verließen den Wald. Vor ihnen lag das Dörfchen Weix mit seiner kleinen Kirche, in die auch Ohlstadt eingegliedert war. Während die vier Burschen den Kastensarg auf den Friedhof zogen und sich der Ministrantenkutten entledigten, ging Dannei ins Widum und klärte den Pfarrer über alles auf. Der war jedoch ungehalten über diese Art, die »Stoakatz« zu retten, und drohte dem Dannei an, die Angelegenheit vor den Herrn Bischof von Freising zu bringen.

Darauf der Dannei: »Schon im vorigen Jahr ist den Wetzsteinmachern der Jahreslohn entgangen; hätten wir riskieren sollen, daß er ihnen auch heuer geraubt wird? Und außerdem: Wenn Ihr den Bischof auf uns hetzt, dann hetzt Ihr ihn gleichzeitig auf Euren geistlichen Mitbruder in Tölz, der mehr Einsicht hatte als Ihr und uns die Ministrantenkittel geborgt hat. Und mit dem churfürstlichen Pfleger in Tölz würdet Ihr's Euch auch verderben! Von dem stammt nämlich der ganze Plan.«

Wütend antwortete der Pfarrer: »Wer gibt Euch das Recht, in diesem Tonfall mit mir zu reden?«

»Niemand, hochwürdiger Herr! Ich habe mir das Recht selber genommen, bin ich doch lange genug auf dem Hofmarksgericht gesessen, um zu wissen, wie's ums Recht bestellt ist!«

»Hofmarksgericht, ja! Aber was versteht Ihr vom geistlichen Gericht?«

»Zumindest soviel, daß ich's ruhig darauf ankommen lass'!«

»Dann seht zu!« Der Pfarrer ließ den Dannei stehen und ging aus dem Amtsraum hinaus.

Da kamen die vier Burschen herein und fragten, ob die Kittel hier auf dem Widum blieben.

»Wir legen sie in den Kasten! Alles geht mit zum Bürgermeister!« –

War das ein Jubel zu Ohlstadt! Alle hatten gebangt, viele hatten gebetet. Jetzt war bei den meisten die Not vorbei, und wie ein tiefes Aufatmen ging es durch das ganze Dorf: Wir haben sie wieder, und die »Stoakatz« haben wir auch!

Dannei legte vor dem Bürgermeister die Rechnung auf Heller und Pfennig. Da erwies es sich, daß bei dieser Fahrt mehr herausgewirtschaftet worden war als je zuvor. Dem entsprechend fiel auch die Bezahlung der Männer aus. Was den Pfarrer betraf, so meinte der

Schretter: »Nehmt es nicht ernst, was er gesagt hat! Er wird sich hüten, den Bischof auf sich aufmerksam zu machen, liegt doch seine bäuerliche Hofhaltung fast ganz danieder, und an seinem sonstigen Gebaren gäb' es auch einiges abzukratzen.«
Damit war für Anton Adner, den achtunddreißigjährigen, ein neuer Lebensabschnitt eingeleitet. Der Bürgermeister aber ließ einen Dankgottesdienst halten für den glücklichen Ausgang der Ostlandfahrt. So wurde auch der Pfarrer wieder versöhnt.
Für Dannei stellte sich jetzt eine entscheidende Frage: Holzschnitzer oder Wetzsteinmacher? Die beiden Tätigkeiten schlossen sich gegenseitig aus, denn die fühlsamen Hände des Schnitzers konnten nicht Steine brechen. Und hätte er erst einmal die harte Hand des Steinbrechers, könnte er nie wieder ein zartes Holzfigürchen schnitzen. Tagelang überlegte er und wog die eine und die andere Möglichkeit ab. Am End entschloß er sich, zwar in Ohlstadt zu bleiben, aber weiterhin seine Hochzeitskutschen, Zierschränkchen, Hühnerwagerl, Grillenhäuserl und Arschpfeifenrößl zu schnitzen und sie mit der Krax'n im Umkreis zu verhausieren. Jedes Frühjahr wollte er jedoch die große Wetzsteinfahrt ans Schwarze Meer leiten, wofern sie ihm weiterhin ihr Vertrauen schenken sollten. Er besprach dieses Vorhaben auch mit dem Hebenstreit: der versicherte dem Dannei, er dürfe auch fürderhin gegen einen bescheidenen Mietzins in der Kammer bleiben.
So griff er also wieder zu seinem Handwerkszeug. Die Cilli aber wurde von Monat zu Monat unruhiger, bis sie eines Tages im Spätherbst ihrem Manne Vorhaltungen machte und zu verstehen gab, sie könne den »Saustall« nicht mehr mit ansehen und werde künftig darin nichts

mehr aufräumen. Das leuchtete dem ein, und er stellte den Dannei zur Rede: »Die Cilli beschwert sich, daß du keine Ordnung nit hast in deiner Kammer; sie will nix mehr richt'n bei dir.«
Der Dannei zuckte mit den Achseln: »Das kann ich ihr nit verargen; aber wo gehobelt und geschnitzt wird, heißt's, fliegen Späne.«
»Sie meint's ja auch nit so, Dannei. Müßtest ihr halt ein wenig entgegenkommen.«
»Entgegenkommen? Wie meinst du das, Vetter?«
»Sie ist recht eitel. Und wenn du ihr was Schön's schnitz'n taatst, über das sie sich freuen kannt, dann, glaub ich, wär aller Ärger weg.«
»Wenn's weiter nix ist!« Und er schnitzte ihr aus Zirbelkiefer ein besonders schönes Zierschränkchen mit einem Geheimverschluß, bemalte es fein und stellte es ihr am Heiligen Abend unter den Christbaum, ebenso für das vierjährige Zenzerl eine Arche Noah mit zweiunddreißig Tierlein. Der Hebenstreit hatte recht gehabt. Die Cilli fiel dem Dannei um den Hals, und ein paar Freudentränen glänzten ihr in den Augen. Der Hausfriede war wiederhergestellt.
Der Dannei schnitzte den ganzen Winter über, bis ins Frühjahr hinein. Da redete ihn der Bürgermeister erneut an, ob er abermals den Floßschreiber machen wolle; die vier Burschen vom letzten Jahr wollten wieder mit. Er sagte zu und freute sich über die Zuneigung der vier Gesellen. Dann ließ er sich eine Kiste zimmern. Darein schlichtete er seine Schnitzereien. Er wollte eine geordnete Kammer hinterlassen.
Mitte April kamen die Tölzer Flößer wieder. Bei der Bartlmä-Mühl verluden sie die Wetzsteinfässer – und dahin ging's.

Dieses Jahr 1745 galt als Schicksalsjahr. Sternkundige im Lande hatten einen Kometen angekündigt, der sich in rasender Geschwindigkeit auf unsere Erde zubewege. Freilich hege man berechtigte Hoffnung, daß er im letzten Augenblick an ihr vorüberrauschen werde. Doch sein Schweif, darin sich Krieg, Tod, Hungersnot und viel anderes Unheil verbärgen, dürfte unseren Erdball streifen und seine fürchterliche Last über uns ausgießen. Viel Furcht herrschte überall, und sogar die Prediger riefen von den Kanzeln herab das Volk zu Buße und Bekehrung auf. Denn möglicherweise sei uns der »Tag des Zornes« in greifbare Nähe gerückt. Und weiß der Himmel, als das große Ohlstädter Wetzsteinfloß in den Strutengau kam, wo die Donau über Kugeln und durch Klippen jagt und dahinter einen mächtigen Wirbel bildet, der schon viele hundert Schiffer in die Tiefe gerissen hatte, da wurde auch ihr Floß vom Sog erfaßt. Nur unter Aufgebot ihrer äußersten Kraft vermochten die Tölzer das Unglück abzuwehren. Leider verlor einer aus Ohlstadt den festen Stand und wurde in den Strom geschleudert, wo ihn die sausende Flut sofort in den Strudel hinabriß.
Auch das Geschäft mit den Wetzsteinen, das im Vorjahr so geblüht hatte, bewegte sich derart schleppend, daß Dannei sich gezwungen sah, die Ware unter Preis zu verkaufen; er hätte sonst die Fässer ins Wasser werfen müssen. Damit nicht genug: Ein paar gerissenen Söhnen des Propheten gelang es sogar, einen Tölzer, der die Nachtwache auf dem Floß hatte, zu knebeln und zu fesseln und dann mit drei Fässern – das waren fast tausend Steine – das Ufer zu erreichen. Hier wurden sie freilich von den Strandwächtern aufgegriffen. Aber Dannei mußte diesen Wächtern für die Fässer die Hälfte ihres Wertes an Lösegeld bezahlen.

Alles in allem war kein Glücksstern über dieser Ostlandfahrt gestanden. Und als sie an Peter und Paul wieder nach Ohlstadt zurückkehrten – den Schneeberger hatte man inzwischen dingfest gemacht –, konnte der Bürgermeister seine Enttäuschung nicht verbergen. Nicht daß er dem Dannei die Schuld gegeben hätte, doch zahlte er ihm nicht den ganzen vereinbarten Lohn aus, sondern vertröstete ihn auf das kommende Jahr. Das ergrimmte den Adner derart, daß er vor allen versammelten Ratsmannen erklärte: »Schretter, der Schneeberger sitzt, aber er hat seinen Nachfolger gefunden!«

Das war ein böses Wort, und für Dannei waren die Wetzsteinfahrten damit endgültig abgetan. Offensichtlich ist der Komet schuld!, sagte er zu sich selbst und kehrte wieder in der Ledergasse ein. Auch hier schien der Komet seinen bösen Einfluß ausgeübt zu haben.

Die Bäckersleut waren zerstritten. Nicht nur so obenhin, wie es in der Ehe immer wieder einmal vorkommt; nein, der Riß ging tiefer und stand – wie Dannei vermutete – in ursächlichem Zusammenhang mit der Tatsache, daß der Vetter seinem Weibe nicht mehr genügte. Wunder wär's keins gewesen, denn als der einzige Bäck im Umkreis – Eschenlohe und Hechendorf gehörten auch in seinen Bereich – sah er sich vor Arbeit kaum mehr hinaus und kam wenig zum Schlafen, zumal er die Backwaren auch selber ausfahren mußte. Seine Kräfte nahmen fast zusehends ab, die Wangen fielen ein, er hing nur mehr in der Schlotterhose.

Dannei hütete sich vor beiden, wollte er doch weder von ihm noch von ihr ins Vertrauen gezogen werden. Sollen sie nach Weix gehen! Dort wohnt der Pfarrer; der ist für solche Probleme zuständig! – In seiner Kammer lag alles noch so geordnet, wie er sie verlassen hatte. Er holte die

Krax'n aus der Holzlege, prüfte vor allem den Teil, der ihm auf dem Kopfe zu ruhen kam, ob die Polsterung ausreiche, – und entnahm dann der Kiste von allem etwas, weil er zunächst nicht über Starnberg hinauspilgern wollte. Trotzdem war die Krax'n bis obenauf beladen. Und schon am dritten Tag nach seiner Heimkehr ins Dorf verließ er es wieder.

Bald erkannte er, daß auch das Verhökern gelernt sein will. Noch tat er sich schwer, gleich die richtigen, zündenden Worte zu finden. Weil er jedoch ein heiteres Gemüt besaß und zum Lachen nicht in den Keller zu gehen pflegte, wie man sagt, wies ihn kaum eine Bäuerin von der Tür, selbst wenn sie ihm nichts abkauften. Eine Schale Milch hier, eine Suppe oder gar eine kleine Brotzeit dort, das war das tägliche Angebot, und er nahm es dankbar entgegen. Für die Nacht aber stand stets eine Scheune oder ein Heustadl bereit. Freilich gab's auch grobe Bauernlackl, die ihn als »Stromer«, »Vagabund« und »Landstörzer« zum Hof hinausjagten. Das tat ihm anfangs weh; indes gewöhnte er sich bald auch an solche »liebe Mitbrüder im Herrn«, wie die Prediger sagten, und wünschte ihnen eine gute Ernte oder den rechten Segen im Stall, damit sie einen wandernden Schnitzer auch noch mitkommen lassen könnten. Verbitterung kannte er kaum, selbst wenn ihn böse Buben mit Steinen bewarfen. Aus der Odelgrub'n fließt kein Honigwasser! Hätten sie andere Eltern, hätten sie andere Sitten!

Als der Wind über die Stoppeln strich und im Röhricht des Murnauer Mooses sein Pfeifkonzert gab, als der Hohe Peißenberg sich zu färben begann und der Senner von den Almen abtrieb, kehrte der Dannei mit der leeren Krax'n nach Ohlstadt heim. Er fand die beiden Hebenstreit'schen immer noch – Gott sei's geklagt! – miteinander verfeindet, sogar noch ärger als zuvor. Und der Vetter hustete hohl.

»Er hat schon Blut gespuckt!« sagte die Cilli in vorwurfsvollem Ton und laut, damit es der Mann hörte.

»Fahrt doch hinüber nach Murnau! Oder haben die keinen Physikus?« meinte der Dannei.

Cilli darauf: »Haben tätens schon einen! Den kann aber unsereins nit bezahlen!«

»Das ist ein Krampf! Ihr seid keine armen Leut nit!«

»Was wir mühselig zusammengerackert haben, das müssen wir aufheben fürs Deandl!«

»Und der Alte darf darüber ruhig draufgehen!« Dannei sprach es hart, wandte sich um und stieg die Treppe hinauf in seine Kammer.

Die Tage wurden kürzer, die Nächte länger, über den Heimgarten und den Osterfeuer Berg stürzten die schwülwarmen Föhnwinde herein. Wer da nicht gesund war, den warf es hin, und selbst dem Gesunden konnte übel werden. Der Bäckenmeister Hebenstreit, etwas über die Vierzig, erlitt einen Blutsturz und etliche Stunden später einen zweiten, dann war es aus. Als sie ihn beerdigten und alle Männer ihm das Geleit gaben, brummte einer hinter dem Dannei: »Leicht glückt dir's jetzt mit der Bäckerei besser als mit die Wetzstoa!«

Wären sie nicht am Gottsacker gewesen, der Dannei hätte ihm die letzten zwei faulen Zahnstummeln ausgeschlagen. –

Das Jahr 1746 begann.

»Was wird's bringen?« fragte die Cilli und schaute dabei mit einem verzehrenden Blick auf den Dannei.

o-o-o-o-o

Der Scharfrichtergesell

Die Lösung, die Antonio de Ricci und Susanna Adner für ihr gemeinsames Zusammenleben gefunden hatten, war von ihnen schon erwogen worden, als Dannei noch in Prag weilte, freilich nur als letzter Ausweg. Der Idealfall wäre gewesen, den Dannei hätte der Heldentod ereilt. So wäre Susanna in den Witwenstand gekommen, von dem Antonio sie sofort – nicht zuletzt wegen der stattlichen Mühle – befreit hätte. Weil jedoch die Dinge anders gelaufen waren, ergötzten sie sich nunmehr in einer Villa bei Venedig, einem gemieteten Landhaus, das sie nicht billig zu stehen kam, aber mit Susannas Wechseln auf Jahre hinaus finanziert werden konnte. Antonio seinerseits arbeitete periodisch im einen oder anderen Baubüro. Er war schlecht bezahlt, denn das »dolce farniente« lag seinem Geschmack näher. Er konnte sich's ja auch leisten – noch!

Doch da eröffnete ihnen eines Tages die Bank, mit dem Wechselziehen sei es vorbei, weil die Hofkanzlei und das Hofgericht Berchtesgaden die Machenschaften der Frau Adner mit dem Blumenfeld für gesetzwidrig und folglich für null und nichtig erklärt hätten. Beide seien restitutionspflichtig: der Blumenfeld in die Stiftskasse, die Frau Adner an die Bank von Venedig.

Da ging Antonio auf wie eine Dampfnudel: »Wovon sollen wir jetzt leben? Wo sollen wir wohnen? Wie uns kleiden?«

Susanna erwiderte: »Mir tut's ja selber leid, aber du müßtest halt eine ordentliche Arbeit anfangen!«

Da schlug er sie ins Gesicht und schrie: »Ich arbeiten? Du wirst arbeiten! Ich werde dir schon eine Kammer

beschaffen, wo du ungestört arbeiten kannst! Und Mitarbeiter werde ich dir auch besorgen.«
Sie räumten unverzüglich das Landhaus, und er mietete im Hafenviertel eine Spelunke. Es war leicht für ihn, Matrosen und Verladeknechte für den Besuch daselbst zu animieren, drückte er doch die Taxe unter das Normalmaß.
Das ging ein knappes Jahr lang, dann war Susanna nicht mehr gefragt. Auch hatte Antonio inzwischen andere Gönnerinnen gefunden, so daß er die Spelunke aufgab. Susanna stand auf der Straße. Es war nur ein Glück, daß sie in jenen Monaten ein wenig italienisch gelernt hatte. So fand sie schließlich in einem zweitklassigen Ristorante eine Beschäftigung als Küchenhilfe – immer in Angst vor der Polizei, weil eine Bank ihre Forderungen nicht vergißt. Und Susanna hatte noch nichts zurückgezahlt!

Die verwitwete Frau Cilli Hebenstreit in Ohlstadt nahm sich einen jungen Bäckengesellen in die Backstube, einen, der allen ihm gestellten Aufgaben vollauf gerecht wurde. Nur schade, daß für ihn keine ordentliche Schlafkammer im Hause war; die bewohnte ja der Dannei. Die Meisterin legte ihm also nahe, sich um eine andere Herberge umzusehen, weil sie den Gesellen schon wegen des Geredes der Leut nicht in die gleiche Kammer aufnehmen könne, die sie mit ihrem Manne – Gott hab ihn selig! und der Herr schenk ihm die ewige Ruhe – im Treuen geteilt habe.
Der Dannei sah das ein. Dann überlegte er und beschloß, wieder in die Fürstpropstei zurückzukehren. Er bat deshalb die Bäckin, ihm noch einen letzten Dienst zu er-

weisen und seine Habseligkeiten, vor allem die große Kiste mit den Schnitzereien, auf dem Wagen in die Schönau bringen zu lassen. Beglückt über Danneis Verständnis, leitete sie den erbetenen Abtransport ohne Verzug in die Wege, und Dannei verließ das Wetzsteindorf Ohlstadt, nicht ohne vorher noch dem Vetter auf dem Gottsacker einen Abschiedsbesuch abgestattet zu haben: Warst mir ein lieber Kamerad und allzeit ein ehrlicher Kerl! Hast mich in der großen Not des Alleinseins nicht im Stich gelassen! Der Herrgott mög' dir's vergolten haben!
Die Leut in der Schönau wunderten sich schon gar nicht mehr, daß er wieder da war. Menschen wie der sind den Zigeunern gleich: sie kommen und gehen! Dem Dannei darf man nit bös sein! Ist ein kreuzbraver Mann, hat alles verloren, die Frau und den Posten! Gottlob, daß die Zechmeister'schen am Malterlehen ihm das Zuhäusl allweil bereithalten! Und von was wird er leben, der Dannei?
Diese Frage der Schönauer Bauern stellte er sich jetzt nicht mehr. Für ihn stand fest: Ich werd' schnitzen und meine War' selber in die Welt hinaustragen – so wahr mir Gott helfe!

Um diese Zeit war es auch, daß Franz Wohlmuth, der Sohn des Scharfrichters, zu ihm kam. Seine Eltern besaßen ihr Häuschen, abgesondert von der ehrbaren Bürgerschaft, wie es sich gehörte, hoch über der Stadt am oberen Rain des Kugelfeldes. Franz war in Berchtesgaden geboren, war auch daselbst getauft worden. Nun stand er also unter der Tür des Zuhäusls; er mußte den

Kopf einziehen, so groß war er. Und ein sauberer Bursch war er mit seinen sechzehn Jahren. Die Deandln verrenkten sich fast die Hälse, wenn er durch die Gassen ging, aber alle wichen ihm aus. Er selber redete nie eine an, denn es wäre ihm bitter gewesen, wenn sie ihn an den unehrenhaften Beruf seines Vaters erinnert hätten. Er durfte – genau wie die Eltern – kein Bürgerhaus betreten; sogar in der Schule hatte er seine eigene Bank gehabt.

»Darf ich hinein zu dir, Dannei?« fragte er bescheiden.
»Du bist lustig, Franz! Wann hätte je der Dannei einen nicht in seine Villa hereingelassen?«
»Ich dank' dir schön!« sagte der andere, trat ein und setzte sich nieder. »Du bist ein einsichtiger Mensch; mit dir kann man doch reden?«
»Hat das dein Vater gemeint?«
»Stimmt, Dannei, der Vater! Und er läßt dir danken.«
»Ist schon recht, Bua! Und was hättest am Herzen?«
Franz holte tief Luft: »Ob ich bei dir das Schnitzen lernen dürft'?«
»Hättest du Lust dazu?«
»Nein, ich nit! Der Vater will's!«
»Der Vater! – Und du selber? Was willst du?«
»Ich will in die Fußstapfen vom Vater treten!«
»Das will wieder er nit?«
»Nun, er hat nix dagegen; aber besser wär's – sagt er –, wenn ich aus der Ehrlosigkeit herauskäm'.«
»Macht dir diese Ehrlosigkeit was aus?«
»Überhaupt nit! Ich sag' mir so: Wenn ich als Freymann einen töten muß, so haben ihn die Richter als einen Verbrecher abgeurteilt. Wenn ich dagegen als Soldat den einen erschieß', den andern niederstech', dem dritten den Schädel spalt', dann weiß ich nit, ob's nit ein Fami-

lienvater war oder ein schlichter Kuhbauer oder ein gottsfürchtiger armer Schlucker. Freilich, weder als Scharfrichter noch als Soldat trag' ich die Verantwortung für den Tod, den ich bring'; doch dem Verbrecher gönn' ich ihn eher als dem Unschuldigen.«
Der Dannei schaute den Franz groß an: »Bua, was bist du für ein Mensch!«
»Bin ich schlecht?« fragte der andere.
»Gott bewahr'! Nur anders!«
»Und was ist jetzt? Darf ich kommen oder nit?« das klang fordernd.
Dannei erhob sich; der andere auch.
»Mein lieber Franz! Wenn man den Hund zur Jagd tragen muß, wird's nie ein guter Jagdhund. Sag dem Vater, du darfst jederzeit zu mir kommen; sag ihm auch, du dürftest mir auf die Finger schauen beim Schnitzen und Bemalen. Sag ihm aber auch, daß ich dich wieder wegschick', wenn ich merk', daß es keinen Sinn hat. Ich bin nit dein Meister, du bist nit mein Lehrbua! Wir zwei haben keinen Vertrag. Wir wollen bloß beisammensitzen. Ist's recht so?«
»Recht so! Und Vergelt's-Gott!«
Sie reichten einander die Hand, und der Franz ging.
Anderen Tags erschien er bereits wieder:
»Dannei, jetzt will ich dir auf die Finger schauen!« –
Der Franz kam fast jeden Tag, und so vergingen die Wochen. Mit dem Schnitzen hatte er's nicht, aber er bemalte einige Figuren mit viel Geschick, so daß ihm der Dannei zur Malerei riet. Doch er winkte ab; Freymann wollte er werden.

★

Der Mai kam, für den Dannei die Zeit zum Aufbruch. Diesmal wollte er ins Salzburgische, vielleicht noch ein Stückerl hinein zu den »Mostschädeln« im Innviertel. Was einer an Holzfiguren am Rücken tragen kann, das darf zollfrei über die Grenz'! – So lautete die Verordnung. Dannei belud also die Krax'n; das Handwagerl belud er auch. Dann ersuchte er den Franz, ihn bis an die salzburgische Grenze zu begleiten und das Wagerl zu ziehen. Kurz vor dem Grenzposten schlugen sie sich in ein Waldgrundstück und banden die Ware des Wagerls noch hoch auf die Krax'n. Dannei wär fast in die Knie gegangen, als er die gewaltige Hucke auf den Bukkel nahm. Aber er brachte sie zwanzig Meter weit hinter die Grenze bis zum Neuwirt. Der wußte sofort, was dem Dannei nottat: »Geh hinter zur Großmutter! Sie soll dir die alte Bügelkammer aufsperren! Dort kannst du dein G'raff'l lagern, solange du willst!« – G'raff'l, sagt der Lümmel! Der Dannei schaute ihn etwas von der Seite an: Trotzdem ist manchmal der größte Grobian sogar noch ein netter Mensch!

Von da ab lagerte er alle Jahre, in denen er das Salzburgische beging, seine Ware bei der Neuwirtsgroßmutter in der Bügelkammer und brauchte keinen Kreuzer zu bezahlen – auch als sie längst schon gestorben war.
An anderen Jahren pilgerte er durchs Land Tirol. Auch da war es ihm geglückt, einen dauernden Abstellplatz zu finden, und zwar im ausgedienten Feuerwehrhaus zu Saalfelden. Als er hier einmal abends beim Wirt eine Halbe trank, redete ihn ein alter Mann an: »Bist leicht mit dem Schnitzer verwandt, dem die Jager voreinst das Zigeunerweib verdorben haben? Hast nämlich die gleiche Unterlippe wie der.«
»Hast wohl recht, Vater, bin sei Bua, und schnitzen tu ich auch. Weißt du vielleicht, wo sie damals jenes Zigeunerweib, meine Mutter, eingegraben haben?«
»Mein Gott, Bua, das weiß i nit! Aber die Wirtsleut hier, die haben ihr eine schöne Leich' gemacht. Nur liegen halt die Alten auch schon drüben am Gottsacker, und mit die Jungen brauchst gar nit reden; die wissen eh nix!«
Felixa hat sie geheißen, Felixa Adner, geborene Janda.
– Anderen Tags schritt Dannei durch die Grabreihen des Gottsackers, aber die Mutter fand er nicht.

Fünf Jahre waren vergangen. –
Der Dannei hatte den Franz Wohlmuth nicht mehr gesehen, weil die Familie nach Salzburg übergesiedelt war, wo der Fürstbischof den Vater als Scharfrichter in Pflicht genommen hatte. Heut stand der Franz plötzlich wieder vor ihm, ein stattlicher Mann.
»Dannei, rat, von wem ich dich grüßen soll?«

»Da ist schwer raten, weil mich viele kennen!«
»Ich komme soeben von Venedig; errätst du's jetzt?«
Dem Dannei wurde schwindlig. »Susanna?« murmelte er fragend.
Dann erzählte der Franz, und seine Rede floß daher wie ein plätschernder Bach. Seit Jahren ist er unterwegs von Richtplatz zu Richtplatz, um zu lernen. Überall springt er als Henkersknecht ein, wenn sie ihn brauchen. Denn nur so kann er die Kunst der Freymänner ganz nahe sehen. So ist er auch in der Lagunenstadt gewesen. Und wie er nach dem Vollzug mit dem Meister und anderen Knechten vom Hochgericht herabsteigt und die nächste Taverne aufsucht, will er seinen Augen nicht trauen. Aber sie war's! Und er hat sich mit ihr sogar länger unterhalten können, denn sie hat bei ihnen die Speisen und den Wein serviert.
»Was hat sie zu berichten gewußt?«
Da kam nun alles zur Sprache, was in den Jahren seit ihrem Auszug aus der Mühle geschehen war, wenig Gutes, viel Schreckliches, Entehrendes, Gemeines.
»Ist sie denn in der Taverne eine Kellnerin?«
»Nicht bloß das, Dannei; sondern sie hat alle Wünsche der dort absteigenden Gäste zu erfüllen, alle!«
»Und wie sieht sie aus?«
»Eben wie eine, über die aller Dreck ausgegossen wird! – Übrigens, als sie mir den Gruß an dich auftrug, meinte sie noch, das alles wär nit geschehen, wenn sie ein Kind von dir gehabt hätt'. Aber sie selber sei schuld gewesen, weil sie's verhindert hab'. – Hat sie das?«
»Wenn sie's sagt, wird's wohl so sein!«
»Ob du wieder geheiratet hätt'st, hat sie auch gefragt.«
»Die dumme Gans! Könnt ich denn heiraten, so lange sie lebt?«

»Du kannst aber doch nit ohne Weib sein, jetzt in deinen besten Jahren!«
»Können müßt' man's schon; die Pfarrer können's ja auch!«
»Die Pfarrer! Was willst mit den Pfarrern! Die sind doch dafür geweiht, daß sie keine brauchen!«
»Du harmloser Mensch! Glaubst du denn, die Weihe löscht ihnen den Trieb aus? Beherrschen muß man sich! Freilich, 's ist leichter gesagt als getan!«
Franz Wohlmuth erzählte dem Dannei noch viel. So sei er vor zwei Jahren an der Hinrichtung einer Hexe in Würzburg beteiligt gewesen. Er versicherte, daß er selber keine Hexe richten werde. Denn daß dieses saubere Weibsbild ohne Schuld gewesen sei, das habe man mit Fäustlingen greifen können. Nur ein alter Lüstling, dem sie nicht zu Willen gewesen sei, habe sie angeschwärzt. Das übrige hätten dann die Folterknechte zuwege gebracht – im Namen der Heiligen Inquisition. Und der Franz verwünschte diese Einrichtung bis in den Abgrund der Hölle.
Als er so volle zwei Stunden lang seinem einsamen Herzen Luft gemacht hatte, ging er wieder. Zuvor fragte er den Dannei noch, ob er der Susanna einen Gegengruß ausrichten solle, falls er abermals nach Venedig käme. Der erwiderte nach einer nachdenklichen Weile: »Dankeschön! Braucht's nit!«
Der Franz war weg. Eine Stunde später verließ auch der Dannei das Zuhäusl. Es litt ihn nicht mehr zwischen seinen vier Wänden. Er brauchte Sonne auf der Stirn und Wind um die Ohren. In langen Schritten stakte er durch die Felder, dankte niemandem, der ihn grüßte, und strebte der Kapelle zu, die droben vor dem Walde lag. Sie hatten sie für einen verunglückten Holzfäller gebaut,

damit die anderen, wenn sie dieses Weges zur Arbeit gingen, aufpassen sollten.

> Dank Gott, daß du lebst,
> Ich kann nicht mehr danken!
> Wonach du auch strebst,
> richt deine Gedanken!

So stand's in Brandmalerei an der Kapellentür. »Richt deine Gedanken!« Dannei betrat das enge Steinhäusl und machte hinter sich die Tür zu. Auf dem Altarblatt war ein schlechtes Bild zu sehen: Unser Herr, um ihn Pharisäer mit Steinen in den Händen vor einem knieenden Weibe. Darunter die Schrift: »Wer ohne Schuld ist, der werfe zuerst!«

Da sprach Dannei zu sich: »Herr, ich bin nit ohne Schuld. Aber selbst wenn ich's wär', werfen könnt' ich nit! Nur daß ich sie wieder heimhol', das kannst du nit von mir verlangen! Das Sakrament hat uns zwar zusammengeschweißt, doch dann ist eine Tür ins Schloß gefallen, für das mir der Schlüssel fehlt.«

o-o-o-o-o

Der Brandstifter

Anton Adner war jetzt sechsundvierzig Jahre alt. Wenn's nochmal so lange dauert – und die Weissagung der Zigeunerin läßt's erhoffen –, dann sind das herrliche Aussichten! Und warum auch nicht? Er ist gesund, ist frei wie die Gams im Gebirg. Was er zum Leben braucht, verdient er sich mit den Händen, und mit den Füßen trägt er's durch die Lande: fast tausend Meilen weit im Jahr. Er verträgt sich mit dem Herrgott, verträgt sich mit der Nachbarschaft und überhaupt mit jedem, der gradaus schauen kann. Deswegen mögen ihn auch alle – ausgenommen vielleicht der Herr Ferdinand von Haller. Doch mit dem hat er nichts zu tun, und wenn er ihm auf der Straße begegnen sollte, wird er in eine Seitengasse abbiegen, wenn's noch geht. Und wenn's nicht mehr geht, wird er sich an den Rand hinstellen und das Wasser abschlagen.

So lebte er dahin, der Dannei, stets freundlich, stets ein verschmitztes Lächeln um den Mund, das von der hängenden Unterlippe noch betont wurde. Es konnte geschehen, daß er plötzlich mitten auf der Gasse zu singen begann, und erst neulich hatte er in der Kirche bei Sankt Andreas, weil er sich allein wähnte, mit seiner prächtigen Stimme laut die Strophe in die alte Gotik hineingejubelt:

> Er schenke mir ein fröhlich Herz,
> Erfrische Geist und Sinn
> Und werf' all Angst, Furcht, Sorg und Schmerz
> In Meerestiefen hin! –

Fünf Jahre später erscholl wieder einmal mächtiges Kriegsgeschrei.
Die Kaiserin Maria Theresia und der Preußen-Friedrich waren sich in die Haare geraten. Die Fürstpropstei hatte als Kontingent zur Reichsarmee diesmal zwei Reiter und zwanzig Fußerer zu stellen. Sicherlich bin ich wieder beim Wurstkessel!, dachte sich der Dannei. Indes, er täuschte sich. Sie wollten jüngeres Blut haben; einundfünfzigjähriges war ihnen zu abgestanden. Er war ihnen nicht böse, obzwar ihm eine kleine Abwechslung durchaus gelegen gewesen wär'.
Nun, die Abwechslung ließ nicht auf sich warten!
Antonio der Ricci, ein echter, nur dümmerer Parteigänger seines Zeitgenossen Casanova, befand sich gleichzeitig mit dem anderen auf der Flucht vor der venezianischen Polizei: Casanova, weil er aus den Bleikammern ausgebrochen war; Antonio, weil ihm die Gläubiger das Lebenslicht ausblasen wollten. Während aber Casanova mit Pomp nach München unterwegs war, tauchte Antonio bei Nacht und Nebel in Berchtesgaden auf. Er schlich zu seinen Eltern in den Jagdwinkl. Der Vater Dario bekam Herzklopfen, als er ihn sah, und seinen üblichen Wutanfall, als der Sohn auch noch Geld verlangte. Die Mutter bat beide händeringend um Einsicht. Dario aber, der den drohenden Herzkrampf niedergerungen hatte, erklärte kategorisch, er werde einem jungen Manne, der nur faulenzen, huren und Schulden machen könne, nicht das Schwarze unter dem Fingernagel schenken.
In der folgenden Nacht brannte das Forsthaus nieder, und zwei Stunden später stand auch das Malterlehen in hellen Flammen. In den Morgenstunden aber ergriff man bei Hallthurm den jungen de Ricci, als er gerade

über die Grenze ins Bayerische wollte. Er wurde dem Grafen Eggersdorf, Hofrichter, vorgeführt. Eine Stunde hielt er dem gewundenen Fragespiel des Gerichts stand, dann hatte er sich derart in Widersprüche verstrickt, daß ihm die Nervenkraft versagte. Er legte ein volles Geständnis ab. Dem geltenden Gesetz zufolge mußte der Brandstifter den Scheiterhaufen besteigen. Als man ihm mit Rücksicht auf seinen alten, kranken Vater zum Tode durch das Schwert begnadigen wollte, erhob sich Dario in der Versammlung und schrie: »Keine Gnade für den Verbrecher!« Dann brach er zusammen und war tot. Man trug ihn hinaus, und die Gerichtsverhandlung nahm ihren Lauf: »Antonio de Ricci, 37 Jahre alt, ledig, ohne Beruf, ohne Wohnsitz, ist am 15. April 1756 auf dem Hochgericht bei der Staufenbrücke an der salzburgischen Grenze dem Tode durch die Flammen zu übergeben. Actum et perfectum. Eggersdorf.«
Das Gericht forderte beim Fürstbischof den seinerzeit abgestellten Freymann Wohlmuth an. Sie schickten aber bloß den jungen, der zwar noch nicht Meister in seinem Fach war, doch durch etliche gute Gesellenstücke bereits von sich reden gemacht hatte.
Von beiden Seiten der Grenze strömten sie bei der Staufenbrücke zusammen, lüstern nach dem Anblick eines in Todesqualen verendenden Mitmenschen. Die salzburgischen Henkersknechte hatten schon Tage vorher den Scheiterhaufen nach Vorschrift aufgerichtet sowie Werg und Pech in der Truhe bereitgestellt.
Jetzt bestieg Franz Wohlmuth elegant den Holzstoß auf der angelehnten Leiter. Er war in feines, glattgebügeltes Rot gekleidet, hatte über den Kopf eine schwarze Maske gezogen und schaute durch deren mandelförmige

Augenlöcher auf die Schar. Drauf kamen der Profos und ein Kapuzinerpater, und schließlich führten zwei Henkersknechte den Verurteilten herbei und banden ihn rücklings an die Stange in der Mitte des Scheiterhaufens. Sodann sprangen sie herab und verteilten Werg und Pech unter die Scheiter. Franz Wohlmuth folgte ihnen und überprüfte alles. Der Profos verlas das Urteil. Der Kapuziner redete, Aug in Aug, mit dem Antonio und gab ihm die Generalabsolution von seinen Sünden. Als dann auch der Pater noch heruntergestiegen war, ließ sich der Freymann von einem Knecht die lodernde Fackel reichen und setzte den Holzstoß ringsum in Brand.
Währenddem lag die Mutter Ricci daheim in Egmating auf den Knien und betete für Vater und Sohn.

Die Zechmeistersleut vom abgebrannten Malterlehen hatten Verwandte auf dem Kugelfeld am Hang über Berchtesgaden. Bei denen krochen sie unter; auch der Dannei. Das sollte, wie es hieß, nicht lange dauern, weil der Hofmarksrichter den umgehenden Wiederaufbau zugesagt und dem Hofbauamt auch schon Weisung gegeben hatte. Man schränkte sich also ein im Bauernhof Kugelfeld, so gut es eben ging, weil ja in einem Pferch viele geduldige Schafe Platz haben. Ein solch geduldiges Schaf war auch der Dannei. Er gab sich zufrieden mit dem Backofenhäusl, das draußen frei im Garten stand. Es hatte den Vorteil, daß es nach dem Brotbacken stets eine Woche lang warm war. Nachdem bei dem Hofbrand auch seine gesamte Winterarbeit mit zu Grunde gegangen war, konnte er dieses Jahr nicht über Land ziehen. Er mußte also den Leibriemen enger schnallen, den

Brotkorb höher hängen und sich kräftiger in die Riemen legen.

Wie er nun einmal so unter der Tür des Backofens saß und schnitzte, schoß ihm ein Gedanke durch den Kopf. Wie wär's, wenn er sich eine Schwegelpfeife schüfe, ein paar lustige Weisen dazu erfände und sie jeweils der Dorfjugend – wohin immer er auch käme – vorspielte? Vielleicht würden die Buben und Deandln dann auch die eine oder andere Pfeife kaufen, so daß er schließlich mit ihnen zusammen musizieren und so die Aufmerksamkeit der Alten auf sich und seine Ware lenken könnte.

Gedacht, getan! Er holte vom Mehlbeerbaum einige saubere Ruten, höhlte sie aus und bohrte – zunächst willkürlich – Löcher in den Schaft. Nachdem er's an einem guten Dutzend Ruten versucht hatte, glückte ihm die erste Pfeife mit vier Löchern. Mit vier Löchern kann man schöne Musik machen! sagte er sich und fing an zu üben. Und weiß der Himmel!, das klang gut! Da kamen die Kinder aus der Nachbarschaft auf ihn zu – und nach zwei Wochen pfiffen sie zusammen, daß es eine Freud' war.

Gegen den Herbst hin unternahm er eine kurze dreiwöchige Wanderung ins Bayerische, auf Traunstein und Rosenheim zu. Dabei kam ihm abermals eine Idee, seine Einnahmen aufzubessern. Er hatte doch in der Prager Zitadelle das Stricken gelernt! So erwarb er ein paar Knäuel Schafwolle und versuchte sich in Wadlstrümpfen, wie die Bauern sie allenthalben trugen. Die ersten Exemplare ähnelten zwar mehr den landläufigen Hafersäcken, welche man den Rössern um den Kopf hängte. Aber er trennte sie wieder auf und begann so lange von neuem, bis er's zu solcher Fertigkeit gebracht hatte, daß er im Dahinpilgern mit der schweren Krax'n gleichzeitig die schönsten Wadlstrümpf' schuf nach dem Motto: D'Wad'n gibt si, d' Fers'n tritt si!

Die Reise ins Bayerische hatte länger, viel länger gedauert, als er geplant hatte. Wie er nun aus der Rosenheimer Gegend sich wieder heimwärts begab, kam er bei Holzhausen vorbei, das im Pflegegericht Raschenberg lag. Da sah er einen großen Volksauflauf, der sich zum Gehöft des Schneiderbauern hinanwälzte, das am Hang lag. Außer einigen Schwegelpfeifen hatte er nichts mehr zu verkaufen, darum schloß er sich dem Zug an. Er stellte die Krax'n unter einen Baum und fragte einen Alten, der keuchend hintennach kam, was es mit der Menge für ein Bewenden habe. Der erwiderte, dem Schneiderbauer sei eine Stute erkrankt, und der junge Schinagl wolle sie heilen.

Ob denn das so was Besonderes sei, wenn einer ein Roß heile?

Keineswegs! Aber der Schinagl heile mit zwei Rütlein in den Händen, um zu spüren, wann und wo sie ihm den Sitz des Übels anzeigten.

Habe er dergleichen Heilungen schon öfter ausgeführt? Freilich! Die Leut kämen weinend und wehklagend zu ihm gelaufen, und gegen einen Taler oder zwei Gulden mache er Vieh und Mensch wieder gesund. Bei den armen Leuten mache er's auch um die Hälfte oder ganz umsonst.

Dannei war neugierig und versuchte, etliche andere zu überholen. Es gelang ihm auch, mit unter den ersten in den Roßstall des Schneiderbauern hineinzuwischen. Da lag die Stute und streckte bereits alle Viere von sich. Jetzt trat, vom Bauern gefolgt, ein Bürschlein von etwa fünfzehn Jahren unter der Tür herein. Wie gebannt blieb er stehen, und jedermann konnte sehen, daß die beiden Ruten in seinen Händen schier gewaltsam vor der Tür nach dem Boden hin ausschlugen.

»Da liegt die Verwünschung!« rief der Gesell laut, daß es auch die Draußenstehenden noch hören konnten.

»Grabt hier auf und werft das Erdreich ins rinnende Wasser! Den Mist verbrennt!«

Der Schneiderbauer und seine Knechte legten sogleich Hand an, und binnen kurzem hatten sie ein tiefes Loch ausgehoben und die Erde in den hinter dem Hof vorbeifließenden Bach geschüttet. Dann scharrten sie den Mist, der um das Roß herum lag, zusammen und verbrannten ihn inmitten des Hofes über den Sprossen einer kleinen Leiter. Das Feuer war noch nicht verglommen, da zog die Stute die Beine an und versuchte aufzustehen.

Ein Schrei der Begeisterung für den Schinagl entrang sich jedem Munde.

Während sich dann die heftig erregten Leute langsam verloren, richtete die Bäuerin dem Wunderburschen eine Pfundsbrotzeit her, und der Schneiderbauer legte drei Taler dazu. Auch der Dannei ging wieder den Hang hinunter und setzte sich unter den Baum, wo seine Krax'n stand. Nach geraumer Zeit kam, wie er erhofft hatte, der Schinagl mit den in ein Tuch eingewickelten Rütlein nach.

Dannei drückte ihm seine Bewunderung aus und fragte: »Kannst du mir erklären, wie das mit deiner Wünschelrute geht und ob das ein anderer, wie etwa ich, auch machen könnt?«

Der Bursch verzog seinen Mund zu einem Lächeln: »Du irrst! Das ist keine gewöhnliche Wünschelrute, sondern eine, mit der eins auch weissagen kann!«

»Wie kommt man zu solch einer Rute.«

»Die beiden Rütlein, die in einem Jahr gewachsen sein müssen, sind von einem weißen Haselnußstrauch am heiligen Karfreitag vor dem Aufgang der Sonne zu schneiden. Dabei ist zu beten: ‚Im Nam' des Vaters such' ich dich, im Nam' des Sohnes find' ich dich, im Nam' des Geistes schneid' ich dich!' Danach nimmt man die Rütlein in die Hand und spricht: ‚Weiße Haselrute, sag mir die Wahrheit, ob den Leuten hier was fehlt!' Sind die Leut oder das Sach, das man besprechen will, nit da, so muß man sie beim Nam' nennen. Fehlt was, so schlägt die Rute hin; fehlt nix, so bleibt sie.«

Der Schinagl schaute den Dannei groß an, gleich als wollte er sich überzeugen, ob er's glaube oder nicht glaube. Der Adner tat nichts dergleichen, sondern fragte weiter: »Weissagen, hast du gesagt! Kannst du mir weissagen?«

»Was oder über wen?«

»Über mein Weib!«

»Was gibst du mir?«

»Einen Schwegel kannst du haben; das andere ist alles weg.«

»Gut! Einen Schwegel für mein'n kleinen Bruder!«

Der Schinagl wickelte die Rütlein aus, nahm sie in beide Hände und hielt sie dem Dannei entgegen. Dabei verlor sich sein Blick in der Ferne: »Sie sitzt an einem großen Wasser in einer finstern Keuche. Sie wird da sitzen, bis sie bezahlt hat. Sie wird bezahlen mit dem Sold der Sünde. Man wird sie verjagen, weit weg vom großen Wasser, zwischen die Berge hinein zu den Mönchen. – Gib mir jetzt den Schwegel!«

Dannei gab ihm das Pfeiferl und sagte nichts. Der andere sagte auch nichts, sondern ging . . .

o-o-o-o-o

Bei den Mönchen am Eisack

Was war da mit Susanna geschehen? – Den Stadtschergen von Venedig war es geglückt, sie zu fassen und der Bank auszuliefern. Diese ließ sie einsperren, bis sie bezahlt hätte. Anfangs erklärte Susanna, sie sei mittellos. Das nahmen sie ihr jedoch nicht ab. Schließlich gab sie ihnen alles, was sie sich in all den Jahren erspart hatte und wovon sie sich eine kleine Taverne kaufen wollte, um in den künftigen Jahren nicht als Kellnerin dazustehen. Darauf ließ man sie frei und schob sie durchs Etschtal ab bis an den Eisack. In Brixen übergab man sie der Stadthauptmannschaft. Diese sollte sie weiterbefördern über den Brenner, über Innsbruck und dann in die Fürstpropstei. Die auf der Stadthauptmannschaft sagten sich jedoch: Was wir mit ihr machen, das geht euch Venetianer einen Dreck an! – Sie schickten sie hinaus nach Neustift ins Augustinerkloster: Die geistlichen Herren werden schon eine Verwendung für sie haben!
Der Bruder Ökonom hatte eine Verwendung: Er bot ihr den Dienst einer Kuhdirn an. Susanna hatte in den letzten Wochen viel mitgemacht und war froh, über dem Kopfe ein schützendes Dach und im Napf eine warme Suppe zu haben.
Sie ging jetzt ins einundvierzigste Jahr. Im Vergleich zu den anderen Stallmägden war sie eine alte Frau. Deshalb nannten diese sie auch von Anfang an »s Mutterl«, was ihr zunächst wehtat. Doch sie gewöhnte sich daran. Dies um so mehr, als die Mädchen sie bald ins Vertrauen zogen und ihr die kleinen und die größeren Herzensnöte offenbarten. Denn die Stalldirnen pflegten im Umgang mit den Knechten nicht zimperlich zu sein, und da ereigneten sich bisweilen Dinge, über die der Bruder Öko-

nom entsetzt gewesen wäre, wenn er sie erfahren hätte. Daß er sie aber nicht erführe, dafür mußte stets »'s Mutterl« sorgen, falls er sich zur unrichtigen Zeit einfand. Susanna wußte mit Mannsbildern umzugehen und beredete ihn dann so lange, bis er den Grund seines Kommens vergessen hatte und sich anderen Aufgaben zuwandte. So konnte es auch geschehen, daß sie sich – getragen vom Wohlwollen ihrer Umwelt – während des Winters gut erholte, so gut, daß sich die Mädchen fast schämten, wenn sie jetzt »Mutterl« zu ihr sagten.

Es war zwar nicht die Art der Augustinerchorherren, in der Vergangenheit ihrer Dienstleut nachzuschnüffeln, doch ergab es sich ganz von selbst, daß eines Tages beim Stiftsverwalter Susannas Leben und Treiben in Venetien ruchbar wurde. Nicht als ob man sie jetzt hätte mit Schimpf und Schande davonjagen wollen, nein, man wollte ihr helfen, weiterhelfen, zumal man sah, wie ordentlich sie sich im verwichenen Halbjahr in ihren Pflichtenkreis eingelebt hatte. Sie wurde in die Prokuratur gerufen, und Herr Maurus, dem priesterliche Güte und Würde schon aus dem durchgeistigten Gesicht strahlte, fragte sanft, aber geradeheraus, warum sie nie zum Heiraten gekommen sei. Susanna erzählte ihm nun ganz offen den wilden Werdegang ihres Lebens seit jener Wildschweinjagd am Ammersee. Sie verheimlichte nichts, beschönigte nichts und verteufelte niemanden.

»Und dein Mann?« fragte Maurus, nachdem sie ihm über eine Stunde lang berichtet hatte.

»Herr, über zwanzig Jahre sind vergangen, seitdem uns der Stiftsdekan getraut hat, und vierzehn Jahre, seitdem ich davongelaufen bin! Könnt' ich ihm zumuten, sich meiner noch zu erinnern?«

»Susanna«, erwiderte Maurus, »es sei nicht verhohlen,

daß man's ihm füglich nicht zumuten darf. Indes wollte ich aus deiner Rede erkannt haben, daß er das ist, was man gemeinhin als einen guten Menschen bezeichnet. Auch sagt man, daß die Zeit viele Wunden heile. Ich mache dir einen Vorschlag: Schreib ihm einen Brief! Schildere ihm deine Lage, stell ihm aber nicht das Ansinnen, dich wieder zu sich zu nehmen! Denn wenn er das will und mit seinem Innenleben verkraften kann, dann muß der Anstoß dazu ganz und gar von ihm allein ausgehen. Versuch ja nicht, sein Mitleid zu erregen! Versuch auch nicht, dich zu rechtfertigen – was sowieso unmöglich ist! Das einzige, was hier zu erreichen wäre, ist, daß eine Zuneigung, die einmal vor dem Altare Gottes gesegnet worden war, nicht auf die Dauer verschüttet bleibt. Ob sie wieder auflebt, wieder aufleben kann, das muß man einer höheren Fügung überantworten. Doch müßte von dir aus dieser Schritt getan werden – erfolgreich oder erfolglos, das bedarf hier keiner Erörterung!«

Im Hochsommer war's, da brachte die Post der Herren von Thurn und Taxis ein Schreiben an Anton Adner zu Berchtesgaden. Der war nicht daheim, sondern verhökerte seine Ware irgendwo drin in Tirol. Als er dann im Herbst ins Malterlehen zurückkehrte – die Herrschaft hatte es wieder sauber aufgebaut –, fand er den Brief: »Lieber Dannei, ich hoffe, daß dir der junge Freymann Wohlmuth damals einen Gruß von mir ausgerichtet hat. Ich bin inzwischen bis ins Kloster Neustift bei Brixen gekommen und hoffe mit der Gnade Gottes, hier als Altdirn verbleiben zu können. Die Mönche sind gute Dienstherren, und die anderen Mägde mögen mich auch. Zwei-

mal in der Woche fährt hier der Postwagen durchs Eisacktal zum Brenner hinauf, zweimal kehrt er wieder. Sei gegrüßt von Susanna.«
Zwei oder drei Monate lang las der Dannei diesen Brief etliche Male am Tag. Und den ganzen Winter über dachte er, wenn er seine Figürlein schnitzte, über den Sinn des Briefes nach. Einen Sinn mußte er ja haben, der Brief! Einen hintergründigen Sinn! Denn wenn auch Susanna keinen großen Geist hatte, unsinnig war sie nicht. Wenn nun der einzige Sinn des Briefes die Erwähnung des Postwagens gewesen wäre, der hin und her fährt? Könnte das dann heißen, er solle zu ihr kommen?, oder er solle sie zu sich kommen lassen? Und wenn das eine oder das andere geschähe, was dann?

In diesem 58er Jahr dauerte der Winter besonders lange und der Schnee wollte nicht weichen. Dannei war sehr fleißig gewesen und hatte einen großen Vorrat angesammelt; der wollte an den Mann gebracht sein. Und wenn er seine War' diesmal im Südtirol verhökerte? . . .
Drei Wochen später sah man ihn bereits bei Stift Wilten in der Nähe von Innsbruck mit seiner Krax'n in die Sillschlucht einbiegen, deren Wasser vom Brenner herabkommen. Zwei Tage drauf überquerte er den Paß und zog gen Süden. Es war ein herrliches Frühjahr. Eine ganz andere Sonne schien. Die Almen und Wiesenhänge hatten sich in ein ganz anderes Grün gekleidet, und der wilde Eisack rauschte schäumend durch den zersägten Grund. Auf diesem Wege waren die deutschen Könige gezogen, wenn sie sich in Rom die Kaiserkrone holten, und ihre Ritterscharen hatten hier manchen blutigen

Kampf austragen müssen gegen das Volk, das sich der Eindringlinge erwehren wollte. Hieß es doch, die Bärtigen, die da kämen, seien Goten und Barbaren und fräßen die Kinder. Nun, Kinder haben sie zwar nicht gefressen, aber viel Leid haben sie trotzdem gebracht.

Die Handwerker an den Straßen, die Bauern an den Hängen, sogar die Beamten in den Post- und Mautstationen nahmen den seltsamen Mann mit seiner hochbeladenen Krax'n auf wie eine willkommene Abwechslung im Einerlei ihres Alltags. Die Kinder rissen Mund und Augen auf angesichts der Fülle des Schönen, das er vor ihnen ausbreitete; und mit dankbarer Bewunderung begleiteten sie ihn eine gute Strecke des Weges, wenn er weiterzog. Dann setzte er sich wohl mit ihnen noch einmal an den Straßenrand und blies ihnen auf der Schwegelpfeife eine Weise, daß ihnen die ungetrübten Augen strahlten, als hätte sich ein feiner Schleier von Tränen über sie gebreitet.

Mittlerweile war es Mai geworden. Da kam der Dannei vor der wehrhaften Rotunde des Klosters Neustift an. Ein paar ungehobelte Klosterknechte an der Torwache hießen ihn die Krax'n absetzen. Darauf mußte er ihnen in der Torstube Rede und Antwort stehen. Als er die Altendirn Susanna erwähnte, die er besuchen wolle, meinte einer: »Ein rarer Besuch! Daß es in eurem Alter noch so was gibt!« Dann ließen sie ihn passieren, zeigten ihm auch das Gesindehaus, wo er sie finden werde.

Wenn die Überraschung zu mächtig ist, verstummt das Wort. Dann versagen auch die Kräfte des Körpers. Dann steht man wie leblos da und schaut, als käme eine Vision übers Gebirge herein, an die man immer geglaubt, die man nie erwartet hat. So standen die zwei Menschen nach fast zwei Jahrzehnten einander abermals gegenüber. Sie prüften gegenseitig ihre Gesichter, prüften noch mehr die Gefühle und Empfindungen, die aus diesen Gesichtern fragten. Berechtigte oder böswillige Vorwürfe waren da nicht zu spüren, die hatte man vergessen, überdauert. Weil Susanna auf ihren damaligen Brief fast ein Jahr lang ohne Antwort geblieben war, hatte sie die still gehegte Wiedersehenshoffnung schon lange abgetan. –

★

»Bist du wirklich gekommen?« fragte sie, weil ihr im Augenblick nichts anderes einfiel.
»Wirklich!« erwiderte er und setzte sich auf die ungefüge Holzbank, die im Flur des Gesindehauses stand.
»Du bist gewiß hungrig?« fragte sie wieder.
»Ich war den ganzen Tag unterwegs; da kommt der Hunger nicht auf.«
»Geh mit in meine Kammer! Ich will dich bewirten.«
Er ging mit ihr. Die Mägde, die sie zur Kammer gehen sahen, flüsterten: »Schau an! Das Mutterl und so ein fescher Mann! Wer hätt' das gedacht!«
Unter dem Vorwand, Speise und Trank zu holen, eilte Susanna zum Herrn Maurus und berichtete, schnell lief sie in die Gesindekuchl und kehrte dann mit Käse, Speck und einer Kanne Bier zum Dannei zurück. Sie aßen gemeinsam und redeten von nebensächlichen Ereignissen in Berchtesgaden, von seiner Arbeit im Malterlehen, von ihrer Tätigkeit in der Ökonomie, und vermieden es peinlich, auch nur andeutungsweise per-

sönliche Bereiche zu berühren. Natürlich mußten diese Bereiche berührt werden! Aber wer sollte anfangen? Und womit sollte man anfangen?
Stunden vergingen im Gespräch über diese Nebensächlichkeiten, dann kam Herr Maurus mit einem Windlicht. Er machte sich erbötig, dem Gast eine Kammer im Verwaltungshause zuzuweisen und ihn persönlich dahin zu geleiten. Als sie miteinander durch den weiten nächtlichen Hof schritten, blies ein plötzlich aufgekommener Fallwind das Licht aus. Die so entstandene Finsternis wahrnehmend, meinte der Pater: »Ob ihr beiden wieder zusammenkommt, weiß der liebe Gott. Solltet ihr aber nicht zusammenkommen, müßten eure Herzen – auch getrennt voneinander – so befriedet sein, als lebtet ihr zusammen. Alles andere ist würdelos.«
Mit diesem Gedanken schlief der Dannei ein.
Susanna tat kein Auge zu, die ganze Nacht. Wieder türmte sich vor ihr gleich einem Gebirge das wilde Leben auf, das sie mit Antonio geführt hatte. Zwar schien es, als ginge jetzt hinter diesem Gebirge der stille Mond auf. Indes, der Schatten, den das Gebirge auf ihre Seele warf, erdrückte jegliches Licht: Mir wird eingebunden bleiben, im Schatten zu wandeln! Doch das Bewußtsein, daß es dahinter den stillen Mondschein gibt, ist tröstlich.
Eine volle Woche verweilte Dannei im Klosterbereich von Neustift. Jeden Abend saß er stundenlang mit seiner Frau beisammen. Alle Scheu war überwunden.
Nüchtern wie zwei Kaufleute prüften sie die Vor- und Nachteile eines Zusammengehens. Ebenso nüchtern mußten sie sich immer wieder sagen, daß die Nachteile überwögen. Blieb also nur die Freude darüber, daß alles verziehen war, und die Überzeugung, daß man sich – wie

Herr Maurus gemeint hatte – getrennt nahe war und in Gedanken miteinander lebte.

»Freilich muß man an die Realität, die Wirklichkeit der Gedanken glauben!« sagte Dannei.

»Männern fällt dieser Glaube leichter als uns Frauen«, erwiderte Susanna. »Mir geht der Friede, den du gebracht hast, über alles!«

Überlang trat er den Heimweg an. Es ging sich leichter, denn er hatte auch in seiner Brust eine Krax'n abgeladen.

o-o-o-o-o

Die Schnupfmaschine

Ein linder Sommerabend im August.
Anton Adner kehrte heim in die Schönau. Kaum hatte er sein Zuhäusl betreten, kam die junge Zechmeisterin und brachte ein Schreiben von der Gemeinde. Es lag bereits etliche Wochen am Malterlehen. Er schlug es auf: Vorladung in Sachen Zunftmeisterei.
Ob sie mir's vielleicht auch so kochen wollen, wie sie's dem Vater gekocht haben?
Er ließ noch ein paar Tage verstreichen, dann begab er sich ins Rathaus. Der Bürgermeister schickte den Amtsboten aus zum jungen Zitzelsberger, dessen Vater bereits Zunftmeister des Gewerbes der Holzschnitzer gewesen war. Er kam: ein gepflegter Mann, an die Vierzig, der einen gewissen Grad von Wohlhabenheit nicht verleugnen wollte. Der Bürgermeister und der Zitzelsberger setzten sich, den Dannei ließen sie stehen.
»Wir haben gegen dich, Anton Adner, Klage zu führen!« begann der Zunftmeister.
Dannei unterbrach ihn: »Stehe ich hier vor einem ordentlichen Gericht? Wenn nicht, dann gebt mir einen Stuhl!«
Der Bürgermeister klingelte und der Diener brachte den Stuhl.
»Nicht nur«, fuhr der Zitzelsberger fort, »daß du dich hartköpfig gegen die Zunftordnung vergehst, indem du Rößl schnitzst, wo du doch ein Schachtelmacher bist, sondern du machst auch Schwegel, schenkst sie den Kindern und lockst damit die Gunst der Alten heraus!«
»Was sagst du dazu?« fragte der Bürgermeister.
Der Dannei strich sich mit den Fingern durch das füllige,

schwarze Haar, das schon die eine oder andere helle Strähne zeigte, und entgegnete: »Ihr habt gut reden und gut Klage führen, denn die meisten von euch sitzen auf Haus und Hof. Mir läßt der liebe Gott keinen einzigen Halm wachsen. Ich muß nur von meiner Hände Arbeit leben. Laßt mich halt etwas vielseitiger sein! Ich bin weit entfernt, Reichtümer zu sammeln, – wüßt' ja nit, für wen; will bloß leben!«
»Darf einer die Zunftordnung ungestraft verletzen, dürfen's alle!« bemerkte der Zitzelsberger trocken.
Dannei zog die Achseln hoch: »Weiß nit, ob's richtig ist, mich über den gleichen Kamm zu scheren wie die anderen!«
»Das zu beurteilen, überlaß ruhig uns!« sagte der Bürgermeister, stand auf und schickte den Dannei weg. – Dann unterhielten sich die zwei Ortsgewaltigen und kamen dank der Vernunft des Bürgermeisters zum Entschluß, den Dannei nicht weiter zu belästigen: »Ist ja doch ein armer Hund! Hat nit Weib, nit Kind! Hat wegen seines Weibs die gute Stellung am Gericht verloren! Mit den paar Rösserln, die er schnitzt, bringt er die Ordnung nit durcheinander!«
Das war zwar dem Zitzelsberger nicht ganz recht, doch unterwarf er sich der Meinung des Gemeindeoberhauptes – dem Anschein nach. Tage später ließ er sich beim Hofmarksrichter Ferdinand von Haller melden und trug ihm die Angelegenheit mit dem Dannei vor, bemerkte freilich, daß sich der Bürgermeister hier leichtfertig über die seit Jahrhunderten bestehende Zunftordnung hinwegsetze. Der von Haller, in der Rechtsmechanik sehr bewandert, in der Rechtspraxis weitgehend hilflos, empfand es fast als ein Vergnügen, dem Adner wieder einmal am Zeug flicken zu können. Er ließ ihn kurzer-

hand zu sich kommen und schränkte dessen Betätigung auf die Schachtelmacherei ein, widrigenfalls er mit Verstrickung, das heißt Verweisung aus dem Gebiet der Fürstpropstei, zu rechnen habe.
Also beginnt die alte Misere von neuem!
Dannei sprach's zu sich selber und stellte diese Überlegung an: Nur Schachteln zu verhökern, hieß, den doppelten Weg zurücklegen müssen, bedeutete eine empfindliche Einbuße des Verdienstes und würde ihm das junge Volk, das er dort und da durch sein Schwegelspiel für sich gewonnen hatte, wieder entfremden. Andererseits durfte er's auf die Verstrickung nicht ankommen lassen, wo er doch das unentgeltliche Wohnrecht auf dem Malterlehen besaß. Verlöre er dieses Recht, würde er in eine aussichtslose Lage stürzen.
Nirgend bot sich ein Ausweg an, nirgends eine Lösung; es mußte aber eine gefunden werden, wenn er nicht seine Existenz aufs Spiel setzen wollte. Im äußersten Notfall mußte er sich an die Hofkanzlei wenden; und hülfe die nicht, dann an den durchläuchtigsten Herrn Fürstpropsten selber – ein Vorgang, der sich alle Jubeljahre nur einmal begibt.

Zu ebendieser Zeit kehrte der junge, neugewählte Fürstpropst Michael Balthasar Graf von Christallnigg von der österreichischen Front zurück. Maria Theresia hatte ihn zu einer Besichtigung nach Kunersdorff eingeladen, wo im kommenden Frühjahr ein erneuter Angriff gegen den Preußenkönig Friedrich unternommen werden sollte. Der noble Graf verstand zwar nichts von der Kriegsführung, wollte auch nichts verstehen. Er liebte den bukolischen Frieden in seinem Stift Berchtesgaden, liebte die Jagd – und den Tabak. Nicht daß er viel geraucht hätte, doch er schnupfte gern. Nachdem nämlich der Papst seinen Kirchenbann gegen die Tabakschnupfer seit dem Jahre 1725 wieder aufgehoben hatte, griff die Leidenschaft des Schnupfens auch stark auf die höhere Geistlichkeit über, und Graf Christallnigg galt nicht als der leidenschaftsloseste unter ihnen.

Bei seinem Einzug hatte sich viel Volk auf dem Stiftsplatz versammelt, besonders Frauen der höheren Stände; galt es doch, sich im Reifrock zu präsentieren, der in den Alpenländern eben erst Mode geworden war. Ebenso hatten sich mehrere Hofchargen bereits Zopf und Dreispitz angeschafft, weil man nicht zu den Gestrigen zählen wollte.

Dannei stand mit einigen Salzern weit hinten. Er konnte sich's leisten, denn er war groß und schaute über viele Köpfe hinweg. Da hörte er, wie einer dem anderen zuraunte: »Glaubst, daß ihm die Kaiserin was gezahlt hat für unsre Soldaten?« – Darauf der andere: »Gezahlt? Die? Die ist doch knickrig wie der Jud! Eine Tabakdose wird er gekriegt haben mit ihrem Bild drauf, wo sie die Brüste zeigt!« –

In diesem Augenblick überkam es den Dannei wie eine Erleuchtung: Eine Tabakdose! Er wird dem Herrn Fürsten eine Tabakdose schnitzen! Nein! Keine Tabakdose! Er wird ihm eine Schnupfmaschine schenken! Die muß er freilich erst erfinden; aber sie muß erfunden werden!

Der Propst, ein leutseliger Herr, zog unter großem Jubel ein. Dannei nahm ihn und seinen Geleitzug nur zur Hälfte wahr. Ihn beschäftigte bereits die Maschine. Natürlich mußte sie aus Holz sein, aus edlem Holz! Und sauber geschnitzt mußte sie sein, allenfalls auch bemalt!

Sie hatte eine doppelte Aufgabe zu erfüllen: Einmal mußte sie eine größere Menge von Schnupftabak aufnehmen können – hierin unterschied sie sich nicht von der Dose. Zum anderen aber mußte sie den Schnupfer in die Lage versetzen, sich eine Prise in die Nase zu befördern ohne Mithilfe der Finger. Denn für einen feinen Herrn, namentlich für einen solchen, wie der Herr Propst einer war, schickte es sich nicht, gleich wie ein Bierkutscher den Schmalzler auf dem Handrücken zu häufeln und ihn dann umständlich in die Nasenlöcher hineinzuzielen, und allenfalls auch noch mit einem karierten Tuch etliche Male um die Nase herumzufahren und sich dann den Tabakrest von der Weste zu beuteln. Eine Schnupfmaschine mußte all diese Vorgänge mit solcher Eleganz ausführen, so daß der Benützer in keinem Augenblick den Eindruck eines unästhetischen Menschen erweckte. Das war also die Aufgabe!
Schon unterwegs in die Schönau bedachte Dannei den ersten und wichtigsten Punkt: den Mechanismus der Maschine. Der bestand darin, den Schnupftabak zunächst in ein Röhrchen einzuführen und ihn dann mittels eines zarten Luftstoßes aus dem Röhrchen direkt in das jeweils hingehaltene Nasenloch zu blasen. Hierin mußte die Schnupfmaschine in etwa einer Orgel gleichen, in der ja auch Luft durch Röhren geblasen wird. Das setzte einen Lufterzeuger voraus, einen Blasbalg, besser, ein zierliches Blasebälgchen, das mittels eines leichten Fingerdruckes zu betätigen wäre. Das Ganze aber – Tabakspeicher, Röhrchen, Blasebalg – mußte in eins gebracht werden und obendrein ein gefälliges Aussehen haben; so daß es beim Herrn Fürstpropsten jederzeit auf dem Arbeitstisch oder neben einer Ruhebank seinen ständigen Platz haben könnte.

Tagelang arbeiteten nun Danneis Gedanken an der Maschine. Er war zu keiner Schnitzarbeit fähig, hatten ihm ja auch die Angriffe der Mächtigen die Lust dazu verleidet.

Zunächst beschaffte er sich einen Lederfleck für den Balg. Er schnitt ihn aus einer alten, mottenzerfressenen Gamsledernen, die vom Vater her noch in einer Kiste lag. Und da wurde er von einer zweiten Erleuchtung heimgesucht: Der Blasebalg müßte im Bauch eines Arschpfeifenrößls eingebaut werden, der Ausstoß des Tabaks hinten durch das Pfeiferl erfolgen. Die Portionierung der jeweiligen Prise aber könnte durch die Saugwirkung des zusammengequetschten Balgs geschehen, wenn er sich nach dem Luftstoß wieder öffnete. Das war der gedachte Mechanismus; er schrie fast nach der Ausführung.

Der Winter kam über die Berge; der Dannei tat nichts anderes, als an seinem Rößl herumprobieren. Gewiß, die Idee lag klar vor ihm, doch die Einzelheiten machten ihm zu schaffen. Ganz besondere Schwierigkeiten bereitete es, die Dicke des Röhrchens und die Stärke des Luftstroms aufeinander abzustimmen. War das Röhrchen zu dünn, dann war der Luftstrom zu stark und hätte dem Schnupfer den Tabak bis ins Hirn geblasen; war das Röhrchen zu dick, dann erwies sich der Luftstrom als zu schwach und blies den Tabak nicht durch, so daß sich das Röhrchen verstopfte.

Das Weihnachtsfest nahte heran, da stand das Rößl endlich fertig da, sauber geschnitzt, fein bemalt. Das große Curiosum des Werkchens bestand darin, daß die lederne Satteldecke des Pferdchens zugleich der Blasbalg war: Drückte man da hin, fuhr die angemessene Prise zum Arschpfeiferl hinaus und – wenn man das Nasenloch

hinhielt – geradewegs hinein. Da ging kein Stäubchen Tabak verloren, und kein Finger wurde schmutzig. Auch kein Tuch war nötig, die schwarzbraunen Nasenflügel zu polieren. –
Am Tage vor dem Heiligen Abend pflegte es im Stift höchst ungemütlich zu sein. Da wurde geputzt und gescheuert, und der Forstmeister gestaltete in den langen Hauptgängen von Tannengrün duftende Waldschneisen mit verborgenen Lichtern in den tiefen Fensternischen. Da litt es den Herrn Fürstpropsten nicht mehr daheim, und er zog sich nach Marzoll zur Familie der Lasser von Lasseregg zurück – bis ihn die Herren Canonici wenige Stunden vor der Bescherung in einem großen Schlittencortège wieder einholen würden. Das war jedes Jahr so, und der Dannei wußte das. Er wußte auch, daß auf Schloß Marzoll keine protokollarischen Vorschriften eingehalten werden mußten. Die von Lasseregg galten als bescheidene und liebenswürdige Hofleute, die mit ihren Bauern sehr menschlich umzugehen pflegten und sogar drüber hinwegsahen, wenn sich einer in ihrem Herrschaftswald einen Baum holte.
Dannei begab sich nach Marzoll, unterm Arm das in ein Tischtuch eingewickelte kunstreiche Pfeifenrößl. Vor dem niedrigen Torbogen des Schlosses standen zwei fürstpröpstliche Leibgardisten. Er fragte sie, ob er die Freifrau von Lasseregg sprechen könne.
Warum?
Er habe ihr ein Geschenk zu übergeben!
Was für ein Geschenk?
Eine Tabakschnupfmaschine!
Was für ein Ding?
Eine Tabakschnupfmaschine, mittels der es möglich sei, zu schnupfen ohne dabei die Finger mit dem

Schmalzler zu beschmutzen!
Ob er noch mehr solche Lügen wisse?
Keineswegs! wenn sie wollten, könne er die Maschine sofort vorführen.
Das gehe nicht, denn sie stünden hier auf Wache. Er möge also hineingehen und an der Schloßtür läuten, nicht zu laut, denn es könnte sein, daß sich Seine Hochfürstlichen Gnaden zur Ruhe begeben hätten.
Was? Jetzt nach dem Mittagessen ruhen? Das sei aber höchst ungesund! Da setze man nur Fett an!
»Das geht dich einen Schmarrn an! Schleich dich!«
Der Dannei klingelte sanft und eine ältere Dienerin machte auf, er fragte nach der Freifrau, die Dienerin entfernte sich und kam nach ein paar Minuten mit der Nobeldame zurück. Er eröffnete ihr, daß er für den Herrn Fürstpropsten ein Weihnachtsgeschenk habe, nämlich eine Tabakschnupfmaschine, die er freilich dem hohen Herrn erst vorführen müsse.
Vor einer Stunde sei das leider nicht möglich, denn der Herr Propst habe sich für ein Weilchen niedergelegt. Er möge ruhig in die Kuchl gehen und sich etwas zu essen geben lassen, und einen Glühwein; er sehe ja ganz verfroren aus. Woher er denn komme?
»Aus der Schönau!«
»Also dann hurtig in die Kuchl!«

★

Eine Stunde später.
Das freiherrliche Ehepaar hatte sich mit dem Fürstpropst in das Erkerzimmer begeben, dessen Fenster ins Tal hinabschauten.

Der Dannei wurde vorgelassen.

»Möcht' wissen, was dich veranlaßt, uns ein Geschenk zu machen?« fragte der hohe Herr.

»Hochfürstliche Gnaden, das kann ich Euch jetzt nicht so gradheraus sagen. Wenn Ihr mir aber erlaubt, das Geschenk erst zu zeigen und zu erläutern, dann tu ich mir leichter, Euch den Grund zu sagen.«

»Also laß sehen!«

Behutsam packte der Dannei sein Arschpfeifenrößl aus und stellte es vor den Herrschaften auf die helle Marmortischplatte hin.

»Was? Ein Spielzeug?« Der Propst sagte es mit leicht indigniertem Tonfall.

»Haltet zu Gnaden, Herr, doch in dem Rößl ist eine Tabakschnupfmaschine eingebaut, so daß Euch beim Schnupfen das feine Tuch Eures Gewandes gar niemals befleckt wird.«

Schloß Marzoll

Die Herrschaften grinsten, und der Dannei schob das Rößl zum Fürsten hin. Dann trat er selbst hinzu und fing an, seine Erfindung in allen Einzelheiten zu erklären, angefangen vom Tabak, der im Kopfteil des Pferdchens gespeichert war, über den Blasebalg auf seinem Rücken, bis zum aufrecht stehenden Schweif: »Jetzt solltet Ihr, Hochfürstliche Gnaden, ein Nasenloch an den Schweif hinhalten und die Satteldecke des Rößls leicht drücken, dann werdet Ihr spüren, wie wunderbar der Schmalzler Euch schier bis ins Hirn hinaufsteigt. Dann könnt Ihr prüfen, ob auf der Tischplatt'n da auch nur ein schwarzbraun's Stäuberl liegt!«
Die drei Herrschaften hatten unverwandt den Worten Danneis gelauscht und schauten sich gegenseitig schmunzelnd an.
Sagte der von Lasseregg mit ernster Miene: »Adner, du bist dir aber schon bewußt, daß du deinen Fürsten vor dir hast!«
Dannei erwiderte: »Herr, Ihr werdet doch nicht glauben, daß ich es wagen würde, mit meinem Fürsten Schindluder zu treiben!«
Während dieser kurzen Rede und Gegenrede hatte der Graf Christallnigg die Prozedur bereits vollzogen und setzte zu einem tiefheraufgeholten Niesen an, das sich alsbald mit lautem Schalle entlud. Und dabei war erst das eine Nasenloch bedient worden. Ohne zu säumen, überantwortete er auch das zweite dem aufrechtstehenden Rößlschweif, um sogleich das erfrischende Niesen fortzusetzen. Zwischenhinein sagte er: »Adner, seit Unserer Kindheit hat Uns kein Spielzeug so gefreut wie das deine; dabei kennen Wir doch alle Spielzeugarten unserer Berchtesgadner Meister!«
Da war bei allen Vieren die Freude sehr groß, und die

Herrschaften bewunderten die Schnupfmaschine immer wieder von neuem. Und eben wollte der Propst zu einem längeren Gespräch ansetzen, da fuhren mit lautem Schellenklang die Schlitten der Stiftsherren in den Schloßhof herein. Er durfte sie nicht warten lassen. Er sagte nur noch kurz, während er sich erhob: »Adner, Vergelt'sGott für das Geschenk! Wir lassen dich in naher Zeit zu Uns holen!«

o-o-o-o-o

Der Münchner Hexenturm

In der Fürstpropstei Berchtesgaden feierten sie das Weihnachtsfest weitaus freudiger als anderwärts. Das kam daher, daß die schlichten Holzschnitzer – und das war der dritte Teil der Bevölkerung – das Geheimnis der Menschwerdung Christi viel kindlicher erfaßten als die draußen im flachen Lande. Den meisten stand dieses Geheimnis fast täglich in der Werkstatt vor Augen, ganz gleich, ob sie eine Krippe, ob sie Engel oder Ochs und Esel schnitzten. All diese Figuren, mit denen sie draußen in der Welt Tausende beglückten, empfingen das Leben nicht nur unter ihren meisterlichen Händen, sondern zuerst aus der stillen Zartheit ihrer Herzen. So klang denn auch ihr Beten während der weihnachtlichen Gottesdienste in der Stiftskirche wie das Rufen armer Kinder nach Vater und Mutter: Gib uns heut und morgen und jeden Tag unser täglich Brot! Vergib uns und führ uns nicht in Versuchung! – In diesen festlichen Tagen beteten sie sich auch viel Unrast und Leid von der Seele und empfingen dafür Trost und Zuversicht. Darum konnte der Fürstpropst auch in der Mitternachtsmette jubelnd ausrufen: »Ihr seid zwar Unsere Untertanen, doch Wir lieben euch, als wäret ihr Unsere Schwestern und Brüder!« Das war von dem hohen Herrn nicht nur so dahingesagt, sondern ehrliches Bekenntnis.
Mit der gleichen ehrlichen Freude ließ er auch den Dannei kurz vor Jahresschluß zu sich kommen. Er saß in seinem Arbeitszimmer, dessen Fenster zum Priesterstein hinauszeigten, hatte das Schnupfrösserl vor sich stehen und lächelte, als der fast zehn Jahre ältere Adner von einem Lakaien hereingeführt wurde.
»Dein Geschenk hat einen großen Nachteil«, begann er.

»Weil es mich der Mühe enthebt, die Finger zu nehmen, schnupf ich zuviel!«
»Hochfürstliche Gnaden«, entgegnete der Dannei, »Ihr werdet wohl kaum mehr schnupfen, als Euch guttut. Mein Rößl wird Euch kaum zur Unmäßigkeit verführen! Und selbst wenn es das tät' – ein wenig Unmäßigkeit in bescheidenen Grenzen kann am End auch einem Fürstpropst nit schaden!«
»Adner, Adner! Ich werde dich bei den Mönchen in Tegernsee für ihr Passionsspiel empfehlen, und zwar als Begleiter des Antichrist. Mit der Verharmlosung fängt's nämlich an!«
»Ach Gott, Herr, wenn's in der Welt nix Schlimmeres gäb als ein paar Pfund Schmalzler, wie freundlich wär's da um uns alle bestellt!« Aus diesem Satze klang verhaltene Wehmut. Der Propst fühlte das und meinte: »Adner, was hast du am Herzen?«
Der Dannei verschränkte die Finger ineinander: »Hoher Herr, in Marzoll fragtet Ihr mich, was mich bewogen hätt', Euch ein Geschenk zu machen; darf ich Euch jetzt den Grund sagen?«
»Wir hätten dich sowieso noch danach gefragt!«
Nun erzählte der Dannei die Misere mit dem Hofmarksrichter und dem Zunftmeister. Der eine wolle ihm die freie Ausübung seines Handwerks verwehren, der andere wolle ihn allenfalls sogar verstricken. Und überhaupt! Herr Ferdinand von Haller habe ihn abgesägt...
Die Unterredung der beiden ungleichen Männer dauerte bis in den Abend hinein und hatte doch schon am frühen Nachmittag begonnen. Graf Christallnigg wurde nicht müde, allen Gründen und Hintergründen nachzufragen, die das Geschick dieses seines zwar unbedeutenden, doch interessanten Untertanen bestimmt hatten. Gewiß,

Gesetze und Verordnungen und das Recht der Gepflogenheiten mußte es geben. Aber sie durften nicht Selbstzweck werden, durften nicht soweit in die Halme schießen, daß unter ihnen der Mensch verdeckt würde!
»Anton Adner, die Sache mit dem Zunftmeister kannst du als erledigt betrachten! Er wird von Uns Weisung erhalten. Den Herrn von Haller betreffend, mußt du Uns sagen, ob du Wert darauf legst, wieder in die Kanzlei einzutreten.«
Wie gehetzt antwortete der Dannei: »Hochfürstliche Gnaden, tut mir das nit an!«
»In Ordnung! Das wollten Wir bloß wissen. Doch werden Wir in Unserer Hofkanzlei aktenkundig machen, daß du auf Lebenszeit eine besondere Aufmerksamkeit der Hofhaltung zu gewärtigen hast. Ein anderes liegt Uns aber noch sehr am Herzen: deine Ehe, besser gesagt dein Eheweib. Nicht als wollten Wir dich bedrängen, doch mußt du dich fragen lassen, ob du alle Winkel deines Herzens nach einem letzten Quentchen Zuneigung durchforscht hast. Hast du das?«
»Hoher Herr! Wie soll ich's Euch sagen! Das ist, wie wenn zwei Menschen an den beiden Ufern eines Wildbaches stehen. Sie winken einander zu, sie rufen liebe Worte herüber und hinüber, die niemand versteht wegen des tosenden Baches, sie sind beglückt einander wieder einmal gesehen zu haben. Dann gehen sie aber ihres Weges weiter, denn zwischen ihnen schäumt der Wildbach, und keine Brücke verbindet Ufer mit Ufer. Wäre es aber nicht verwegen, durchs wilde Wasser zu schwimmen, sei es von hier nach dort, sei es von dort nach hier?«
Der Graf überlegte eine Weile, sagte dann: »Unser Herr möge euch beiden seine Gnade nicht entziehen!«

★

Seit der Begegnung mit dem Fürstpropst gab es bei den Berchtesgadner Behörden niemanden mehr, der dem Adner hätte am Zeug flicken wollen. Im Gegenteil, sie bedrängten ihn fast mit ihrer Teilnahme. Indes lag es ihm nicht, von anderer Leute Hilfe zu erwarten, was er selber vermochte. So lehnte er denn auch das bürgermeisterliche Angebot, eine Wohnung im Gemeindehaus zu beziehen, mit der Bemerkung ab, er wolle nicht von der Gnade leben, solange er noch ein Recht habe; Wohnrecht habe er nämlich noch von der gottseligen Waltlmutter her auf dem Malterlehen, und zwar auf Lebenszeiten. Das werde er wahrnehmen!
Damit war Danneis Widersachern das Handwerk gelegt. Er konnte sein gewohntes Leben unbeirrt wieder fortsetzen. Er wollte jetzt seine Reisen in einem Dreijahreszyklus unternehmen: Einmal ins Salzburgische und durchs Tirol, einmal ins Bayerische, einmal ins Südtirol bis Brixen. So würde er alle drei Jahre nach Neustift kommen, wo sich die Szene von den zwei Menschen am Ufer des Wildwassers wiederholen könnte – jeweils eine Woche lang.
Er schnitzte nach wie vor seine Schwegelpfeifen, begeisterte damit die Kinder und machte sich die Eltern freundlich gestimmt. War er einmal an einem Ort gewesen, so schlug ihm bei seiner Wiederkehr das Wohlwollen der meisten entgegen. Das machte ihn stets von neuem froh und verlieh seinem Gesicht den Ausdruck einer unbeirrbaren Heiterkeit. Dazu gesellte sich die seltene Art seines Umgangs: Er hatte immer und für jeden Zeit. Dies äußerte sich auf eine seltsame Art und Weise, als er 1760 zum erstenmal nach München kam. Da hatte der städtische Scharfrichter Martin verlauten lassen, die Hauptstadt sei so voller Hexen, daß er sich

gezwungen gesehen habe, diese Unholdinnen mit einem kräftigen Bann zu belegen. Die Folge davon sei, daß sie jetzt, wenn sie zu ihren nächtlichen Teufelsfesten ausführen, jeweils mit den Köpfen ans Sendlingertor anstießen. Davon zeuge der sichtbare schwarze Fleck an der Mauer. Als der Dannei die Stadt betrat, eilte diese Mär des Henkers durch alle Gassen und Straßen, und mächtiger Aufruhr erfüllte die Häuser. Denn jedermann sagte sich, da müßten doch auch die Beulen zu sehen sein oder irgendwelche blutunterlaufene Merkmale, die sich die Ausgefahrenen am rauhen Verputz des wehrhaften Tores zugezogen hätten – und man begaffte argwöhnisch alle Frauen.

Der Dannei hatte bei den Heilig-Geist-Brüdern eine Unterkunft gefunden. Auch hier geisterte den Knechten die Äußerung des Scharfrichters durch die Köpfe. Dies umso mehr, als gerade im Heiliggeist-Spital viele alte Frauen und wohlhabende Pfründnerinnen wohnten, denen man die Teilnahme an satanischen Verlustierungen durchaus zutrauen wollte. Der Spitalmeister hatte zwar die Dienerschaft bereits über den Unsinn der Verlautbarung des Martin aufgeklärt, doch die wenigsten glaubten ihm. Sie belästigten sogar die Frauen, die sie zu betreuen hatten, und zogen ihnen die Tücher vom Kopf, um nach dem Zeichen des Aufpralls zu fahnden.

Sie redeten natürlich auch mit dem Dannei darüber. Der hörte sie am ersten Abend ruhig an. Als sie sich am zweiten wieder mit ihm unterhielten, machte er ihnen den Vorschlag, gemeinsam mit ihm den schwarzen Fleck am Sendlingertor zu untersuchen. Darauf war zunächst helles Entsetzen!

Doch mit verharmlosender Geste meinte der Dannei: »Was seid ihr denn für Mannsbilder? Ist der Fleck echt,

dann müssen Haut und Haare dran hängen; ist alles ein Schwindel, dann verdient der Fleck eine um so größere Beachtung. Fragt sich bloß, wie man ins Tor hineinkommt! Kennt jemand von euch die Wächter!«
Erwiderte einer: »Mein Schwager ist der Feldwaibel!«
»Günstiger könnten wir's nit kriegen!« sagte der Dannei. »Unterhalt dich mit dem Schwager über das, was wir vorhaben!« »'s könnt aber sein, daß der nit will!« entgegnete der andere. Da rief einer aus dem Hintergrund: »Dann soll er uns kreuzweis!«
Diese Bemerkung beglückte den Dannei, erkannte er doch daraus, daß sich die Knechte wieder erfangen hatten. Er fuhr fort: »Wenn der Schwager die Hose voll hat, machen wir's ohne ihn!«
Beifälliges Gemurmel.
Am dritten Abend. Der Schwager hatte erklärt, er werde sie ins Tor hineinlassen, mitzumachen verbiete ihm jedoch die Wachdienstordnung. Diese Ausrede war ein Krampf, denn die Dienstordnung hätte ihm auch den Einlaß Unbefugter verboten. Immerhin – sie durften hinein!
Am vierten Abend rückten ihrer neun beim Sendlingertor an. Sie wurden eingelassen, zündeten die mitgebrachten Windlichter an und stiegen über den linken Turm unter das Dach des mächtigen Verbindungsbogens hinauf. Hier, auf der Stadtseite dieses Bogens, befand sich unterhalb eines runden Auslugs der Hexenfleck. Nun konnte die Untersuchung beginnen.
Schon beim Besteigen des Turmes hatte Dannei gemerkt, wie jeder mit dem Anzünden des Lichts betont gezögert hatte, um dem anderen den Vortritt zu lassen. Jetzt, wo sie oben waren, verkrochen sie sich schier in die äußersten Winkel. Der Dannei verargte es ihnen

nicht. Er ging hin und kroch bäuchlings in die Röhre des Auslugs hinein: sie war beiläufig zwei Ellen lang. Dabei schob er das Licht vor sich her. Bald gewahrte er – was er vermutet hatte – schwarze Farbkleckse am Boden der Röhre: Eine höchst unsaubere Arbeit des Hexenbanners! Er robbte noch soweit hinaus, daß er mit einem Arm den schwarzen Fleck erreichen konnte. Er wischte mit der Hand ein paarmal darüber und zog sich dann wieder ins Innere des Torbogens zurück.
Erregt fragten sie: »Nun, was ist? Hast du Haut und Haare gefunden?«
»Die nit gerade!« antwortet er. »Aber Rußflecken im Auslug; die gleichen wie der große Fleck draußen. Demnach haben sich die Hexen auch in der Röhre zu schaffen gemacht und dabei die Köpf' angestoßen. Möglicherweise haben sie den Ausgang nit gefunden, die armen Hexen!«
»Soll das heißen, daß du nit daran glaubst?«
»Das soll heißen, daß ich nur an Ruß glaub', der vielleicht mit Ochsenblut vermischt wurde. Da seht meine Hand an! Und noch eins glaub' ich: daß wir nämlich hier oder drüben im Turm einen Eimer finden müßten mit einem Pinsel drin und ebendieser Rußfarb'.«
Erleichtert, nicht in die Röhre kriechen zu müssen, fingen sie sofort an, rührig zu suchen, und fanden tatsächlich unter dem losen Bohlenbelag Kübel und Bürste.
»Was bist du für ein Mensch?« fragte einer. »Hast du vielleicht das zweite Gesicht?«
Lächelnd erwiderte der Dannei: »Braucht ihr zu euren Hexen noch einen Hexerich? Und wollt ihr mir den in die Schuh' schieben? Kommt, wir gehen heim! 's ist schad' um jede Handvoll eingebüßten Schlaf!«
Da schlichen sie zurück ins Heiliggeist-Spital. Und wie-

wohl sie von da ab jeden aufklärten, der an des Scharfrichters Hexenbericht glaubte, hielt sich in München dieser Glaube an den schwarzen Fleck noch eine ganze Reihe von Jahren.

★

Der Dannei verweilte eine Woche in der Landeshauptstadt und wandte sich dann auf Erding zu, um über Rosenheim wieder nach Hause zu kommen. Da wollte es der Zufall, daß er kurz hinter Bogenhausen einem alten Bekannten, dem Freymann Franz Wohlmuth, auf offener Landstraße begegnete. Der hatte ihn schon aus der Ferne an der Krax'n erkannt und holte ihn ein. Beide freuten sich, ein Stück gemeinsamen Weges vor sich zu haben. Denn der Franz hatte Großes vor: er mußte in das »churfürstlich bayerische wohllöbliche Pfleg- und Landgericht« Schwaben, um daselbst vor einer versammelten Schar von Richtern sein Meisterstück zu machen.

»Und worin wird das bestehen?« fragte der Dannei mit einem unguten Geschmack im Mund.

»Wie sie mir zu wissen gegeben«, erwiderte der Freymann, »sitzt dort ein vierundzwanzigjähriger Schneider aus Straubing in Verhaft und soll wegen groben Diebstahls mit meiner Hilfe den Tod durchs Schwert erleiden. Ich werd' darauf bedacht sein müssen, ihm mit einem Streich den Kopf vor die Füß' zu legen; andernfalls werden sie mich kaum als Henkermeister bestätigen.«

»Eine traurige Meisterschaft!« entgegnete der Dannei. Darauf der Wohlmuth: »Dadrüber haben wir uns ja schon unterhalten, Dannei! Meine Arme, die das Schwert führen, sind gerechter als die der vielen tausend

Preußen, welche soeben die österreichischen Regimenter niedergemäht haben, vielleicht auch eure Berchtesgadener Männer. Vergiß das nit, Dannei!«
Der Dannei nickte.

o-o-o-o-o

Die »Keuschheitskommission«

Die Jahre gingen dahin.
Die Preußen gewannen den Siebenjährigen Krieg und Schlesien dazu. Kaiserin Maria Theresia aber drohte an ihrer »Keuschheitskommission«, die sie zur Hebung der Moral gegründet hatte, zu ersticken. Denn die Keuschheitskommissäre spionierten den Untertanen bis in die Schlafzimmer nach und erregten dadurch allenthalben höchste Empörung, die ihre Wellen bis an den Kaiserhof schlug. Und das noch Schlimmere: Diese Männer bedienten sich sogar leichter Mädchen, um begüterte Herren zu kompromittieren und dann bei ihnen abzukassieren, was sie nachgerade mit den Mädchen teilten. Das erregte vor allem den Adel. Dazu kam, daß die Kommissäre auch vor den Pfarrhaustüren und den Klosterpforten nicht Halt machten. Das erregte die Geistlichkeit. Eines Tages erschienen auch vor dem wehrhaften Portal des Klosters Neustift bei Brixen zwei Dunkelmänner in Frack und Dreispitz und verlangten den Verwalter, Herrn Pater Maurus, zu sprechen.
Sie wurden zu ihm geführt. Mit respektlosem Tonfall verlangten sie die Auslieferung der Magd Susanna Adner.
»Was heißt hier Auslieferung? Wem soll sie denn ausgeliefert werden?«
»Wir sind von der Keuschheitskommission Ihrer Kaiserlichen Majestät! Die Adner, ein liederliches Frauenzimmer, hat hinter Klostermauern nichts zu schaffen, sondern gehört ins Korrektionshaus nach Brixen!«
»Aber meine Herren Kommissäre! Die Adner dient schon seit Jahren in unserer Ökonomie und hat sich nicht das geringste zuschulden kommen lassen. Im Gegenteil, sie ist für das übrige Gesinde ein Vorbild an Gewissen-

haftigkeit und Treue. Wenn wir nur lauter solche Leute hätten!«

Einer der beiden räusperte sich, schaute hintergründig den andern an und sprach: »Herr Pater, wir sind unterrichtet, daß die Magd in Euch einen echten Gönner und Beschützer hat – was auch Eure Rede beweist! Zudem empfängt sie gelegentlich einen Landstreicher aus dem Bayerischen, und Ihr gestattet, daß sie eine Woche lang und länger unter Euren Augen mit ihm beisammen ist – hinter Klostermauern! Herr Pater Maurus, bedenkt das! Und bedenkt auch, was Ihre Kaiserliche Majestät sagen würde, wenn sie das alles erführe! Bedenkt es und gebt uns schleunigst die Magd, damit wir kein weiteres Aufheben machen müssen!«

Herr Maurus zog die Stirn in Falten. »Ob euch euere Dienstvorschrift ermächtigt, einen unbescholtenen Klosterbruder zu beleidigen und in den Schmutz zu ziehen, darüber wird noch an anderer Stelle zu reden sein. Auf keinen Fall erlaube ich jedoch, daß unsere Magd von euch in der Öffentlichkeit durch die Gassen gezerrt wird! Wenn sie in euer sogenanntes Korrektionshaus eingewiesen werden muß, dann laßt sie in einem geschlossenen Wagen abholen! Denn auch der größte Sünder hat ein Recht auf die Unantastbarkeit seiner Ehre, solange er nicht Rechtens zur Ehrlosigkeit verdammt ist. Merkt Euch das! Und jetzt verlaßt schleunigst unseren Klosterbereich! Ich möchte nicht gern gezwungen sein, euch der Behandlung unserer Knechte anzuvertrauen!«

Wieder hüstelte der eine der Dunkelmänner, dann verschwanden beide ohne Gruß. Am Abend kam der geschlossene Wagen und brachte Susanna in das Korrektionshaus nach Brixen, das von den Salvatorianerinnen geleitet wurde.

Die ehrwürdige Mutter Mathilda nahm Suanna in Empfang und schob sie in einen Schlafraum, der für drei Personen gerade groß genug gewesen wäre, darin aber sie jetzt die siebente war. Die sechs Mädchen, die unter der Türe standen – lauter junge Dinger um die Zwanzig herum – grinsten gehässig, und eine schnatterte: »Die muß ihrem Galan viel gezahlt haben!«
Dann fielen sie über Susanna her und fragten sie aus. Als sie erfuhren, daß sie Kuhdirn im Kloster gewesen sei, begannen sie über Mönche und Nonnen in übelster Weise zu spotten, wie sich denn überhaupt ihre Gespräche nur um die Hurerei drehten.
Am anderen Morgen erhielt Susanna einen Sträflingskittel wie die anderen und mußte mit ihnen ausrücken als »Straßenkommando«. Sie hatten auf Gassen und Plätzen vor allem den Roßmist zusammenzukehren, den Hundedreck und den Auswurf Betrunkener mit Eimern von Wasser wegzuspülen, desgleichen den Fuhrknechten nachzuspähen, die in allen Hausecken das Wasser abschlugen. Auch hier mußten sie mit Wasserkübeln hinterher sein und sich dabei die unflätigsten Bemerkungen anhören. Freilich, die Mädchen – und auch Susanna – waren einiges gewöhnt. Während aber diese Waschermadeln und Stubenmiezen eben erst aus ihrem lasterhaften Leben herausgerissen worden waren, hatte sich in Susannas Herzen im Laufe der Klosterjahre jener Wandel vollzogen, der neben der verdorrenden Triebhaftigkeit einherzugehen pflegt. Die Mädchen dagegen empfanden selbst an der »Bedienung« der Fuhrleut noch einen ganz netten Spaß, so daß Susanna davor verschont blieb.
Inzwischen hatte sich Herr Maurus beim Stadthauptmann von Brixen beschwert und die Versetzung der zwei

Dunkelmänner erwirkt. Auch hatte ihm der hohe Beamte zugesagt, die Sache Susanna Adner prüfen zu lassen, könne es doch nicht im Sinne Ihrer Kaiserlichen Majestät sein, einen »gesündigthabenden« Menschen wegen seiner Sünde zeitlebens zu verfolgen. Die Prüfung, die sich freilich über Monate hinzog, ergab am End, daß eine andere Klostermagd aus Eifersucht Susanna hingehängt hatte. Darauf wurde die Arme nach fast zweijähriger »Korrektion« wieder in die klösterliche Gesindegemeinschaft von Neustift zurückgestellt.
Um diese Zeit kam auch der Dannei wieder des Wegs und durfte etliche Tage im Kloster hausen. Er erschrak, als er die Frau sah. Dann erzählte sie ihm alles.
»Hast du gesundheitlich irgendeinen Schaden erlitten?« fragte er besorgt. »Das wird sich erst herausstellen, sobald der Bruder Infirmarius (Krankenwärter) zu einem Urteil gekommen ist. Jedenfalls habe ich Schmerzen auf den Nieren. In der Korrektion haben wir abwechselnd geschwitzt und gefroren.«
»Versteht sich der Krankenwärter auf eine solche Behandlung?«
»Mein Gott, Dannei! Er hat mir ein Katzenfell gegeben und verschiedene Teesorten. Wenn ich Anfälle hab' – und die werden jetzt immer häufiger – muß ich Hefebier trinken. Das treibt die Steine ab, sagt er.«
Nierensteine!
»Und die Anfälle häufen sich?« wiederholte der Dannei.
»Meinem ärgsten Feind möcht' ich sie nit wünschen! Da liegt man stundenlang da oder wälzt sich auf dem Boden, und keine Sekunde läßt's nach. Dannei, und wenn's dann nachläßt, fühlst du dich zermartert und wärst froh, wenn's aus wär'! – Aber du, du bist gesund?«
»Gott sei's gedankt, Susanna!«

»Und wie alt sind wir jetzt? Du gehst auf die Siebzig, ich auf die Sechzig. Da haben wir eh nit mehr viel zu vermelden auf derer Welt!«

»Als ob wir schon etwas zu vermelden gehabt hätten! Aber seien wir froh! Wer viel zu vermelden hat, muß vorher viel nachdenken und nachher viel verantworten. Solange man gehen kann und einen Apfel und eine Handvoll Wasser hat, ist das Leben lebenswert –«

»– und solange man keine Nierensteine hat!« unterbrach sie ihn.

»Und keine Nierensteine!« wiederholte er.

Die gemeinsamen Tage waren vorbei, Anton Adner dankte dem Herrn Pater Maurus, auch für die Bemühungen um Susanna, und trat den Heimweg an. Als er zur Brixner Klause kam, dort, wo das Pustertal ins Eisacktal einmündet, begegnete ihm einer, der offensichtlich nicht ganz bei Troste war. Völlig heruntergekommen, schmutzig und zerlumpt, hatte er sich in einer Kanalröhre niedergelassen und schlief mit dem Bettelsack unterm Kopf. Sein Schlaf war leicht, denn als der Dannei daherkam, erwachte er, stand auf und schlug mit einem Messingkreuz, das er um den Hals trug, einen Segen über ihn. Er redete französisch. Der Dannei hatte seit den Tagen der Stiftsschule kaum je ein Wort französisch gesprochen und tat sich recht hart.

»Benedikt Labre, fünfundzwanzig Jahre alt, gebürtig aus Nordfrankreich.«

»Seid ihr ein Mönch?« fragte der Dannei vorsichtig.

»Kein Mönch, lieber Bruder, sondern nur einer, der durch die Lande reist, von Wallfahrtsort zu Wallfahrts-

ort, um wie der Herr, der auch nichts hatte, wohin er sein Haupt legen konnte, zu sühnen und zu büßen.«
»Wovon lebt Ihr dann?« fragte der Dannei schon etwas deutlicher.
»Von dem, was der liebe Gott oder liebe Menschen für mich bereit halten!«
»Dann seid Ihr also ein Bettler! Ihr solltet Euch schämen! Ihr seid jung, habt Kraft in den Armen. Wenn's Euch dabei auch ein wenig am Hirn fehlen sollte, so hindert Euch das nicht, bei einem Bauern einzustehen und knechtliche Arbeiten zu verrichten. Wegelagerer, entsprungene Mönche, entlaufene Soldaten machen das Diebsvolk unserer Tage aus. Und dann noch den Firlefanz mit dem Kreuz! Ich halte viel von einem guten Segen, etwa eines Vaters oder einer Mutter, aber für solche Faxen hab ich nichts übrig!« Der Dannei hatte sich warm geredet.
Der andere hatte ihm mit treuherzigem Geschau zugehört. »Ihr habt recht!« sagte er dann. »Und wie recht Ihr habt! Ich bin eine Laus am Körper unserer heiligen Mutter, der Kirche. Doch bedenkt, daß es auch die geben muß, schon damit man mit anderen – wie etwa mit Euch – ins Gespräch kommen kann. Große Menschen, bewundernswerte Menschen, heilige Menschen gibt es auf dieser Welt viele: Kaiser, Könige, Prälaten, Ordensleute, Edelfrauen und Nonnen aus fürstlichen Häusern, Ärzte, Feldherren, Juristen – die alle gibt es. Doch die mischen sich nicht unter die Elendsgestalten, unter die Nichtstuer, unter die Krätzigen, die Ausgestoßenen. Und doch muß es auch für die jemanden geben, der versucht, mit ihnen zu reden und zu beten. Lieber Bruder, ich versuche es. Verargt es mir nicht, doch ich muß erst einer werden wie sie, ehe wir uns gemeinsam niederknien können.«

Diese Worte überraschten den Dannei: Daß es sowas auch gibt!
Er zündete mit den herumliegenden Ästen ein Feuer an und briet zwei Speckstreifen, die sie dann miteinander aßen.
»Ich werde Magenschmerzen kriegen«, meinte Benedikt Labre, »denn solche Genüsse sind mir seit Jahren fremd.«
»Dazu kann ich nichts sagen«, entgegnete der Dannei.
»Ihr habt andere Lebensideale, die wohl auch eine andere Lebensweise verlangen. Nur daß Ihr ausgerechnet auch noch verlaust sein müßt – im Interesse Eurer Ideale –, das will mir nicht eingehen. Stammt Ihr denn aus einer verluderten Familie?«
»Im Gegenteil, lieber Bruder, mein Vater ist Spezereihändler! Doch habe ich mich von meinem Elternhaus gelöst, habe mich von Sitte und Brauch meiner Familie gelöst, um denen, die als Verkommene gelten, brüderlich begegnen zu können.«
Dannei schaute den dürren, jungen Mann an: »Verzeiht mir, wenn ich jetzt ganz gradheraus rede: Doch Ihr müßt entweder ein Narr sein oder ein Heiliger!«
Der andere: »Heilige gibt es viele; doch Narren meiner Art sollten häufiger sein!«
Als sie gegessen hatten, setzte Dannei seinen Weg fort. Benedikt Labre wollte erst gegen Abend weiterziehen, vor allem wegen der Fliegen, die ihn tagsüber belästigten und beim Beten störten. Sein Weg führte nach Rom, wo er beim Abschaum der Heiligen Stadt im Hafenviertel und in den unterirdischen Kanälen seine apostolische Tätigkeit ausüben wollte.

★

Der Dannei kam wieder ins Tirol und dann ins Bayerische.

Es war ein Umweg, den er diesmal einschlug, weil er in Piding, das am Fuße der Burg Staufeneck lag, den Schnitzer Dominikus besuchen wollte, der im ganzen Rupertiwinkel bekannt und weit darüber hinaus geschätzt war. Meister Dominikus hatte nämlich soeben die lieblichen Engel für die Dorfkirche zu Ende gebracht. Dannei wollte sie sehen und sich ein paar gute Ratschläge geben lassen. Als er das Turmhaus des Meisters betrat, stand da ein Weib von guten Jahren.

»Ich bin die Schwester Dorothe. Ihr wollt sicher zum Dominikus. Der ist zum Herrn Fürstbischof nach Salzburg.«

»Dann komm' ich ein andermal wieder.«

»Mir scheint, daß Ihr recht müde seid; wollt Ihr nicht eine Brotzeit von uns?«

Der Dannei schaute die Frau an. Sie lächelte und ließ ihn stehen. Als sie wegging, merkte er, daß ihr die linke Hand fehlte. Er setzte seine Krax'n ab, denn bei einer Brotzeit darf der Mensch nicht angeschirrt sein, das gilt für den Herrn wie für den Knecht, für den Almosengeber wie für den Bettelmann. Sie kam mit Geselchtem und einer Maß Bier zurück.

»Ihr seid aus der Propstei?«

»Ich bin der Adner und sie nennen mich Dannei. Ich bin aus der Schönau und wohne am Malterlehen, wenn Euch das was sagt.«

»Dann seid Ihr wohl ein Bauer und wart mit Almkäse unterwegs?«

»Nein, Frau Dorothe, bin bloß ein Schnitzer und wahrlich kein so bedeutender wie Euer Bruder. Ich mach Schwegelpfeiferl, Arschpfeifenrößl und Spanschachteln.«

»Und Ihr verhökert Eure War' selber?«
»Das kann leicht sein; leb' ja allein.«
»Daß so ein Mannsbild allein bleiben kann?«
Sie schwieg und der Dannei wunderte sich ein wenig über sie. Nachdem er gegessen und getrunken hatte und sich anschickte, das gastliche Turmhaus zu verlassen, fragte er noch, was ihr denn mit der Hand passiert sei.
Fast schnippisch erwiderte sie: »Vor Jahren haben sie mich droben auf der Burg über die Streckbank gezogen und haben der vermeintlichen Hex' das ganze Gelenk zerrissen. Darauf mußte mir der Physikus die Hand abnehmen.«
»Armes Weib!« sagte er, bedankte sich und ließ den Bruder Dominikus schön grüßen.

o-o-o-o-o

Grab Nummer 37

Neunundsechzig Jahr' zählst du und denkst wie ein Fünfzehnjähriger! – Das sagte sich der Dannei, als er jetzt von Piding auf Berchtesgaden zustrebte. Weil sie dich angelacht und »so ein Mannsbild« genannt hat, steigen tölpische Gefühle in dir auf! Anständige Mannsbilder sollten dergleichen nicht kennen, sollten sich – bei diesen Jahren! – ihrer sogar schämen! Als er aber dann über die Schwelle seines Zuhäusls trat und den heimeligen Duft seines Holzes atmete, war wieder die alte beglückende Stille um ihn und in ihm – und die Dorothe verschwand.
Es wurde September. Die Kastanien fielen von den Alleebäumen, die Mischwälder verfärbten sich, es war Zeit, sich beim Holzmeister um das nötige Schnitzholz zu kümmern. Das wurde zwar vom Stift kostenlos abgegeben, aber bloß am Stamm, das Fällen, Herausziehen und Heimbringen mußte der Schnitzer selbst besorgen. Für den Dannei taten das die am Malterlehen.
Als er an jenem Abend – es war just der Tag der heiligen Notburga – aus dem Wald heimwärts ging und an der Hebenstreitmühl' vorbeikam, war ihm, als ob sich dort die Haustür aufgetan hätte.
Er verhielt für ein paar Sekunden und sah im Dämmerdunkel unter dem steinernen Rundbogen die Susanna stehen. Er streckte eine Hand aus und wollte hinübergehen, sie zu begrüßen. Da winkte sie, so wie sie ihm voreinst als Mädchen oft zugewunken hatte, und verschwand. Der Dannei stand immer noch da, hölzern wie seine geschnitzten Hirten, und schaute unverwandt auf die Tür. Da machten sie drinnen in der Wohnstube ein Licht an und zogen die Vorhänge zu. . .

Sechs Wochen später – es fiel bereits der erste Schnee und hüllte den Watzmann in einen zuckerigen Mantel – brachte die Post einen Brief aus dem ehrwürdigen Konvent der Chorherren des heiligen Augustinus zu Neustift in Brixen an den Holzschnitzer Anton Adner auf dem Malterlehen. In ausgewogener Schrift stand da geschrieben, daß die Klostermagd Susanna Adner am Abend des Festes der heiligen Magd Notburga nach einem schmerzvollen Steinleiden, gottergeben und mit den Sakramenten der Sterbenden versehen, selig im Herrn entschlafen sei. »Und wir haben sie auf unserem namenlosen Klostergottsacker unter Nummer 37 zur ewigen Ruhe gebettet, indem daß mit dem Tode alles menschliche Gezierd erloschen ist und weder Abtstab noch Mistgabel Bestand hat vor dem Auge Gottes. RIP.«
Der Dannei begab sich mit dem Schreiben zum Hofbäckenmeister Jakl Hebenstreit nach Berchtesgaden und zeigte es ihm. Doch der brave Jakl war frühzeitig gealtert und auch ein wenig verblödet. Er erkannte weder den Dannei, noch konnte er sich erinnern, je eine Schwester gehabt zu haben. Nur als der Name »Susanna« fiel, meinte er treuherzig: »Den Welschen haben sie doch verbrannt, den Schlawiner!« –
An einem der darauffolgenden Tage ließ seine Frau in der Stiftskirche eine Totenmesse lesen, und der Dannei auch. Den Brief aus Brixen nahm das Hofmarksgericht zu den Akten und ließ dem Dannei eine Abschrift fertigen für den Fall, daß er nach Jahresfrist wieder zu heiraten gedächte. In den Kanzleien kannte ihn niemand mehr. Das machte ihm weiter nichts aus, doch empfand er eine heimliche Freude, als er in den Regalen die Aktenbündel sah und auf manchem Rücken ihrer Einbände seine Schrift erkannte.

Jetzt stapfte er manchmal durch den Schnee hinauf zur Holzfällerkapelle, wo das schlechte Bild von der Ehebrecherin und den Juden mit den Steinen in den Händen zu sehen war. »Richt deine Gedanken!« stand über der Tür. Er hatte nicht viel zu richten, denn daß ein Zusammenleben nicht mehr möglich gewesen war, das hatten sie gewußt und besprochen. Und jetzt hatte unser Herrgott – wie immer – das letzte Wort gehabt und das ganze Problem weggewischt. Susanna, vielleicht sind wir uns jetzt näher, als wir es je zu deinen Lebzeiten waren! Die Schuld, die stets zwischen uns lag wie der tosende Wildbach, ist von unserem Vatergott durch den Tod seines Sohnes getilgt. Geblieben sind unsere Herzen, die trotz allem! – einst in Liebe einander zugetan waren: dein Herz drüben, meins herüben! Diese Liebe war, wenn auch nur für kurze Zeit, ein fester Bestandteil unseres Lebens und hat sich unauslöschlich wie das Sakrament eingeprägt in unsere Seelen. Du hast diese Prägung mit hinübergenommen, ich will sie hier bewahren und hüten. Du bist von deinem Ufer fortgeholt und in deinem Untergang vollendet worden; ich muß noch warten und werde mich bemühen, täglich ein kleines »Richtfest meiner Gedanken« zu begehen, damit ich dir drüben begegnen kann, wie sich's gehört! Wann das sein wird? Der Zigeunerin nach, Susanna, wird's noch eine ganze Weile dauern. Ist aber auch Wurscht, wie lange es noch dauern wird! Du brauchst dich nit mehr zu grämen, du hast's hinter dir! Und ich will mich nit grämen, sondern froh in Gottes Tag hineinleben:
Er schenke mir ein fröhlich Herz,
Erfrische Geist und Sinn,
Und werf' all Angst, Furcht, Sorg' und Schmerz
In Meerestiefen hin!

★

In diesem Winter schnitzte der Dannei fast lauter Weihnachtsengel, sie trugen allemal die lieben Gesichtszüge der jungen Susanna. Als aber das späte Frühjahr gekommen war, entschloß er sich gegen seine ursprüngliche Absicht, wieder ins Südtirol zu wandern, selbst auf die Gefahr hin, daß sie ihm diesmal weniger abkaufen würden als sonst. –
Wenn sie auch mit der Totenmesse für die Hofbäckenstochter weiter kein Aufsehen erregt hatten, so war doch die Kunde davon in der Umgebung allenthalben durchgesickert, war doch die Tote eine recht ausgefallene Sorte von Weib gewesen. Mit der Frau Churfürstin hatte sie am Ammersee Wildschweine geschossen; mit dem jungen Walddirektor war sie ihrem Manne davongelaufen; um ihretwillen hatten sie den Welschen schließlich verbrannt; ein Haus mit Freudenmenschern soll sie geführt haben, bis man ihr das Handwerk gelegt und sie in ein Kloster gesteckt hatte. Kuhdirn war sie da gewesen, und die Straßen hatte sie auch fegen müssen. Und das alles die Tochter des Hofbäcken der Fürstpropstei Berchtesgaden! Mein Lieber, 's gibt schon komische Heilige auf derer Welt, sogar unterm Krummstab! Und der Dannei, der brave Depp, der soll ihr sogar bis ins Südtirol nachgeschloffen sein! Ist kein recht's Mannsbild nit, der Dannei! Unsereiner hätt' dem Weibert das Ausigras'n schon austreiben, allenfalls mit der Heugabel! –
So redeten sie.
Auch in Piding unterm Staufen erfuhr man von alledem. Sagte die Dorothe zu ihrem Bruder, dem Holzschnitzer Dominikus: »Der Adner hat doch dortmals zu dir kommen wollen, weil er einen Rat gebraucht hätt'.«
»Mein Gott!« erwiderte der. »Wenn einem sowas zu-

gestoßen ist, dann hat man seine Gedanken woanders!«
»Vielleicht könnt's ihn ein wenig trösten, wenn man ihm sagen tät, er soll jetzt kommen.«
»Wenn er was braucht, kommt er von selber. Wer ist er denn, daß ich ihm nachlaufen müßt'?«
Doch die Dorothe dachte da ein bißchen anders. Sie begab sich zu ihrer Tante nach Hallthurm – Dominikus war ja viel unterwegs – und richtete sich hier häuslich ein, worüber die Tante recht froh war, weil dann das Haus nicht leer stand, wenn sie immer wieder für ein bis zwei Wochen auf die Alm ging.
Die Tante war kaum aus dem Hause, da eilte die Dorothe dahin, kam an die Bischofswiesener Ache und war nach guten drei Stunden in der Schönau auf dem Malterlehen. Sie traf den Dannei in seinem Zuhäusl, als er gerade dabei war, seine Krax'n aufzubauen.
»Frau Dorothe?«
»Ihr seht richtig, Dannei! Ich darf Euch doch so nennen, wenn's die ganze Fürstpropstei tut?«
»Was führt Euch denn zu mir? Ihr kommt doch wohl nit von Piding daher?«
»Das wär mir zu weit gewesen. Ich hause jetzt bei der Tant' zu Hallthurm, auf dem großen Hof gleich hinter der Kapelle. Von da bis zu Euch läßt sich's schön gehen in der Morgenfrühe. Und was mich zu Euch führt? Ich soll Euch vom Bruder Dominikus grüßen. Er hat lange auf Euch gewartet, doch jetzt hat er fort müssen und kommt erst im Herbst aus der Wachau zurück.«
»Ja freilich!« erwiderte der Dannei. »Hab ihn im Winter aufsuchen wollen, doch da ist mir was dazwischengekommen. Und jetzt rüst' ich mich, wie Ihr seht, wieder für eine lange Reise.«
»Ihr müßt ja noch erstaunlich gut beisammen sein, wenn

Ihr eine solche Last wochenlang dahinschleppen könnt!«
»Das macht die Gewohnheit, Frau Dorothe! Wenn man jedes Jahr durch ein anderes Land streift und Wind und Wetter nicht scheut, kriegt man eine gegerbte Haut und ein unverwüstliches Gemüt.«
»Wie alt seid Ihr eigentlich?«
»Hab schon meine Siebzig am Buckel, doch sind sie mir noch nit beschwerlich.«
Die Dorothe schüttelte den Kopf: »Trotzdem solltet Ihr Euch nit mehr so strapazieren! Die Schnitzerei in Ehren, aber das Verhökern solltet Ihr der Zunft überlassen! Da hätt' ich einen Vorschlag. Ihr dürft mir's aber nit verübeln, wenn ich so frei und frank herausred'! Nachdem ich zu Hallthurm das Wohnrecht hab, könnten wir doch ruhig zusammenziehn. Dann wären wir beide nit mehr allein: Ihr könntet schnitzen, und ich tät Euch versorgen!«
Der Dannei lächelte: »Das ist freundlich gedacht, Frau Dorothe, ist aber kein Zusammenstand zwischen uns! Fürs Zusammenziehn seid Ihr zu jung!«
»Und wenn wir heiraten täten?« fragte sie mit starker Betonung.
Darauf er nach einigem Nachdenken: »Habt Ihr Euch das überlegt?«
Rechnet fünf Jahr' weiter; wie alt seid Ihr dann?«
»Über fünfzig!«
»Und noch einmal fünf Jahr' dazu, dann bin ich achtzig, und Ihr seid noch nit einmal sechzig!«
Da schwieg sie. Der Dannei ging ans Regal hin, wo noch einige Schnitzarbeiten standen: »Liebe Frau Dorothe, ich schenk' Euch einen Weihnachtsengel und dank' Euch für Eure Zuneigung und den guten Willen! Beides hat mir gut getan, doch sind die Folgen daraus nit zu

verwirklichen. Seht das ein und denkt nit böse von mir!«
Sie nahm einen Schürzenzipfel und wischte sich damit
über die Augen. Dann ging sie sachte zur Tür des Zuhäusls hinaus. Er folgte ihr, blieb aber unter der Tür stehen und schaute ihr nach, bis sie drunten im Hohlweg verschwunden war.

★

Mitte Juli kam der Dannei wieder vor der Brixener Klause an und mußte sich von den Zollwächtern des geistlichen Fürstentums untersuchen lassen. Eigentlich hätten sie ihn kennen müssen, war er doch schon etliche Male hier vorbeigekommen. Aber die Zöllner wechselten häufig, weil die Klausenwache Strafposten war und der Herr Fürstbischof bei seinen militärischen Untergebenen keine Insubordination duldete. Sie sprangen mit dem Dannei um, als wäre er ihr Leibeigener, ließen ihn seine ganze Krax'n abladen und alle Stücke einzeln ausbreiten, wobei sie von einigen feinen Spanschachteln die Deckel so ungestüm herunterrissen, daß sie zerbrachen. Es hatte den Anschein, als ob sie den alten Mann hätten reizen und zu einer Unmutsäußerung herausfordern wollen, um gerade noch mehr Verwüstung unter seiner Ware anrichten zu können. Das spürte er und tat deshalb alles, was sie von ihm verlangten, auch als sie ihn, nachdem er die Krax'n wieder schön aufgepackt hatte, ein zweites Mal abladen ließen. Erst gegen Abend durfte er das feste Klausentor passieren. Dabei trat ihm ein Zöllner sogar noch ans Schienbein.
Als sich dann der Talkessel vor ihm öffnete, schlug er sich seitlich in ein Lärchenwäldchen und fand dort in der Hütte eines Vogelstellers bereitwillige Unterkunft.

Der Vogelsteller, ein biederer Gebirgsbauer, den die Schwiegertochter hinausgebissen hatte, gab ihm anderen Tags über den Vogelherd hinweg das Geleit, damit er sich nicht in den getarnten Netzen und Schlingen verfinge. Dannei schenkte ihm einen Weihnachtsengel, worüber der Alte gerührt war.

Diesmal mied der Dannei die geschlossenen Ortschaften, die er im vergangenen Jahr besucht hatte, und begab sich auf die großen Einzelgehöfte, die breit an die Hänge hingelagert waren und schon von außen die Wohlhabenheit ihrer Besitzer bekundeten. Sie dankten ihm für seinen Besuch sehr und kauften ihm die »Berchtesgadner War'« so rasch ab, daß er in Brixen mit der leeren Krax'n ankam. In Neustift nahm ihn der Bruder Maurus freundlich auf und wies ihm die gewohnte Kammer an: »Bleibt bei uns, solange Ihr wollt!«

Nun, lange wollte er nicht bleiben; er hatte sich vorgenommen, nur noch einer Gehörigkeit zu genügen und dann das Haus der frommen Augustiner nie wieder zu betreten. Als die Nacht anbrach, nahm er die geweihte Kerze, die er von Maria Gern mitgebracht hatte, und ging auf den Friedhof der Namenlosen. Am Grabhügel Nummer 37 zündete er sie an, kniete davor nieder und betete einen Rosenkranz. Darauf erhob er sich und verharrte eine Stunde stehend in betrachtendem Gebet. Als die Turmuhr ihm zu Häupten die Mitternacht anschlug, hatte er zweimal den Rosenkranz knieend gebetet; als die aufgehende Sonne die Berggipfel in glühende Röte tauchte, fünfmal: Lieber Gott, verzeih mir, was ich an der Susanna gesündigt hab', und gib ihr die ewige Ruh'!

Bruder Maurus berichtete ihm noch, mit welch seligem Gottvertrauen sie trotz wütender Schmerzen verschieden war. Er gab ihm auch ein paar Habseligkeiten,

die sie in einem ledernen Tüchlein hinterlassen hatte. Unter diesen befand sich ein Osterbeichtzettel von Maria Gern. Den hatte ihr der Beichtiger damals gegeben, als sie zum Entschluß gekommen war, das Treiben mit dem Antonio zu beenden und den Dannei zu heiraten.
Warum hatte sie gerade diesen Zettel aufbewahrt? War diese Beichte in ihrem Leben ein Wendepunkt gewesen? Ein Anlauf zu einem großen Sprung hinein in eine neue Lebensbahn! War ihr der Sprung geglückt? – Gott allein weiß, warum nicht! Er wird ihr seine Barmherzigkeit nicht versagt haben ...

Als der Dannei Tage später wieder heimwärts zog, wollte es der Zufall, daß er in Brixen am Hause eines Bartputzers vorüberkam. An der Eingangstür hing ein Spiegel. Dannei verweilte ein wenig davor und sah zum ersten Mal, daß sich in sein fülliges dunkles Haar deutlich graue Strähnen hineinverwoben hatten.

o-o-o-o-o

Der Papst in München

Um die Wende der siebziger Jahre erschien in der Fürstpropstei Berchtesgaden ein Flugblatt. Man wußte weder wer's geschrieben, noch wer's gedruckt hatte. Es war ein böses Blatt, und die Hofkanzlei bemühte sich eifrig, alle Exemplare, die im Umlauf waren, zu sammeln und zu vernichten. Darin wurde nämlich Kaiser Josef II. als Sakristan, Kirchenräuber und Klosterstürmer gebrandmarkt. Der neue Propst, ein Freiherr von Schroffenberg, ließ deshalb durch sein kleines Fürstentum allenthalben fortsagen, daß sich einer Majestätsbeleidigung schuldig mache, wer ein solches Blatt behalte oder gar damit hausieren gehe.

Dem Dannei waren auf seinen Reisen mehrere dieser Blätter unter die Finger gekommen. Er ging damit nicht hausieren, gab sie aber auch nicht ab; denn vernichten konnte er sie selber auch. Es waren darin schier unglaubliche Dinge zu lesen. So hieß es, der Kaiser habe von mehr als zweitausend Klöstern mindestens dreizehnhundert aufgehoben. Vor allem hätten es ihm die Nonnenklöster angetan. Von diesen habe er nur jene verschont, deren Insassen dem allgemeinen Wohl verpflichtet gewesen seien. Betende oder gar bettelnde Klosterfrauen seien nur eine soziale Last und förderten die Faulheit. Dies aber sei ein hirnverbrannter kaiserlicher Irrtum; denn die durch die Aufhebung freigesetzten Nonnen, die zumeist für das rauhe Klima des Weltlebens unbrauchbar seien, verfielen jetzt allen Versuchungen und Gefahren und rekrutierten aus ihrer Notlage heraus weitgehend die Badestuben und öffentlichen Frauenhäuser. Man gehe darum nicht fehl, wenn man den Habsburger als einen Vorläufer des Antichrists bezeichne.

Verständlich, daß der Propst als reichsunmittelbarer Fürst derartige Anwürfe gegen seinen kaiserlichen Herrn nicht dulden durfte, nicht dulden wollte. Und es gelang ihm auch, die Flugblätter auszurotten, noch ehe ihr Vorhandensein in Wien ruchbar wurde. Doch damit waren die Tatsachen nicht aus der Welt geschafft, Tatsachen, deren Echo mittlerweile auch im Vatikan gehört worden war. So entschloß sich Papst Pius VI., um weiteres Unheil für die Kirche Gottes zu verhüten, persönlich nach Wien zu reisen, um Josef zu überreden, von seinem »ketzerischen« Tun abzulassen. Doch die stundenlangen Unterhaltungen der beiden Oberhäupter im Augarten blieben erfolglos. Im Gegenteil, nachdem der Papst von Wien nach München abgereist war, setzte der Kaiser seinen »Klostersturm« verschärft fort.
Für die hohe katholische Geistlichkeit in Bayern war es selbstverständlich, dem Nachfolger des Apostels Petrus in der Landeshauptstadt ihre Huldigung darzubringen. So begab sich denn auch der Fürstpropst mit seinen Stiftsherren im Viererzug, sechs Kutschen und vierzehn Begleitwagen und sonstigem Gepränge auf den Weg nach München. Es war ein freundlicher Tag im April, als sie über Teisendorf und Traunstein flott dahinfuhren. Voraus ritten in weiß-gelber Livrée drei fürstpröpstliche Hofgardisten. Ihnen folgte das Viergespann. Auf dem Bock saß der alte Hofkutscher, ihm zur Seite der junge Zechmeistersohn Florian vom Malterlehen aus der Schönau; der fürstliche Stallmeister hatte ihn als Nachfolger für das hohe Kutscheramt ausersehen. Mit einem Male erhob sich der Florian vom Sitz und rief: »Da vorne geht doch unser Dannei mit der Krax'n!«
Sogleich verlangsamte sich die Fahrt. Der Adjutant des Freiherrn schaute zum Kutschfenster heraus. Auch er

erkannte den Schachtelmacher sogleich: »Euer Gnaden, unser Adner aus Berchtesgaden!«
Der Fürst gab ein Zeichen, und gerade vor dem Adner kam das Gespann zum Stehen. Der war in den Straßengraben gewichen und winkte mit einer Hand, denn verneigen konnte er sich nicht, weil ein Teil der Krax'n auf seinem Kopfe ruhte, und in der anderen Hand hielt er das Strickzeug. Schroffenberg, der erst neununddreißig Jahre zählte und wegen seiner Leutseligkeit sehr beliebt war, befahl zu halten. Der Adjutant öffnete den Wagenverschlag und stieg aus, der Propst folgte ihm. Beiden tat es wohl, sich die Beine ein wenig zu vertreten. Gemeinsam näherten sie sich dem Dannei: »Wohin führt dich dein Weg, Anton Adner?« Der Schroffenberg sprach's und reichte ihm die Hand.

»Hochfürstliche Gnaden, ich hab meine diesjährige Geschäftsreise begonnen.«

»Und wohin?«

»Sie wird mich über Mühldorf und Braunau ins Innviertel führen und dann übers Salzburgische wieder in die Propstei.«

»Und durch all die vielen Wochen trägst du diese schwere Last? Wie alt bist du eigentlich?«

»Ach Gott, Herr, das mit der Krax'n ist Gewohnheitssach'! Von meinen siebenundsiebzig Jahren bin ich über mehr als die Hälfte unterwegs gewesen. Das macht einen straffen Buckel und kernige Waden. Da spürst du die Krax'n schier gar nit mehr und außerdem wird sie ja von Woche zu Woche leichter!« Der Dannei lächelte den Fürsten an.

Der erwiderte: »Siebenundsiebzig und noch so rüstig! Dich muß der liebe Gott sehr gern haben!«

»Ich hoff's, hochfürstliche Gnaden! Versteh' mich ja auch ganz ordentlich mit ihm!«

Die beiden Herren lachten, und der Fürst meinte: »Adner, wir haben einen Anschlag auf dich vor: Fahr mit uns zum Heiligen Vater!« – Der Dannei mußte blinzeln: »Herr, meint Ihr, zum Papst nach Rom? mit der Krax'n? Der wird wohl kein Spielzeug nit brauchen, und seine goldbestickten Kutten wird er auch nit in meine Spanschachteln schlichten!«

Darauf der Adjutant: »Nicht nach Rom! Unser Heiliger Vater kommt dieser Tage nach München!«

»Und wie lange wird das dauern in München?«

»Wohl vierzehn Tage!«

»Herr, da geht mir viel Zeit verloren, und ich muß haushalten mit meiner Zeit.«

Sagte der Propst: »Es soll dein Schaden nicht sein. Wir schenken dir hundert Gulden!«

»Hundert Gulden! Hochfürstliche Gnaden, das verdien' ich ja im ganzen Jahr nit! Also nix wie los! Und vielmals Vergelt's Gott!«

Während zwei Stiftsknechte Danneis Krax'n auf einen der Begleitwagen luden, nahmen ihn die beiden hohen Herren mit sich in den Prachtwagen, und dahin ging's. Kurz hinter Matzing kam der fürstpröpstliche Geleitzug abermals zum Stehen, denn vom Kloster Baumburg her nahte eine prächtige Abordnung, den hochwürdigen Gast gebührend zu empfangen, wollte er ja doch hier in freundlicher Begegnung mit den geistlichen Brüdern etliche Tage verweilen. Als diese Tage um waren, setzten sie – begleitet vom Klostervorsteher und vierzig Mönchen – ihren Weg nach München fort. Der Dannei fuhr jetzt auf einem der hintersten Begleitwagen mit.

★

Der Papst in München – ein säkulares Ereignis!
Bitter enttäuscht und tief gekränkt, versuchte der alte, würdige Mann, sich an der angestammten Papsttreue der Bayern ein wenig zu erlaben und aufzurichten. Im Bayernland gab es ja noch betende Klöster und kontemplative Orden, die nicht – wie in Österreich – als unnütze Belastung und Verschwendung von Menschen und Arbeitskraft angesehen wurden. Es freute ihn, als er sah, wie sie aus allen Winkeln und Ecken des Landes herbeiströmten. Seine Augen füllten sich mit Tränen, als er am Isartor von einem Mägdlein mit einer Ode begrüßt wurde in der es hieß:
»Komm und nimm uns die schwere Last der Sünden!
Laß uns Ruh in Weisheit, Glück in Tugend finden!
Komm und weihe, was auf Feldern steht,
Durch dein frommes segnendes Gebet!
Unsre späten Enkel werden von den Tagen
Deiner Gegenwart in Bayern Wunder sagen;
Jeder denkt dann an das große Glück,
An den Segen deiner Huld zurück.
Dank dir, großer Pius, Dank und Ehre!
Jeder Christ und jeder fromme Bayer ehre
durch Gebet und stille Frömmigkeit
Deine wundervolle Heiligkeit!«
Als er dann am 1. Mai 1782 im Alten Peter in Beisein des Churfürsten Carl Theodor und des Freisinger Bischofs vor den Großen des Landes eine Rede hielt, erkannten alle, daß er vor dem josefinischen Zeitgeist bereits resigniert und sich zu großer Duldsamkeit durchgerungen hatte. Er sprach zwar italienisch, doch sehr viele verstanden ihn: »Vielgeliebte Brüder und Schwestern im Herrn, laßt Uns zu euch ein Wort von der Güte sagen, ein Wort von den gütigen Deutungen! Es ist eine der

schwersten und meist erst sehr spät im geistlichen Leben erlernbaren Übungen, über den Nächsten kein Urteil zu fällen. Es ist – Gott sei's geklagt! – unser aller Drang, jede Tat, die in unseren Gesichtskreis tritt, zu kommentieren, zu kritisieren. Kritisieren ist uns derart zur zweiten Natur geworden, daß es den Anschein hat, als erheischte alles Tun des Mitmenschen ein Urteil von uns. Wir gebärden uns, als wäre jeder unserer Nebenmenschen ein Angeklagter vor unserem Richterstuhl, und wir, die wir vielleicht ungerecht, schlecht unterrichtet, launisch sind, brennen darauf, über ihn den Stab zu brechen. Dieser uns innewohnende Drang, zu urteilen und abzuurteilen, ist fast unausrottbar; jedenfalls ist seine Heilung ein schier endloser Prozeß. Darum müssen wir uns für lange Zeit darauf einrichten, ihn in den Griff zu bekommen, – und das geschieht durch die gütigen Deutungen. Was heißt das, meine Brüder und Schwestern? Das heißt, wir müssen die Charaktere unserer Mitmenschen wie in sanftem Schatten oder im freundlich milden Licht des Mondscheins betrachten. Wir sollen für das Böse um uns her nicht blind werden, nein! Denn dann würden wir bald in einer Märchenwelt leben. Aber wir müssen uns zu Höherem emporschwingen als nur dazu, dieses Böse aufzuspüren und bloßzustellen. – Meine Lieben, habt ihr nicht alle schon bemerkt, daß der Mensch das ist, wofür er die anderen hält? Seine eigenen Unzulänglichkeiten sind die Ursache seiner mißgünstigen Urteile über die anderen. Wenn du hörst, daß einer einen anderen der Gemeinheit zeiht, dann sei sicher, daß er nicht nur etwas Bösartiges, sondern den gleichen Zug der Gemeinheit in sich trägt. – Darum, liebe Brüder und Schwestern, deutet die Handlungen der anderen in Güte! Ihr ahmt damit jene Züge des göttlichen Wesens nach,

auf denen unsere ganze Hoffnung ruht: die barmherzige Nachsicht. Diese verleihe euch der allmächtige und allgütige Gott Vater, sein Sohn und der Heilige Geist!«
Als nach dieser Rede die Orgel den Introitus zur Pontifikalmesse einspielte, raunte der Churfürst seiner Gattin zu: »Das hätten unsere Kapuziner besser gekonnt!«
Während die Berchtesgadner und Baumburger hohen Herrschaften im Damenstift ihre Unterkunft gefunden hatten, war der Dannei wieder bei den Heiliggeist-Brüdern eingekehrt. Da dienten auch noch etliche jener Knechte, mit denen er damals den Hexenfleck am Sendlingertor untersucht hatte.
»Und wie steht's jetzt mit dem alten Martin?« fragte er sie. »Stoßen die Hexen immer noch an den Torbogen?« Einer erwiderte: »Der Martin hat verzählt, die ausfahrenden Damen hätten ihm soviel Gutes erwiesen, daß er den Bann schließlich von ihnen genommen habe.«
»Na, Gott sei Dank! Dann haben sie jetzt wieder freie Fahrt nach Schongau und auf den Hohen Peißenberg!« Der Dannei sprach's und grinste genüßlich in die Suppenschüssel, die sie ihm hingestellt hatten. –
Den Papst bekam er an einem der folgenden Tage zu Gesicht, als im Schatten der Mariensäule sein großer Abschied gefeiert wurde. Es war eine erhabene Feier, denn der Statthalter Christi strahlte viel Anmut und Würde aus und begeisterte die gewaltige Menge der Münchner, die da zusammengekommen war. Leider konnte der Dannei die paar deutschen Worte, die Pius VI. dabei sprach, nicht verstehen: sie klangen zu leise und ihrer Aussprache nach kaum verständlich. So mochte es freilich den meisten gegangen sein, doch alle fühlten sich durch seine Segensspendung persönlich an-

gerührt; wann wären sie denn auch nach Rom gekommen!

Einige Tage danach reiste der Fürstpropst mit den Baumburger Augustinern wieder nach Hause. Der Dannei fuhr bis Baumburg mit, wo ihm der hohe Herr die versprochenen Gulden auszahlen ließ: »Und mach dich nicht so rar in Berchtesgaden, sondern besuch Uns!«

»Ja mei, Euer Gnaden«, erwiderte der Dannei, »im Winter ist das nit so einfach vom Malterlehen bis zu Euch. Und im Sommer – Ihr seht's ja! – zieh' ich über Land.«

Der Fürst erwiderte: »Wir werden nachdenken und Uns etwas einfallen lassen, damit Wir dich näher bei Uns haben.« Dann trennten sie sich. Der Dannei holte sich vom Klosterberg die Krax'n und zog damit über Trostberg und Burghausen nach Braunau. Das Innviertel war österreichisch geworden; Kaiser Josef hatte es den Bayern abgeluchst. Die Leut aber, die »Mostschädel«, wie man sie auch nannte, waren die alten geblieben; manchmal ein bisserl verschroben, doch sehr fromm und sehr fleißig. Er kannte sie, denn er hatte ihren gottgesegneten Landstrich schon zweimal durchquert. Sie mochten ihn auch, weil ihm – wie einer einmal beim Bier gesagt hatte – »ein ehrlich's G'schau aus der Visage lurte«.

Im Herbst war er dann wieder daheim.

o-o-o-o-o

Die Welt geht unter

Da hatte der Augur, Wahrsager und Sternendeuter Vogelius in München auf das Jahr 1784 einen Kalender gemacht und für den 5. April einen »Unstern« angekündigt, der möglicherweise zum Weltuntergang führen könnte. Und er hatte hinzugefügt, daß nur der, welcher an diesem Tage »in die Berge« gehe, das Unheil – wenn schon nicht überleben, so doch seinen Beginn »mitkriegen« werde. So fing man denn bereits im Spätherbst des 83er Jahres – nach dem Erscheinen des Kalenders – da und dort mit den Vorbereitungen auf das einmalige Ereignis an. Auch in der Fürstpropstei gedachten einige den Vorgeschmack des Unheils verkosten zu müssen und rüsteten sich darum bergmäßig aus. Eine Decke, ein Wasserbehälter und ein Balken mittlerer Länge waren unerläßlich. Der Balken deswegen, weil man sich damit über Wasser halten konnte, wenn die Urfluten aus dem Inneren der Erde hervorbrächen und die Gebirge überspülten. Der gottselige Noah war ja auf ähnliche Weise über die Runden gekommen!

Die Pfarrer und Kapläne in den Dörfern wetterten zwar von den Kanzeln über den abergläubischen Unsinn, mußten aber am End einsehen, daß die hirnrissigsten Ideen dem Menschen am leichtesten eingehen. Die Zechmeistersleut auf dem Malterlehen, alte wie junge, hatte das Weltuntergangsfieber ebenfalls erfaßt. Voller Bangigkeit wandten sie sich an den Dannei: »Was sollen wir tun? Wir mit unsren drei kleinen Kindern? Wir mit unsren gichtbrüchigen Hax'n?«

Der alte Mann schmunzelte: »Da ist schwer raten. Vielleicht solltet ihr halt doch auf den Untersberg steigen

und droben eine Arche bauen. Die Küh' werden ja zur fraglichen Zeit bereits auf der Alm sein. So Stücker vier könntet ihr dann mit hineinziehen, das Futter dazu, auch ein paar Metzen Salz und natürlich einen Sechter zum Melken. Wie ihr's mit dem Brot halten wollt, müßt ihr euch noch überlegen; vielleicht baut ihr in die Arche so ein klein's Backöferl ein. Dann müßtet ihr freilich auch etliche Sack Mehl mit auf den Berg nehmen. Und vergeßt die »Augsburger Ordinari Postzeitung« nit, damit ihr was zum Lesen habt, wenn's euch langweilig wird!«
Sie merkten natürlich, daß er sie auf den Arm nahm, und der Flori, der angehende Hofkutscher, fragte: »Was wirst denn du machen?«
»Mein lieber Bua, da ist mir nit Angst. Ihr seid ja aufm Berg und braucht den Waschtrog nit. Den nehm ich mir dann, setz' mich eina und wart' bis 's Wasser kommt. Könnt' sein, daß wir uns schwimmenderweis irgendwo begegnen, ihr in der Arche und ich im Trog. Dann müßt ihr mir halt einen Brotlaib herunterschmeißen; paßt aber auf, daß er nit ins Wasser fällt!«
Als sie darauf unwirsch abwinkten, meinte er: »Im Ernst, Kinder, glaubt doch nit an einen so ausgegor'nen Blödsinn! Ist einmal der 5. April da, gehen wir gemeinsam früh in die Kirch' und nachher zum Frühschoppen – vorausgesetzt, daß sich der Wirt nit auch eine Arche gebaut hat oder im Trog sitzt!«
Es wurde Weihnachten, es wurde Frühjahr, und es wurde April.
Und dann der 4., abends.
Sachte senkte sich die Dunkelheit über die Schönau. Am Malterlehen wurde es still. Warum zündeten sie kein Licht an? Der Dannei stand unter der niedrigen Tür seines Häusels und schaute durch den Hohlweg auf

die Straße hinunter. Kein Mensch war zu sehen, kein Hund zu hören. Ein Taubenpärchen flog fernab ins Engedey; vielleicht war's eine kurze Hochzeitreise – vor dem Untergang der Welt! Jetzt knackte der Eichenriegel an der hinteren Stalltür. Wieder schmunzelte der Dannei still in sich hinein: Aus ist's mit der Kirch' und dem Frühschoppen! – Er ging um den Bauernhof herum, – da schlichen sie den Anger hinan, auf Oberöd zu, schwer bepackt mit Krax'n und Körben. Sie hofften, auf dem Grünstein ein paar Minuten länger zu leben, wenn nit sogar eine Stund'! Ja, eine Stunde! Und eine Stunde ist viel im Angesicht des Jüngsten Tages! Da kann man noch Ordnung machen in seinem Herzen, kann sich hinknien, kann Reue und Leid erwecken über seine Sünden und kann den Herrgott bitten, er möge gnädig sein. Eine Stunde! – Jetzt zündeten sie die Laterne an. Und nicht nur sie! Der Dannei erblickte auch andere Laternen und Windlichter, rechts und links und schon weiter oben. Die Schönau suchte – getreu dem Aufruf des Augurs Vogelius – das Heil »in den Bergen«. Plötzlich sah er jemanden den Hohlweg heraufkommen; es schien eine Weibsperson zu sein: »Grüß Gott, Adner!«
Er erkannte sie an der Stimme: »Ihr kommt in der Nacht, Dorothe?«
»Verargt mir's nit, aber ich hab Angst, und vielleicht ist 's Sterben leichter, wenn man einen Gefährten hat!«
»Kommt nur herein! Es ist sicher kurzweiliger, gemeinsam auf den Tod zu warten!«
Dann saßen sie beim Schein einer Kerze und beredeten das angekündigte Ereignis, das in dieser Nacht oder am kommenden Tage, spätestens jedoch in der nächsten Nacht eintreten mußte: ein Unstern und ein Aufbruch der Elemente.

»Ihr glaubt wohl nit daran, Dannei!«
»Sagt du zu mir, Dorothe, und ich sag's auch! Und was den Weltuntergang betrifft, so glaub' ich ans Evangelium, nit aber an den Münchner Krampf eines Monsieur Vogelius. Im Evangelium heißt's: ‚Niemand weiß Tag und Stunde, wann dies geschieht!' Wenn's niemand weiß, dann weiß es auch der Vogelius nit! Es gibt jedoch Leut', die wollen aus ihrer Kleinkramerei heraus und meinen, sie erreichen's dadurch, daß sie die anderen in Furcht und Schrecken versetzen. Weiß Gott, ein hündisches Vergnügen!«
»Wenn nun aber der Münchner dennoch Recht hätt'?« entgegnete sie.
»Dann hätten wir den Tod zu gewärtigen, heut oder morgen!«
»Dich schreckt der Tod nit?« fragte sie zaghaft.
Er bedachte sich eine Weile: »Ehrlich gesagt, Dorothe, wurscht ist mir's Sterben nit! Selbst bei meinen achtzig Jahren nit! Doch kommt mir da immer die Frage eines griechischen Weisheitslehrers zu Sinn, ob der Tod nit vielleicht schöner ist als das Leben.«
»Dannei, den Satz könnt' ich für gewisse Abschnitte meines Lebens sogar unterschreiben. Denn als ich auf Staufeneck in der vermoderten Keuchen gelegen bin und als sie mir dann den Kopf und die Waden eingeschnürt und unter den Achselhöhlen eine Fackel entbrannt haben, da wär' mir der Tod eine Erlösung gewesen. Anders herum jedoch tät mir's zum Exempel leid, arg leid, wenn er in dieser Stund' über uns käm'.«
»Was soll ich zu dieser Liebeserklärung sagen, Dorothe? Vor dreißig oder vierzig Jahren wär' sie uns eher zu Gesicht gestanden!«
»Vor dreißig oder vierzig Jahren wär' sie von anderer

Art gewesen; doch so, wie sie heut ist, darf sie schon bestehen bleiben! 's geht ja nit um Mann und Weib, sondern um zwei Menschen, die allein und – was mich betrifft – des Alleinseins müde sind.«

Fragte der Dannei: »Wohnst du noch immer in Hallthurm?«

Sie entgegnete: »Nunmehr für ständig, denn unser Dominikus hat sich eine Frau genommen und braucht mich nit mehr.«

»Dann werd' ich, wenn mich der Weg vorbeiführt, bei dir einkehren.«

»Das wird für mich – glaub mir's! – jedesmal ein Fest sein!«

Er lächelte: »Darauf müßten wir jetzt ein Gläschen Etschländer trinken!«

»Ein Gläschen Wein – vor dem Weltuntergang?« fragte sie heiter. Dann lachten beide.

Am anderen Morgen kehrten die jungen Zechmeistersleut gleich den meisten anderen Bauern auf den Hof zurück, versorgten das wenige Vieh im Stall und eilten wieder davon. Den Dannei wollten sie nicht gesehen haben, er sie auch nicht. Um die Mittagszeit begleitete er die Dorothe durch die Schönau und übers Engedey nach Hause. Eine unheimliche Stille lag über den Fluren und Höfen; kein bellender Hund, kein rauchender Kamin, nur die gefräßigen Hühner bedreckten die offenstehenden Tennen oder begackerten das gelegte Ei. Auf der Landstraße begegnete ihnen ein Reiter, der aus dem Salzburgischen kam und ins Bayerische wollte. Er fragte sie nach dem kürzesten Weg gen München, fragte auch, ob denn die Propstei ausgestorben sei.

»Ausgestorben noch nit«, entgegnete der Dannei, »aber bei uns in Bayern geht heut die Welt unter!«
Der Reiter murmelte: »Hat's Euch erwischt, Großvater?« und jagte davon. –
Kurz vor Hallthurm kam ihnen ein leerer Salzsäumerzug entgegen. Auch diese Männer wußten noch nichts von der bevorstehenden Katastrophe, denn bis zum Samerberg, von wo sie stammten, war die Kalenderweisheit des Monsieur Vogelius noch nicht durchgedrungen. Sie sahen sich gegenseitig verdutzt an, und einer meinte: »Herrgott, da werd' i mei Alte los!« – »Depp damischer!« erwiderte ihm ein anderer. »Wenn du dabei selber draufgehst!« –
Der Dannei verweilte eine Woche in Hallthurm. Weil aber die Welt immer noch nicht untergegangen war und auch keinerlei Anstalten traf, dies zu tun, kehrte er wieder ins Malterlehen zurück und trat seine alljährliche Reise an, die ihn diesmal ins Schwyzerland führen sollte.
Ende Mai kam er in Bregenz an. Die Leut waren von seiner Berchtesgadner War' so begeistert, daß er in dieser Stadt leicht die ganze Krax'n angebracht hätte. Aber er wollte zumindest bis Sankt Gallen kommen, und das durfte nicht mit leeren Händen geschehen.
Um diese Zeit hatte der Fürstabt von Sankt Gallen zu einer Bittfahrt nach Einsiedeln aufgerufen. Damals waren im Schwyzerland viele unterirdische Wühlarbeiter am Werk, die an den Wurzeln der Religion nagten. Darum wollten die Gläubigen von Sankt Gallen zu Unserer Lieben Frau pilgern. Als der Dannei ankam, war seine Krax'n bereits leer – und das in der Julimitte. Er hatte es nicht verhindern können. Darum beschloß er kurzerhand, sich an der Wallfahrt zu beteiligen.

Es war ein langer Pilgerzug, der sich über Gossau, Weinfelden und Wigoldingen dahinbewegte: mehr als hundert Männer und zweimal soviel Frauen. Am ersten Abend nächtigten sie in Scheunen bei Frauenfeld, am zweiten in Rapperswyl. Der dritte Tag sah sie auf der anderthalb Meilen langen Eichenbohlenbrücke den Züricher See überqueren. Am späten Nachmittag standen sie auf dem Kirchplatz der Einsiedler Fürstabtei und wuschen sich das Gesicht im heilkräftigen Wasser des schwarzen Marmorbrunnens unter der vergoldeten Madonnenstatue.
Einsiedeln, gefreite Benediktinerabtei, unmittelbar dem Heiligen Stuhl unterstellt, einst – um 860 – einsame Mönchsklause im »Finsteren Walde«.
Die Wallfahrer betraten den fünfschiffigen Kirchenraum. Eine hundertzweiundvierzig Zentner schwere Glocke begrüßte sie vom Turm herab. Aus der feingezogenen Kuppel strahlte ihnen das jubelnde Gemälde des Münchner Meisters Cosmas Damian Asam entgegen: eine Verherrlichung des Geheimnisses der Menschwerdung Christi. Dann sangen und beteten sie gemeinsam bis zum Abend. Nach den kirchlichen Gute-Nacht-Psalmen hieß sie der Fürstabt mit ein paar kurzen Worten freundlich willkommen und wünschte ihnen eine gnadenreiche Zeit an der heiligen Stätte. Darauf begaben sich die anderen ins Pilgerhaus; sie waren müde, manche sogar erschöpft. Der Dannei verstand sie. Doch wer wie er alljährlich die zehn- und zwanzigfache Wegstrecke bewältigt und dabei noch die Krax'n trägt, der spürt diese drei Tage nicht. Er beschloß, die Nacht über zu Füßen der schwarzen Madonna zu verweilen und seine achtzig Lebensjahre zu bedenken. Er war ganz allein im weiten Gotteshaus;

nur irgendwo oben im Mönchschor vernahm er den weichen Gesang der Klosterbrüder: »Adiutorium nostrum in nomine Domini – Unser Schutz ist der Name des Herrn!« Dieses Singen störte ihn nicht, sondern untermalte seine Gedanken, die sich ihm jetzt wie zu einer Litanei des Dankes formten:

Lieber Gott, du hast mir wunderbare Eltern gegeben und eine ebensolche Ziehmutter, die Waltlin!

Du hast es eingerichtet, daß ich im Stift erzogen und gebildet wurde!

Du hast mich im böhmischen Kriege nicht umkommen lassen!

Du hast mir die Susanna gegeben und wieder genommen; gib ihr die ewige Ruh'!

Du hast mir formende Hände gegeben und meine Augen klar gemacht für Gestalt und Farbe!

Du verjagst mir wieder und wieder den Teufel der lüsternen Einbildung!

Du gewährst mir täglich die Gnade, von der Hand in den Mund zu leben!

Du freust dich mit mir, wenn ich wieder ein Rößl geschnitzt hab!

Du ließest mir oft den morgendlichen Hahn krähen, wenn ich mich verlassen fühlte!

Du sprichst zu mir aus dem Zauber der Heckenrosen!

Du hast mir einen Schutzengel bestimmt, dessen Walten ich immer wieder spüre!

Du bewahrst mich trotz meines Alters gesund und fröhlich!

Du hast mir zur guten Stunde Wohltäter und auch die Dorothe geschickt!

Du gewährst mir ohne Unterlaß einen herrlichen Blick auf die Berge!
Du machst es möglich, daß ich ab und zu ein Glas Wein trinken kann!
Du läßt mich, wenn ich traurig werde, die Katze streicheln!
Du erfüllst mich mit Freude, wenn ich meinen Kopf an den eines Rosses legen kann!
Und immer wieder spüre ich dein Wirken und Wehen, wenn mir der Wind um die Ohren flüstert!
Lieber Gott, für dies und für alles andere danke ich dir!
Bitten aber will ich um nichts, denn du weißt alles, weißt auch, was ich brauche!

Als am anderen Tag vor der Frühmesse der Bruder Sakristan durch das kunstreiche Gotteshaus schritt, um Türen und Gittertor zu öffnen, fand er den Dannei, wie er in seinem Betstuhl bei der wundertätigen Madonna zusammengesunken war und schlief. Er schmunzelte und weckte ihn sanft: »Väterchen, Ihr solltet jetzt in Eure Herberge gehen und frühstücken! Es beginnt ein neuer Tag!«

o-o-o-o-o

Der Freiball

Die Dorothe war glücklich auf dem Hallthurmer Hof. Nicht so die jungen Leute ihrer verstorbenen Tante. Die empfanden sie als Last. Was soll uns denn das alte Reibeisen?, fragten sie sich. Arbeiten kann sie nit mit ihrer einen Hand! Die kleinen Kinder hüten mag sie nit, hat auch kein Geschick dazu! Und außerdem bringt sie allweil den alten Schachtelmacher aus der Schönau ins Haus! Mag sein, wie's will, der Alte ist ja schon achtzig, aber schicken tut sich sowas nit! Man kommt nur bei den Leuten ins Gered'. Die große Stube, in der sie haust, könnt' man selber gut brauchen, werden ja doch die Kinder immer größer; und eine Magd müßt' man auch einstellen, die man schließlich nit hinüber zu den Knechten stecken kann! Und was das Schlimmste ist: Wer weiß denn, wieviel Hexerei noch in ihr steckt! Denn grundlos hat man sie auf Staufeneck sicherlich nit über die Streckbank gezogen!

Das waren handfeste Erwägungen, und diese Erwägungen brachten die jungen Leut eines Tages beim Hofmarksrichter zu Berchtesgaden vor. Der – es war ein Herr von Brembeck, der den kranken Herrn von Haller abgelöst hatte – mußte natürlich die Angelegenheit beim Wochenrapport dem Herrn Fürstpropsten melden.

Freiherr von Schroffenberg schaute amüsiert vor sich auf den Schreibtisch nieder: »So, so! Da geht's um den guten Adner! Oh diese Hornochsen zu Hallthurm! Wenn sie wüßten, was der Adner für ein Gesell ist! Doch das scandalum pusillorum (Ärgernis für die Kleinen) ist da, und wir müssen es beseitigen!«

Dann berieten sie ein Weilchen und beschlossen am End, den Anton Adner aus der Vereinsamung auf dem Malterlehen in das quirligere Leben der Stiftsstadt zu holen, der Dorothe aber den Dienst einer Pfortenmagd im Spital anzutragen. Sagte der Herr von Brembeck: »Was den Adner betrifft, so wird er dem Sylvest Zechmeister auf dem Maierhof am Kugelfeld sicherlich recht willkommen sein. Denn der ist verwandt mit den Zechmeistern in der Schönau und könnt' einen alten, erfahrenen Mann gut brauchen. Die Dorothe aber müssen wir beschützen vor den Nachstellungen unserer verschrobenen Zeit.«
»Ihr seid schon sehr aufgeklärt, Brembeck!« erwiderte der Fürst. »Habt Ihr von den Franzosen gelernt?«
»Eurer Gnaden, mit einem Quentchen Mutterwitz müßte doch jedermann die verbrecherische Abwegigkeit des Hexenwahns erkennen! Wenn wir die Dorothe ins Spital geben, werten wir sie auf und schränken die Möglichkeit ein, an ihr herumzunörgeln.«
Wohlwollend entgegnete der Propst: »Wir teilen Eure Meinung in allen Stücken. Bringt die Dinge mit den zwei Menschen ins Lot und haltet Eure Hand vor allem über den Adner!«
»Herr, dazu würde mich schon ein Memoriale Eures hochfürstlichen Herrn Vorgängers verpflichtet haben. Dem soll der Adner ein Arschpfeifenrößl geschenkt haben, und es wird glaubhaft versichert, Herr Christallnigg habe aus dem Schwanz des Rößls Tabak geschnupft.«
Darauf der von Schroffenberg: »Schade, daß Wir am Schnupfen keinen Gefallen finden! Sonst hätten auch Wir den Adner in die Pflicht genommen.« –
Wenn auch die Zechmeister am Malterlehen nicht

unfroh darüber waren, daß ihnen jetzt das Zuhäusl offenstand, so tat ihnen dennoch Danneis Abschied weh. Er hatte zu ihnen gehört wie das Kreuz im Herrgottswinkel. Sein fröhliches Gesicht und das kurze, blendende Lachen waren oft eine kleine Predigt gewesen: Nimm's nit so tragisch! – Laß dich gern haben! – Wer wird denn vor sowas schlapp machen! – Schlaf eine Nacht durch, und morgen bist du gesund! – In der letzten Zeit hatte er sogar manchmal einen derben Satz angepriesen, den er bei einem Herrn Goethe gelesen haben wollte. Indes, das Kugelfeld lag ja nicht irgendwo jenseits der Berge, und verwandt war man mit dem Sylvest auch. Also tröstete man sich.

Der Sylvest, gerade dreißig geworden, ein sehr tüchtiger Jungbauer, freute sich über den neuen Hausgenossen; die siebenundzwanzigjährige Agathe, sein Weib, freute sich noch mehr, weil sie selber weder Vater noch Großvater gekannt hatte. Sie betrachtete den Dannei als eine Art gestaltgewordenen Oberschutzengel, dem man in die klugen Augen schauen, den man anpacken, zu dem man hinaufgehen konnte in die Dachkammer, wenn der Sylvest gerade auf dem Felde war, und ein paar liebe Tränen weinen, weil der Gatte so häßlich gewesen war. Die geräumige Kammer, die der Dannei bewohnte, war nochmal so groß wie das Zuhäusl am Malterlehen. Hier konnte er sich ausbreiten und mußte nicht erst dies und das wegräumen, um einen Stuhl freizukriegen, wenn etwa die Dorothe auf ein Stündchen zu Besuch kam.

Die hatte es jetzt wichtig! Man hätte meinen können, das ganze Spital würde zugrunde gehen, wenn sie nicht an der Pforte säße. So tat sie. Man müsse sich nur wundern, meinte der Dannei bisweilen, daß das Spital habe überhaupt bestehen können, ehe sie von Hallthurm dahergekommen sei! Doch sie wies seine Hänseleien kühl von sich. Es war ja das erstemal, daß sie eine Stellung innehatte, wo sie nicht nur kommandiert, sondern auch gefragt wurde.

★

Um diese Zeit vollzog sich in Europa ein großer Wandel, der von Frankreich ausging und innerhalb eines halben Jahrhunderts alle Länder erfaßte. Da hatte der große Königsberger Philosoph die Frage gestellt: »Wie kommt der Mensch aus seiner selbstverschuldeten Unmündigkeit heraus?« – Die Antwort darauf gab die französische Revolution des sogenannten dritten Standes – des »unmündigen«. Das war verständlich, hatten doch die beiden anderen Stände, nämlich Adel und Geistlichkeit, den Bürger und Bauer unentwegt unter der Knute gehalten. Dergleichen Tyrannei gab es natürlich auch im Deutschen Reich, so etwa die Schandtat des Herzogs von Württemberg, der ein ganzes Regiment seiner Untertanen an die Holländer für ihre ostindischen Kolonien verkaufte, um mit dem Kaufschilling seine Schulden und Mätressen bezahlen zu können. Die Kunde von diesem Verbrechen ließ sich – es gab ja schon Zeitungen – ebensowenig unter den Teppich kehren wie die andere, daß die Amerikaner bereits zwei Millionen Neger aus Afrika zusammengetrieben und in die Sklaverei geführt hatten. Auch der Skandal um das verschwundene millionenschwere Halsband der französischen Königin, in den sogar ein Kardinal und der famose Goldkocher Cagliostro verwickelt waren, machten den kleinen Mann, den dritten Stand, hellhörig. Er, der allein alle Steuerlasten zu tragen hatte, wollte nicht mehr. Er schuf daher den Begriff von der Gleichheit aller Menschen (égalité); in diesem Begriff suchte er die Härte seines miserablen Lebens zu ertränken. Von diesem Begriff bis zum Fallbeil war es dann nur noch ein kurzer Weg. Einsichtsvolle Fürsten, wie etwa die bayerischen, ahnten das Schreckliche, das vor den Toren stand, und bemühten sich, ihre Untertanen bei Laune zu halten.

Da war der Churfürst Carl Theodor, der Pfälzer, den die Münchner gar nicht mochten, wieder einmal für acht Monate von der Isar entwichen und hatte sich in Mannheim verlustiert. In Mannheim hatte er aber auch das Rumoren von jenseits des Rheins vernommen und beeilte sich, nach München zurückzukehren. Er kannte den Grant und die Quengelei seiner Bayern und gab deshalb den Auftrag, aus Anlaß seines Wiederkommens einen Freiball in der Hofreitschule durchzuführen. Jeder Bayer, ob alt oder jung, arm oder reich, sollte in den Nächten vom 21. bis 23. Juni dieses 89er Jahres von der churfürstlichen Schuldentilgungskasse freigehalten werden. Damit hoffte Carl Theodor, das züngelnde Flämmchen des Unmuts niederhalten zu können, um zu verhindern, daß es zum Brand ausarte. Er hatte auch schon von Mannheim aus den Fürstpropst von Berchtesgaden ersucht, sich einer ähnlichen Niederhaltungstaktik zu befleißigen.

Klug, wie er war, entschloß sich der Freiherr von Schroffenberg, kurzerhand, Fuhren voll kleiner Leut' aus seinem Stiftsland zur Begrüßung des Churfürsten nach München reisen zu lassen. Das waren vor allem Salzer, Waldheger, Unterförster, Fuhrknechte, Sennerinnen und Stallmägde – insgesamt an die achtzig Seelen. Der Dannei, der sich in diesem Jahr noch nicht auf die Wanderung begeben hatte, war auch dabei. Von ihm erwartete sich der Propst einen Lagebericht über den

Freiball, vor allem ob das kleine Volk noch zu seinem Churfürsten stehe oder ob es schon angekränkelt sei von den Keimen der französischen Gleichmacherei. Von dieser Erwartung seines Herrn wußte der Dannei nichts; andernfalls hätte er möglicherweise die Fahrt nach München abgelehnt. So aber nahm er seine vollbeladene Krax'n mit auf den Wagen, um nach dem Ball ins Dachauer Hinterland und gegen Ingolstadt zu ziehen.
Die Berchtesgadner kamen also nach München und wurden von den Soldaten, die um die Reitschule herum Dienst taten, willkommen geheißen und auf einen Lagerplatz an der Isar eingewiesen. Am Abend begann der Freiball. Carl Theodor ließ es sich nicht nehmen, seine Gäste im großen Saal der Reitschule zu begrüßen. Er war begleitet vom Churfürsten von Trier und der Pfalzgräfin von Birkenfeld. Der kleine Mann in Bayern sollte eben sehen, wie teuer er seinem Landesfürsten war!
Ein Mitarbeiter der Augsburger Zeitung, dem es gelungen war, sich in die Ballfröhlichkeit hineinzustehlen, hat in einem Flugblatt beredt zum Ausdruck gebracht, wie es auf dem Freiball zuging:
»Im Saal stieß man allenthalben auf Masken, die in einem zerfetzten Hemd dahergingen. Sehr viele von beiden Geschlechtern waren barfuß. Schon vor Mitternacht war der größte Teil des Pöbels besoffen. Hier sah man einige sprachlos niedersinken, dort lag ein anderer in einem Eck hinter der Galerie mit seiner schmutzigen Göttin in tiefem Schlafe begraben. Hier jauchzte und schrie ein Teil wie unsinnig aus voller Kehle, dort raufte sich ein Paar um ein ebenso besoffenes und in die abscheulichsten Lumpen gehülltes Weiberleut. Rülpsen und Speien sah man fast überall. Man denke sich diesen Kontrast mit der Pracht des herrlichen Saals!«

Die Berchtesgadner hatten zwei Knechte bei den Rössern gelassen und versuchten, ebenfalls in den Saal zu gelangen, darin einige Musikgruppen unaufhörlich spielten. Das war jedoch nicht leicht, weil die bei den Türen herumlungernden Mannsbilder sich einen wilden Spaß daraus machten, den Eintretenden die Hosen und Röcke vom Leibe zu reißen. Deshalb kehrten viele Münchner Bürger, die erlesene Masken trugen, gleich wieder um und begaben sich in den nahen Hofgarten. Auch der Dannei. Er kam hier mit einigen Mitgliedern der Militärwache ins Gespräch, merkte aber bald, daß auch diese angetrunken und völlig untauglich waren, auch nur einigermaßen für Ordnung zu sorgen; im Gegenteil, sie warfen ihre Blicke gelüstig auf die Mägde. So konnte es geschehen, daß sich ein Haufen wüster Gesellen auch in den Hofgarten verirrte, wild herumgröhlte und sich schließlich in die Marmorschalen der Springbrunnen übergab.
Der Zeitungsmann aus Augsburg fährt in seinem Bericht wie folgt fort:
»Nach Mitternacht fand man bis zum hellen Morgen um den ganzen Wall herum einige Hundert dieser unmäßigen Tierseelen in den abenteuerlichsten und lächerlichsten, manches Weibsbild aber auch in der häßlichsten und alle Grenzen der Scham und Ehrbarkeit überschreitenden Stellung liegen und den Vorübergehenden zum Gespött dienen. Viele wälzten sich wie die Schweine in ihrem eigenen Kot herum, andere machten die kurzweiligsten Purzelbäume. Hier lag einer, der einen Baum für seine kostbare Hälfte ansah und diesen mit größter Inbrunst umarmte etc., während sie sich in einem anderen Eck zwischen einem Haufen ebenso honetter Mannsbilder herumkugelte etc. etc. . . Dort lag ein Mädchen

zwischen den Scherben eines zerbrochenen Kruges und badete sich in dem herausgeronnenen Wein.«
Über dem ging die Sonne auf.
Der Dannei hatte in einer stillen Ecke des Hofgartens ein Nickerchen gemacht und wollte eben zur Reitschule hinüberwechseln, um nach seinen Leuten zu sehen, da gewahrte er – kaum traute er seinen Augen – eine Schar junger Leute, die auf ihren Köpfen seine Spanschachteln trugen und geräuschvoll auf seinen Arschpfeifenrösserln bliesen, während andere den Vorübergehenden die Figürlein aus seiner »Arche Noah« zuwarfen. Wiederum andere hatten seine Schwegelpfeifchen und flöteten darauf wie kleine Kinder. Er blieb wie angewachsen stehen: Sie hatten also seine Krax'n geplündert! Und die Knechte, die bei den Wagen zurückgeblieben waren? – Er ging hinab an die Isar und fand sie schlafend, gleich den Jüngern am Ölberg. Von den anderen Fürstpröpstlichen sah er nichts.
Da läutete drüben bei Sankt Kajetan die Morgenglocke. Der Dannei wandte sich von den Rössern weg und begab sich in die Kirche. Gleich als befände er sich auf der Flucht vor den Räubern seiner Arbeit, eilte er seitlich in die Marienkapelle. Und mehr an sich selbst als an die Muttergottes gewandt, sprach er: »Sie haben mir die Arbeit eines halben Jahres verdorben. Wenn mich nun aber der Herrgott dieses halbe Jahr erst gar nit hätt' erleben lassen? Was dann? Dann hätten sie mir nix verderben können! So haben sie also nit mir den Schaden gebracht sondern dir, lieber Herrgott! Ich brauch' mich demnach nit mehr um die Sach' zu bekümmern! Denn tät ich mich bekümmern, müßt' ich mich bloß ärgern; so hast du den Ärger!«
Nach dieser hinkenden Schlußfolgerung, die ihn gleich-

wohl tröstete, hörte der Dannei noch eine Frühmesse an. Der alte Pater, der sie las, konnte kaum mehr hatschen, war aber bei seiner Handlung so von ihrer geheimnisvollen Kraft erfüllt, daß er von der Wandlung bis zur Kommunion unaufhörlich zitterte. Der Ministrant mußte ihn danach am Arm in die Sakristei führen. Wie alt mag er sein?, fragte sich der Dannei. Ob er schon so alt ist wie ich? Bin schon fast fünfundachtzig und mach' mir noch quer durch Bayern, Österreich und's Schwyzerland zu schaffen! Herrgott, mußt mich recht mögen! Ich dank' dir sehr!
Im Laufe dieses Tages fanden sich die Berchtesgadner wieder bei den Rössern ein, mehr oder minder mitgenommen von den Strapazen der vorausgegangenen Nacht. Es hatte sich unter ihnen Danneis Mißgeschick bereits herumgesprochen, und sie machten die beiden Fuhrknechte dafür verantwortlich. Wie aber sollten die für den Schaden aufkommen? Sie besaßen nichts! Nicht einmal das, was sie auf dem Leibe trugen! Denn selbst die schäbige Sonntagshose, die sie anhatten, verdankten sie ihrem Herrn. Andererseits aber mußte etwas geschehen, und der alte Mann mußte entschädigt werden! Keiner wußte Rat, und so bemächtigte sich ihrer aller eine gedrückte Stimmung, als sie am frühen Abend die Heimfahrt antraten. Der Dannei sagte nichts, und das war ihnen am meisten zuwider. Denn wenn er geflucht und geschrien und sie in den Abgrund der Hölle hinab verdammt hätte, sie wären ihm geradezu dankbar gewesen. So aber saß er, in sich gekehrt, auf dem Wagen, und manchmal hatten sie den Eindruck, als betete er. Deshalb wagte auch keiner, ihn anzureden. Miteinander sprachen sie ebenfalls nichts; die einen waren müde, andere hatten sich den Magen verdorben, wieder andere

waren in eine Schlägerei verwickelt gewesen und pflegten jetzt ihre verbeulten Gesichter. Nur den Mägden ging der geflüsterte Gesprächsstoff nicht aus; sie hatten freilich auch mehr erlebt – zwischen Reitschule und Kaserne.
Drei Tage später kamen alle wohlbehalten in Berchtesgaden an. –

         o-o-o-o-o

Die Dorothe

Als die »Freiballer« geschüttelt und zerrüttelt aus den Wagen gestiegen waren und sich in ihre Häuser verzogen hatten, fing das große Fragen an. Doch sie erzählten während der ersten Tage nichts, waren sie doch noch von der wilden Nacht viel zu sehr benommen – namentlich die Mägde. Mit der Zeit lösten sich jedoch die Zungen, und da wurde auch ruchbar, was dem Dannei geschehen war. Natürlich kam die traurige Geschichte dem Hofmarksrichter zu Ohren. Der war gewohnt, alle Skandale und Skandälchen seinem Herrn zu berichten. Diesmal ging's jedoch nicht, weil der Freiherr von Schroffenberg für ein paar Wochen zu seiner Ergötzung an den Starnberger See gefahren war.

Inzwischen nahm sich Brembeck die zwei Knechte vor, die durch ihre Faulheit das Mißgeschick verursacht hatten. Zunächst pfauchte er sie an und stellte ihnen zwanzig Arschhiebe in Aussicht. Als er jedoch ihre zerknitterten Mienen sah und erwog, daß sie ja nur wegen übergroßer Müdigkeit eingeschlafen waren, ließ er sie unter dem erhobenen Zeigefinger wieder laufen. Arme Hunde!, meinte er bei sich. Fragt sich überhaupt, ob diese fürstpröpstliche Idee einen Taug gehabt hat! Für die kleinen Leut' sicherlich nicht, eher schon für den Freiherrn selber, denn der hatte mit dem bayerischen Churfürsten etwas vor . . .

Mittlerweile kam mit dem Vieh der Herbst von den Almen herunter und machte sich in den Tälern breit. Wieder einmal lagerten an den Ufern der Ache die Zigeuner, und wieder einmal erging von der Hofmarksrichterei an alle die Aufforderung, Tür und Tor zu be-

wachen. Diesmal war's, als ob es den Dannei förmlich zu ihnen hintriebe. Nicht daß er etwas Besonderes zu fragen gehabt hätte; er wollte nur ein paar Minuten bei ihnen sein, ihr buntes Treiben betrachten und ihnen in die Augen schauen. Es waren ja verwandte Augen. Der Lichtsplitter, der aus ihnen funkelte, ähnelte ganz dem seinen; und wenn sie im Lachen die Zähne zeigten, sah er sich wie in einem Spiegel. Eines Abends ging er an ihrem Wagen vorbei. Da hüpften ein paar braune Mädchen auf ihn zu, packten ihn an den Händen und führten ihn in die Mitte. Hier glühte eine Feuerstätte, darüber schmorten an einem Spieß etliche Hühner.
Aus dem Inneren eines Planenwagens krächzte eine Stimme: »Brüderchen, komm!«
Er ging hin. Eine alte Zigeunerin saß da und bleckte die weißen Zähne: »Hast du vergessen, Brüderchen? Langes Leben, kurzes Leben!« Er erkannte sie nicht, aber jetzt wußte er, wer sie war: »Ja, das Leben mit der Susanna war kurz, sehr kurz! Und wie sieht's bei mir selber aus, Schwesterchen?« – Er sprach diese Anrede mit viel Liebe aus. Sie kroch näher heran, streichelte ihm über das üppige Grauhaar, ergriff mit der anderen Hand die seine, hielt sie gegen den Feuerschein hin und las aus ihr: »Oh Brüderchen, immer noch Jahre von Gottes Sohn!« Dann zeichnete sie ihm ein Kreuz auf die Stirn.
Genauso wie damals gab er ihr einen halben Gulden, sie biß hinein, spuckte die Münze an und verbarg sie in der düsteren Fülle ihrer Röcke.
Inzwischen hatten sich die Männer des Lagers um den Planenwagen versammelt. Der Dannei drehte sich sachte um und ging. Sie starrten ihm nach, wie wenn er von einem anderen Erdteil gekommen wäre. Nur die braunen Mädchen schlossen sich ihm wieder an und begleiteten

ihn, bis er auch ihnen ein paar Kreuzer schenkte. Dann rannten sie schnelleifrig davon. Er schaute ihnen nach: Zigeunerkinder! Kinder! Mir waren sie versagt! Ist's ein Segen, ist's ein Fluch? Und immer noch »Jahre von Gottes Sohn«! Wird jemand mir nahe sein in diesen Jahren? –

Er wandte sich zum Hang hin, schritt langsam zum Stiftsgarten hinauf und schwenkte in die Nonngasse ein. Er wollte ins Spital gehen und die Dorothe besuchen.

Die Dorothe!

Sie war jetzt eine Dame geworden! Sie saß im Pförtnerstübchen hinter dem kleinen Fenster und schaute auf die Leut', die da kamen und gingen, mit der Miene eines Fleischerhundes. Das mußte wohl so sein, denn in ein Spital flüchteten nicht nur die Bedürftigen, sondern auch allerhand Übeltäter, die sich vorübergehend dem Zugriff der strafenden Gerechtigkeit entziehen wollten. Als sie jetzt den Dannei erblickte, hellte sich zwar ihr Gesicht ein wenig auf, aber nur ein paar Augenblicke lang; dann winkte sie ihn zu sich hinein.

»Haben uns schon lange nit gesehen, Dannei!«

»Ja mei!« erwiderte er. »Du weißt ja, wie's ist. Entweder bin ich unterwegs oder ich hock' droben am Kugelfeld und mach' mei' Sach'.«

»Hätt'st mich dortmals nehmen sollen, dann lebten wir heut' gemütlich hier im Spital. Jetzt ist's zu spät! Schau mich an, wie ich auseinand' geh' – wie ein Butterfaß! Du aber bist wie eh und je, drahtig und gertenschlank! Wie machst du das?«

»Ach Gott, Dorothe! Zum einen mag's Veranlagung sein, zum anderen machen's die Reisen!«

»Wie lange willst du denn noch herumzigeunern in der Welt? Das Spital tät einen ordentlichen Hausl brauchen. Hätt'st nicht Lust?«

»Dorothe, lieb's Weiberl, noch so ein Sommer wie der heurige, ohne daß ich fremdes Land und Volk seh' – und ihr könnt mich einscharren!«
Verwundert fragte sie: »Bist heuer nit fort gewesen?«
»Hätt' schon wollen; doch da haben sie mir zu München die Krax'n ausgeräubert, und alles war hin.«
»Leid'st du jetzt Not, Dannei?« Mitleid klang aus ihren Worten.
»Gott bewahr! Hab mir etliches zurückgelegt, und die Zechmeisterin verwöhnt mich.«
»Ja, ja, so was Jung's, das tut euch alten Hirschen gut!«
»Du bist doch weiß Gott! eine dumme Gans, Dorothe!« Er sagte es leicht entrüstet.
Sie lächelte über ihr ganzes Vollmondgesicht: »Bist du schon immer so empfindlich g'west? Oder bist heut grantig? Als Grantigen hab ich dich nie kennengelernt.«
»Ist schon gut, Dorothe! Im Alter kriegt eins allerhand Mucken! Verarg mir's nit! – Du selber bist aber hier recht zufrieden?«
»Könnt' nit klagen, Dannei! Nur ist halt ein Tag wie der andere: Leut' rein, Leut' raus! Tor auf, Tor zu! Bettler und Vagabunden früh, mittag und abends! Ins Freie komm' ich kaum, nit mal am Sonntag, weil wir ja die Mess' im Haus haben. Könnt' mich auch nirgends sehen lassen, wo mir doch von meinem Gewand schon nix mehr paßt.«
»Kannst du dir kein Gewand nit kaufen? Brauchst du ein Geld? Ich geb' dir eins!«
»Spinn doch nit, Dannei! Ich werd' mir von dir ein Gewand kaufen lassen!«
»Dann eben nit! Nur möcht' ich dir noch sagen: Das viele Sitzen kann nit gesund sein. Du mußt dich bewegen, selbst wenn du in der Nacht noch eine halbe Stund' durch

euren Garten streifst. Dabei kannst du sogar noch die Obstdiebe verscheuchen!«

Sie lächelten einander an. Dann wurde es auch Zeit, daß er wieder gehen mußte; das Kapellenglöckerl hatte bereits zum Abendgebet geläutet. Er reichte ihr die Hand und streichelte ihre Backe, sagte »Pfüa Gott« und schritt zum Tor hinaus. Sie schaute ihm durchs Pfortenfensterl nach und dachte: Ein Gangwerk hat der Mensch wie ein Fünfziger!

Der Fürstpropst war von Starnberg wieder zurückgekehrt und hatte vom Hofmarksrichter erfahren, was dem Dannei in München passiert war. Er ließ den Alten zu sich kommen und fragte ihn über den Hergang der Münchenfahrt gründlich aus. Ihm lag vor allem daran, zu wissen, ob sich seine Untertanen nicht vielleicht quer benommen hätten. Daß die beiden Knechte wegen Übermüdung mitschuldig geworden waren an Danneis Beraubung, das hielt er nicht für strafwürdig, doch ließ er dem Geschädigten abermals hundert Gulden auszahlen, fragte ihn auch, wie es ihm am Kugelfeld behage.

»Hochfürstliche Gnaden, hätt' ich Kinder und Enkelkinder, die könnten zu mir nit freundlicher sein! Nur frag' ich mich wieder und wieder, wie ich's ihnen vergelten soll.«

»Adner, das laß Unsere Sorge sein!« entgegnete der Fürst »Doch etwas anderes: Willst du Uns nicht an den kommenden Weihnachtstagen noch einmal nach München begleiten? Der durchläuchtigste Herr Churfürst von Bayern will Uns eine besondere Ehre antun, und da nehmen Wir einige Leute mit. Wir hätten gern auch dich,

als Unseren ältesten, über Land ziehenden Wanderer mit Berchtesgadner War dabei. Was meinst du?«
»Wenn's sein muß, Herr, dann geh' ich mit! Denn über die Feiertage schaff' ich eh nit viel. Trotzdem muß ich Euch gestehn, daß ich das München nit mag.«
»Verständlich, lieber Adner! Unsere Propstei ist ja wie ein Märchen im Verhältnis zur bayerischen Landeshauptstadt. Aber Wir müssen einfach hin, und da möchten Wir alles, was Unser Land reich und liebenswürdig macht, denen dort vorzeigen – auch dich!«
»Abgemacht, hochfürstliche Gnaden! Werd' mich beim Bader extra fein balbieren lassen!«
Man reiste in großen Kastenschlitten. Die waren warm und gemütlich. Als man durch den Ebersberger Forst fuhr, der sich vor ihnen in weißer Pracht aufgetan hatte, geriet die ganze Gesellschaft in helles Entzücken. Einige geistliche Herren rühmten sogar den vom Papst aufgelösten Orden der Jesuitenväter; die hatten durch ihr gewichtiges Wort nicht unwesentlich dazu beigetragen, daß dieser herrliche Wald in seiner Weite und Tiefe vom jagdhungrigen Adel nicht angetastet worden war.
In München wurde der Fürst mit seinen Hofleuten wieder im Damenstift untergebracht, die anderen – die Beamten, der Salinendirektor, der Bürger- und der Zunftmeister – sollten im Tal beim Schlicker wohnen, auch der Dannei. Lieber wäre er freilich bei den Heiliggeistbrüdern eingekehrt; die kannten ihn schon. Aber er durfte nicht aus der Reihe tanzen. Die Weihnachtstage verliefen in festlichem Gepränge, sowohl in den Kirchen, als auch in den Tanzhäusern und Theatern. Tanz und Theater hätten den Dannei schon interessiert, doch besaß er dafür nicht das erforderliche Gewand. So hielt er sich dann täglich manche Stunde in den Gotteshäusern auf.

Die waren meistens still, und er konnte seinen Gedanken nachhängen. Für den Neujahrsnachmittag war beim durchläuchtigsten Herrn Churfürsten Carl Theodor die Paradeaudienz für die Fürstpröpstlichen vorgesehen. Worum es ging? – Auch das hatte sich bereits herumgesprochen: Der Freiherr von Schroffenberg sollte nämlich nach dem Willen des Landesfürsten und mit Genehmigung des Papstes auch noch die Würde eines Bischofs von Freising und Regensburg erhalten.

Der Neujahrsmorgen zog auf.

Von Sankt Peter bliesen die Türmer das Jahr 1790 an. Über den Schrannenplatz unter der Mariensäule fegten die einsitzigen Prunkschlitten des Münchner Stadtadels; die süßen Damen darin waren Eroberungen von der Silvesterfeier. Man mußte sie schnell heim und ins warme Bett bringen, denn sie waren unter der Roßhaardecke sehr spärlich bekleidet. Ein paar schlaftrunkene Schneeräumer schlurften hinter zur Residenz. Den Dannei hatte es auch nicht mehr im Bett gelitten, wofür die vielen jodelnden Heimkehrer aus den Wirtschaften gesorgt hatten. Er begab sich in die gleich danebenliegende Heiliggeistkirche und empfahl dem Herrgott das neue Jahr. Der junge Pfarrer Josef Klein las eine stille Messe und lud ihn dann – wohl weil er zu dieser frühen Stunde der einzige Gottesdienstbesucher gewesen war – zum Frühstück ein.

Sie kamen natürlich auch auf den Anlaß zu sprechen, der den Dannei nach München geführt hatte. Meinte der Pfarrer: »Da seid Ihr wohl ein besonderer Günstling Eures fürstpröpstlichen Herrn?«

Erwiderte der Dannei: »Kann sein, Herr Pfarrer! Er mag mich jedenfalls! 's wird aber bloß von meinen Jahren herrühren, bin ja doch schon fünfundachtzig!«

»Hätt' Euch keine Siebzig gegeben! Wie macht Ihr das? Ich bin ständig krank!«

»Wie man das macht? Mein Gott, dazu braucht's nicht viel! Dreier Dinge muß sich der Mensch im fortgeschrittenen Alter befleißigen: Das erste heißt Bewegung; das zweite ist dem ersten gleich und heißt auch Bewegung; und das dritte unterscheidet sich nicht von den beiden anderen, man nennt's deshalb ebenfalls Bewegung!«

»Ihr seid ein Spaßvogel«, entgegnete der Pfarrer Klein, »doch ich muß Euch beipflichten, wenngleich ich mich kaum an Euren Lebensgrundsatz halten kann. Unsereiner muß viel sitzen: sitzen, bis er's zum Geistlichen gebracht hat; und hat er's dann endlich dahin gebracht, muß er wieder sitzen – in der Kanzlei und im Beichtstuhl.«

»Kann's Euch nachfühlen!« erwiderte der Dannei. »Und trotzdem sollte auch für Euch täglich eine Stunde wakkeren Dahinschreitens drüben an der Isar drin sein! Indes, verargt mir diese drängelnde Bemerkung nicht! 's ist nur, weil mir schier schlecht wird, wenn ich Euer fahles, papierenes Gesicht seh'. Aus diesem Gesicht schreit ja der Hunger nach Luft und Licht. Und ich weiß nicht, ob's unserem Herrgott so recht ist, daß sich ein junger Mann wie Ihr vorzeitig ins Grab bringt. Denn schließlich sollt Ihr doch ein Helfer für die Leut' sein, nit bloß ein wächserner Heiliger für die Stub'n!«

»Was seid Ihr doch für ein köstlicher Mensch!« erwiderte der Pfarrer, »Schade, daß es Euch nicht hier in München gibt!«

Sie unterhielten sich sodann noch über die bevorstehende Ernennung des Propstes, meinte der Pfarrer: »Mich will bedünken, daß die Zeit der gefürsteten geistlichen Herren sachte ausläuft. Und 's ist recht so! Denn

wenn auch die heilige Kirche Gottes unter den Menschen einigen Geldes und Gutes bedarf – wir Geistlichen können ja nicht von der Luft leben! –, so ist doch schon der kleinste Überfluß zuviel. Vergebt mir jedoch derlei Bemerkungen! Ich muß den Anschein erwecken, als beschmutzte ich das eigene Nest.«
Darauf erhob sich der Dannei, um zu gehen. Ganz nahe zum Pfarrer hintretend, sagte er mit unterdrückter Stimme: »Herr, paßt auf, daß Ihr nit in ein geistliches Verlies kommt! Es sollen ja die Hexen und Hexeriche in München noch nit völlig ausgerottet sein. Wie bald zählt man Euch unter sie!«

o-o-o-o-o

»Mitkemma tuast, Bazi elendiger!«

Ein freundlicher Neujahrstag ging über München auf, langgezogene Föhnwolken glänzten über die Berge her – ein Wetter, als ob's das festliche nachmittägige Ereignis ankündigen wollte. Nur erschien dem Dannei recht merkwürdig, daß so viele Bettlerscharen sich durch die Gassen daherwälzten. Er hatte doch vordem schon etliche Zeit in der Landeshauptstadt verbracht, doch war ihm ein derartiges Aufgebot von Elend nie begegnet. Indem er jetzt über den Schrannenplatz ging, bemerkte er, daß sich diese Leute – dicht in Decken eingehüllt – vor den Kirchentüren niederließen, vor Sankt Peter und vorm Heiligen Geist. Andere zogen weiter: bis auf den Domplatz Unserer Lieben Frau und hinter zur Theatinerkirche. Und weil er gerade bei der Marktwache vorbeikam, fragte er einen der Wächter. Der grinste spitzbübisch und sagte: »Die Bettelleut' haben heut' großen Zahltag!«

Weil der Dannei mit dieser Bemerkung nicht viel anfangen konnte und darum ein verdutztes Gesicht machte, bequemte sich der andere zu einer Erklärung: »In München ist es Brauch, die Bettler am Neujahrstag nach dem Hochamt reichlich zu beschenken. Nun hat aber die Stadt – leider! – bei ihren sechzigtausend Einwohnern mindestens dreitausend Berufsbettler. Kein Wunder, daß die sich jetzt beeilen müssen, recht nahe an die Kirchentüren heranzurücken, ‚denn wer zuerst kommt, der mahlt zuerst!'«

Der Dannei begnügte sich mit dieser Antwort und wandte sich der Weinstraße zu, um hinten bei der Theatinerkirche dem Treiben der Bettelleut' zuzuschauen, denn das Hochamt konnte nicht mehr garzulange dauern.

Schon von weitem sah er die wogende Schar, sah aber auch, daß da eine Halbschwadron leichter Reiter aufzog und sich in der Nähe der Portale des Gotteshauses postierte. Werden wahrscheinlich dafür zu sorgen haben, daß sich die armen Leut' nit gegenseitig zertreten!, erwog der Dannei und lehnte sich an die Mauer des Preysingpalastes. Die Bettler betrachteten neugierig die schmucken Chevaulegers auf den tänzelnden Rössern und machten dort und da eine saudumme Bemerkung. Nun kündigte ein kurzes Geläut vom Turm den letzten Segen an. Da war's als wäre ein Fallwind auf die ruhige Fläche eines Sees niedergestürzt. Das Bettelvolk schrie und drängte nach vorn, und keiner achtete des anderen. In diesem Augenblick gab der Rittmeister den Soldaten einen kurzen Befehl, ein Hornist blies ein schrilles Signal, und der Offizier rief: »Leut', horchts auf und losts her! Von heut ab gibt's keine Almosen mehr in München! Das Betteln ist fortan verboten! – Soldaten, treibt sie zur Schranne vors Rathaus!« – Und ehe noch die meisten geschluckt hatten, was auf sie zukam, wurden sie schon von den Berittenen in die Weinstraße hineingetrieben. Etliche setzten sich zwar zur Wehr; doch da ließen die Soldaten ihre Rösser vorne hochgehen – und sogleich war jeder Widerstand gebrochen. Der Dannei aber befand sich inmitten der Bettler, er hatte nicht mehr ausweichen können. Er wollte jetzt einem Feldwaibel – oder was er war – eine Erklärung abgeben; doch der zog ihm mit der Reitgerte einen Streich über den Buckel und schrie: »Mitkemma tuast, Bazi elendiger!«
In diesem wilden Wirrwarr hörte man seitens der Bettler böse Worte: »Laß mir mei Ruah, g'scherter Hammi!« »Am A... leckst mi, bleda Hund bleda!« – »Di hat leicht der Esel im Galopp g'schi...!« – Der Dannei blieb jetzt

ruhig. Er gehörte zu den Fürstpröpstlichen, das mußte sich doch aufklären lassen!

Dann standen sie auf der Schranne, und von allen Seiten, aus allen Gassen trieben die Chevaulegers das Bettelvolk heran, Männer und Weiber und Kinder. Bald wogte der ganze Platz von Menschen, rings von den Berittenen dicht umstellt.

Gegen ein Uhr – das Volk tobte, und Peitschenhiebe sausten da und dort auf die Rücken nieder – ritt auf einem hochbeinigen Schimmel ein Offizier daher. Von den vier Ecken des Platzes erschollen scharfe Trompetenstöße – einmal und noch einmal und ein drittes Mal. Dann war es still unter der Mariensäule. Da rief der Offizier mit Donnerstimme: »Jedes von euch wird jetzt am Rathaus registriert, jedes wird von einem Arzt untersucht. Wer arbeiten kann, erscheint morgen früh im städtischen Arbeitshaus in der Au, wo er auch verköstigt wird! Wen der Arzt für arbeitsunfähig erklärt, der erhält eine Unterstützung von der Stadt. Wer trotzdem noch bettelnd angetroffen wird, sitzt!«

Dem Dannei war mittlerweile klar geworden, daß ihm nichts anderes übrig blieb, als sich geduldig in die mißliche Lage zu schicken und das Registrieren über sich ergehen zu lassen. Das würde sicher bis zum Abend dauern – und für zwei Uhr war der festliche Akt beim Churfürsten angesetzt!

★

Joseph Conrad v. Schroffenberg,
letzter Fürstpropst von Berchtesgaden (1780 - 1803)

Sie hatten sich im Schwarzen Saal der Residenz versammelt: Der Freiherr von Schroffenberg mit seinen Hofherren und Beamten – nur der Dannei fehlte. Da tat sich die schwere Flügeltür auf. Ein Lakai trug auf einem roten Samtkissen eine Pergamentrolle herein, an der zwei handtellergroße Siegel hingen. Es folgten die neuen churfürstlichen Hofkapläne, der »hochwürdig-wohlgeborene« Hofpfarrer Ignaz Frank, ein Exjesuit, sodann zwischen seinem Hofmarschall und dem päpstlichen Nuntius Monsignore Ziucci der Churfürst Carl Theodor. Der Lakai reichte dem Marschall das Pergament, der zog die Rolle auf und verlas das vom Bayernfürsten gefertigte, von der päpstlichen Kurie gegengezeichnete Dekret: Der Fürstpropst von Berchtesgaden ist Fürstbischof von Freising und Regensburg – ad multos annos! Schroffenberg dankte mit einer Unterwürfigkeitserklärung und stellte dann seinen kleinen Hof- und Beamtenstaat vor. Eine gemeinsame Teestunde rundete den Staatsakt ab – und der Dannei fehlte noch immer. Dabei hatte gerade er als eine Art Curiosum dienen sollen! Er stand noch immer unter den Bettlern vorm Rathaus. Mit dem Vordrängen hatte er's nicht, und so begann es schon langsam dunkel zu werden, als er endlich drankam. Bald war der Irrtum aufgeklärt. Man gab ihm einen Viertelgulden und entschuldigte sich.
Als er in der Herberge beim Schlicker erschien, machten sie vorwurfsvolle Augen, und der Zunftmeister konnte sich nicht enthalten, ihn anzugiften: »Daß eins auf die alten Täg' noch so unzuverlässig sein kann!« Der Dannei aber gab ihm keine Antwort, sondern erzählte, was geschehen war. Da lachten sie. Gemeinsam begaben sie sich dann zum Damenstift und unterrichteten ihren Fürsten von dem seltsamen Vorfall. Da lachte auch er aus

vollem Halse, bedauerte aber gleichzeitig den alten
Mann, daß er einen halben Tag lang in der Kälte hatte
ausharren müssen. –
Während der neue Fürstbischof sich mit seinem Hofstaat
zwei Tage vor Dreikönig über Freising nach Regensburg begab, kehrte die Beamtenschaft mit dem Dannei
nach Berchtesgaden zurück.
Der war froh, als ihn die Dachkammer am Kugelfeld
wieder aufnehmen konnte. Leider kam jetzt eine ungewohnte Aufgabe auf ihn zu: Er mußte stundenlang die
Kinder der Zechmeisterin warten, weil sie ihren Mann
hatte ins Spital schaffen müssen wegen einer anstekkenden Krankheit. Diese Stunden empfand er stets als
recht beschwerlich, denn er wußte mit ihnen nichts anzufangen. Das süßliche Großmuttergetue lag ihm nicht.
Drum sehnte er den Tag herbei, an welchem er sich mit
seinem Strickzeug würde wieder unter die Krax'n stellen
können. Dies um so mehr, als er sich vorgenommen
hatte, in diesem Jahr ins Allgäu zu ziehen. Zwar versicherten ihm seine liebenswürdigen Hausleut' stets von
neuem, er möge unbesorgt sein und seine Tage ruhig daheim verbringen; doch es litt ihn nicht zwischen den vier
Wänden, wenn draußen Wald und Wiesen grünten und
über ihnen Gottes liebe Sonne schien.
Er reiste also – es war mittlerweile Mai geworden – über
Rosenheim, Tölz und Lechbruck immer am Fuße der
Alpen dahin und gelangte in die Reichs- und Stiftsstadt
Kempten, besser gesagt bis vor ihre Tore. Denn weder
die fürstäbtlichen noch die reichsstädtischen Torwächter
ließen ihn passieren. Es streune jetzt in diesen revolutionären Kriegszeiten – so erklärten sie – viel übles Gesindel
durch die Gegend und verbreite die wilden französischen
Parolen von der Freiheit und Gleichheit aller Menschen.

Da müsse man auf der Hut sein und lieber einen mehr als einen zu wenig abweisen. Man habe weiß Gott nichts gegen ihn und traue ihm auch keine Bosheit zu, doch Vorsicht sei eben allemal die Mutter der Weisheit – und darum dürften sie ihn nicht einlassen. Er möge doch aufs Land hinausgehen, vor allem auf Isny zu; dahin verliere sich sowieso kaum je ein Hausierer.
Auf Isny zu!
Der Dannei stakte also auf der alten Römerstraße den Buchenberg hinan und kam in den gleichnamigen Marktflecken. Es war ein schöner Ort, und der Wirt in der Stiftstafern nahm den Dannei ohne viel Gerede auf. Das geschah freilich nicht uneigennützig, denn er wurde nächtens von einem bösen Geist geplagt und war deshalb froh, wenn er g'stand'ne Mannsbilder um sich wußte. Er war zwar schon beim Pfarrer gewesen, doch der hatte gemeint, er solle nicht soviel saufen, weil sich die bösen Geister gern in den Bierkannen aufhielten und in den Weinfässern.
»Was soll einer dazu sagen, wenn schon die Pfarrer so dumm daherreden?«
»Ja, was macht er denn mit dir, der böse Geist?« fragte der Dannei teilnehmend.
»Was er macht? Er bestiehlt mich laufend. In der Kuchl und im Keller! Besonders aber hat er's auf den Selchkamin abgesehen, auf die Würscht und den Schinken! Paß fei auf heut nacht, denn leicht könnt' er von dei'm G'raffel auch was brauchen!«
Der Dannei schmunzelte: »Muß ein recht fleischgelüstiger Geist sein!«
»Willst du mich auslachen?« erwiderte der andere barsch.
»Hast du ihn schon gesehen, deinen Geist?«
»Du bist lustig!« erwiderte der andere, »Seit wann kann

man denn Geister sehen? Vielleicht bei euch in Bayern! Im Allgäu sind sie unsichtbar!«
Da wurde der Dannei gelehrsam: »Kann man eine Wurscht oder einen Schinken sehen, ja oder nein!«
»Natürlich kann man! Aber was soll das?«
»Wenn man deine Wurscht oder deinen Schinken sehen kann, den Geist aber nit sehen kann, dann müßten ja die Würscht und die Schinken frei durch die Luft schweben, wenn der unsichtbare Geist sie abholt! Oder urteile ich da falsch!« Der Dannei schaute den Wirt herausfordernd an. Der aber gab keinen Muckser von sich, worauf der Dannei fortfuhr: »Es ist freilich nit auszuschließen, daß die Würscht und die Schinken im Allgäu sich zu gewissen Zeiten der Flügel bedienen – ein Allgäuer gehörte ja mit zu den sieben Schwaben, und bei denen ist das Unmöglichste möglich! Indes, ich glaub's erst, wenn ich's gesehen hab!«
Der Dannei hatte seinen Satz kaum richtig beendet, da ging das Windlicht aus, und sie saßen miteinander in der Wirtsstub'n im Finstern.
»So fängt's jedesmal an!« hauchte der Wirt und drückte sich beim Kachelofen in die Ecke.
Der Dannei erhob sich sachte und schlich zur hinteren Tür, wo ein Feldweg in die Ackerflur hinausführte. Das Fenster neben der Tür gewährte ihm einen matten Ausblick auf die ersten paar Meter dieses Weges. Keiner der beiden Männer rührte sich. Die Minuten vergingen. Das Ticken der Schwarzwälderuhr klang so laut, als schlüge einer auf die Trommelhaut. Plötzlich gewahrte der Dannei eine Gestalt mit einem Sack auf dem Buckel, die sich auf dem Feldwege entfernte, langsam und mit stelzenden Schritten.
Er kehrte in die Mitte der Gaststube zurück und sagte:

»Wirt, zünd ruhig das Licht wieder an! Ich hab den Schinken gesehen, wie er sich auf und davongemacht hat!«
»Geh, sag, was hast du g'sehn?«
Der Dannei erzählte, und dann beschlossen sie, am anderen Tag gemeinsam aufs Marktamt zu gehen, dem Bürgermeister alles zu berichten und ihn um zwei Marktschergen für die nächsten vier Wochen zu bitten, damit sie sich nächtens bei der hinteren Wirtsstubentür postierten. Der Bürgermeister machte zwar ein ungläubiges Gesicht, willfahrte aber dem Ansuchen des Tafernwirts unter der Voraussetzung, daß er die Schergen beim Abendessen freihalte. –
Inzwischen graste der Dannei mit der Krax'n die ringsum liegenden Ortschaften und die mächtigen Höfe ab, die an die Hänge wahllos hingestreut waren. Abends aber kehrte er immer wieder nach Buchenberg zurück, gelüstete es ihn doch, den Fang des »bösen Geistes« mitzuerleben. Indem er so die Gegend durchstreifte – nicht immer auf den ausgetretenen Pfaden –, fiel ihm eines Tages auch die Ruine des uralten Schlosses Campimont auf, die sich steil über einem Tobel erhob. Muß einmal ein stolzes Bauwerk gewesen sein!, dachte er sich und schritt auch gleich den Hang hinan. Auf einmal blieb er stehen, wandte sich um – und suchte seine Herberge auf. Er fragte den Wirt, ob er schon einmal auf der Ruine gewesen sei.
»Wirst bei uns hier und in der ganzen Gegend kaum einen finden, der da hinaufgeht. Da treffen sich nämlich zu gewissen Zeiten die Hexen und führen mit den Satanen ihre zuchtlosen Tänz' auf. Ab und zu ist mal einer aus lauter Neugierde da droben gewesen; sind aber alle bald danach siech geworden und elendiglich verblichen.

Nit einmal die Holzknecht' wollen dort ausforsten. Deswegen ist ja auch um die ganze Ruine herum die reinste Wildnis!«
Die zwei Marktknechte hatten sich in der Stifstafern gut eingerichtet – zum Leidwesen des Wirts. Sie waren nämlich noch recht jung und konnten unaufhörlich essen und trinken. »Wenn das noch eine Weil' so weitergeht«, sagte er an jenem Abend zum Dannei, »dann kommt mich der diebische Geist am End billiger als die zwei!«
»Nur die Geduld nit verlieren, Gevatter!« antwortete der Dannei. »Was ein anständiger böser Geist ist, der kommt wieder! Dann geht er den Schergen ins Garn, und du bist ihn für immer los, vorausgesetzt natürlich, daß er sich von ihnen sehen läßt.«
»Und wenn sie ihn nit sehn?«
»Dann müßtest du den Herrn Bischof von Augsburg um einen Teufelsaustreiber bitten!«
»Auch das noch! Dann kommt überhaupt niemand mehr zu mir in die Wirtschaft. Die Leut' reden eh schon, daß es bei mir unheimelt.«
»Daran bist du selber schuld! Wer posaunt, kriegt Zuhörer!«
Der Wirt lenkte ab: »Hast du je einen Teufelsaustreiber am Werk gesehen?«
»Am Werk noch nit, doch daß es sie gibt ist unbestritten. Der frühere Bischof von Regensburg hat sich einen gehalten, einen ganz wilden Gesellen, gewissermaßen einen hochwürdigen Hexenbesen. Man erzählt sich, der habe den armen Weibern so zugesetzt, daß sie ganz von selber ihren sündhaften Verkehr mit den Satanen gestanden hätten. Die Folterknechte der heiligen Inquisition zu Mühldorf seien darauf arbeitslos geworden.«
So unterhielten sich die beiden Männer noch eine Weile,

bis daß sich der Dannei entschloß, schlafen zu gehen.
Da ging auf einmal das Licht aus, genau so wie vor etlichen Wochen. Und genau so wie damals drückte sich der Wirt in die Ecke beim Kachelofen, während sich der Dannei zur hinteren Tür begab. Es war so ruhig in der Wirtsstube, daß man den Sterbegesang der krepierenden Fliegen auf der Leimrute durch den ganzen Raum vernahm.
Plötzlich ein Krach, ein dumpfes Hinfallen. Die zwei Schergen schrien, dann heulte einer auf.
»Wirt, den Zunder!« rief der Dannei.
Der griff ins Ofenloch und entbrannte eine Talgkerze. Damit ging der Dannei zur Tür hinaus. Vor seinen Füßen wälzten sich ein Schwarzhaariger und einer der Schergen; der andere lag seitlich daneben und stöhnte. Der Dannei trat dem Schwarzen auf den Arm, denn er wußte im Augenblick nicht wohin mit der Kerze. Dem Schergen genügte diese Hilfe; er drückte jetzt dem Eindringling die Kehle zu.
»Bring ihn nit um!« schrie der Wirt, der von hinten herangeschlurft kam. »Wir brauchen ihn fürs Marktgericht.«
Da nahm der Scherge die Hand vom Halse des Schwarzen, worauf der wieder heftig zu schnaufen begann. Der Dannei wandte sich dem verwundeten Marktknecht zu, während der Wirt seine Frau und die Magd rief und das Windlicht anzündete. Nun trugen sie den Schergen in die Stube und umsorgten ihn. Sie wuschen ihm die kleine, aber tiefe Wunde, die ihm der Kerl mit einem Stichel am linken Schultergelenk beigebracht hatte, und gossen einen Absud von Heilkraut darüber. Der Wirt aber verließ die Tafern, um den Nachtwächter zu holen.
Gegen Mitternacht saß der Schwarzhaarige bereits im

Keller des Rathauses, ohne seine Häscher auch nur eines Wortes gewürdigt zu haben. –

Der Buchenberger Marktrichter Matthes Kremplsetzer galt im oberen Allgäu als ein Mann rascher Entschlüsse. Er brüllte den Gesellen herzhaft an und drohte mit den Daumenschrauben. Darauf redete der Schwarze wie ein Wasserfall. Er sei aus dem Welschland, heiße Filippino, seines Zeichens ein Stukkator, auf dem Wege nach Wessobrunn.

Was er denn dort wolle?

Er suche Arbeit bei den dortigen berühmten Meistern!

Ob er denn allein sei?

Auf der Wanderschaft sei er stets allein!

Wie lange er sich schon in Buchenberg aufhalte?

Nur auf der Durchreise! Auch nächtige er nicht in Buchenberg, sondern auf der schwimmenden Insel im Eschacher Weiher – aus Sicherheitsgründen!

Nach Buchenberg komme er wohl bloß zwecks der Verproviantierung?

Leider habe ihn ein ganz schlechter Mensch ausgeraubt, mit dem er im letzten Quartier beisammen gewesen sei. So bleibe ihm jetzt nichts anderes übrig, als sich des Überflusses der Wohlhabenden zu bedienen – es sei denn, der Herr Marktrichter schenke ihm ein paar Gulden, damit er heil bis Wessobrunn gelange!

Wie oft er sich denn des Überflusses der Wohlhabenden schon bedient habe?

Gott sei's geklagt, erst ein einziges Mal, und gleich habe man ihn erwischt!

Wie mache er es denn bloß, daß bei seinen nächtlichen Pirschgängen stets das Licht ausgehe?

Licht aus? Oh da sei Gott vor! Er blase kein Licht aus! – Der Marktrichter wurde ungeduldig und dachte sich: Der

Kerl ist wie die Katzen; fällt immer auf die Beine! Er ließ ihn also wieder in den Keller sperren, und abends besuchte er den Tafernwirt. Der Dannei war auch da, und so beredeten sie den ganzen Fall noch einmal, bis daß der Dannei plötzlich meinte, er habe das untrügliche Gespür, daß der Mann auf der Ruine Campimont hause. Doch die beiden anderen widersprachen ihm: Erstens wage sich da niemand hinauf wegen der Hexen, und zweitens sei der Hügel so verstrüppt und verdornt, daß kein Mensch bis an den Turm gelangen könne.

Nach einer Weile erwiderte der Dannei bedächtig: »Dann müßte man ja auf der Weiherinsel zu Eschach seine Spuren finden.«

Der Marktrichter hielt diese Bemerkung für klug und sagte: »Gut, dann werden wir morgen den kleinen Inselwald durchkämmen!«

Und so geschah es. Vier Schergen wurden aufgeboten, hanebüchene Burschen aus dem Kreuztal, von denen es hieß, daß unter ihren derben Bauernhänden schon mancher Bösewicht seinen letzten Schnaufer getan habe. Das Weiherinselchen war so klein, daß sie in einer Stunde jeden Geviertmeter abgegrast haben konnten. Mit großer Begeisterung gingen sie an diese Aufgabe, war's doch endlich wieder mal was Neues. Indes, um die Mittagszeit kehrten sie unverrichteter Dinge wieder ins Rathaus zurück: Nicht den geringsten Hinweis auf ein menschliches Wesen hatten sie gefunden – von einer Bude oder überdachten Schlafstätte gar nicht zu reden.

»Nun, dann ist jetzt Campimont fällig!« sagte der Matthes Kremplsetzter und schaute sie herrisch an. Da gewahrte er aber, wie ihnen die mutigen Mienen zusammenfielen. »Was? Ihr macht saure Goschen? Entweder wir packen's zu fünft miteinander oder ihr geht heim zur Großmutter hinter den Kachelofen! Verstanden?«

»Geht Ihr mit auf den Campimont, Marktrichter?« fragte einer.

»Hab ich's denn nit gesagt?«

»Freilich sind wir dann dabei!« sagte ein anderer, und schon strahlte aus ihren Gesichtern die alte Frische.

Ausgerüstet mit zwei Bandsägen und vier langstieligen Äxten, stiegen sie in den Tobel ein und begannen herzhaft auf das Dickicht dreinzuschlagen. Der Richter spürte, wie ihnen die Angst die Muskeln stählte, zumal sie ihre Arbeit durch ebenso herzhafte Flüche unterstützten; er lächelte in sich hinein. Es war weiß Gott eine Viechsarbeit, aber langsam trieben sie einen schmalen Durchhau den Steilhang hinan. Am häßlichsten waren die Schlingpflanzen, in deren klebrigem Blattwerk sie sich immer wieder verfilzten.

Mittlerweile wurde es Abend.

»Morgen geht's in aller Herrgottsfrühe weiter!« sagte der Richter, und sie brachen ihre Tätigkeit ab. Am Heimweg meinte er noch launig, sie sollten in der Nacht aufpassen, daß sich ihnen nicht die eine oder andere Hexe auf die Brust setze, um sich zu rächen. Denn mit den Teufelstänzen auf dem Campimont werde es bald gar sein!

Noch am Abend sprach's sich – wie das so üblich ist – in ganz Buchenberg herum, daß am folgenden Tag der Endsturm auf den Hexenhügel sich vollziehen werde. Daß es der Richter damit in erster Linie auf die Spuren des welschen Filippino abgesehen hatte, interessierte die Marktbewohner kaum; dies um so weniger, als niemand an derlei Spuren glauben wollte. Wenn schon Spuren, dann sollten es zumindest in den Boden eingedrückte teuflische Bocksfüße sein!

Der neue Tag begann. Wer immer sich's leisten konnte,

zog in gemessener Entfernung hinter den fünf Männern mit in den Tobel hinab. Bei der alten Burgmühle blieben jedoch all die Neugierigen stehen; so hatten sie noch einen gewissen Fluchtraum, falls es auf Campimont zum großen Hexenausbruch kommen sollte. Die fünf Ordnungshüter aber stiegen ein, den Sieg oder den Tod vor Augen. Die Stunden verrannen ihnen in unaufhörlichem Hacken und Sägen, Rupfen und Reißen. Dort und da lugte bereits ein Stückchen der alten Ringmauer durchs Gestrüpp, und immer noch keine Fährte, auf der sich der Welsche bewegt haben konnte! Ob er überhaupt je da heraufgekommen war? Auch der Marktrichter begann zu zweifeln.

Als sie sich zur Mittagszeit in die Burgmühle hinabbegaben, verschwitzt, zerschunden und zerkratzt, um sich zur Brotzeit eine Maß Bier zu vergönnen, wurden sie mit Fragen bestürmt, gaben aber niemandem Auskunft.

»Die sind selber schon angehext!« sagte einer der Herumstehenden. Da ging aber ein Scherge hin und gab ihm kurzerhand eine Watsch'n, worauf sich die anderen Gaffer zerstreuten.

Nachdem sich die fünf gesättigt und ein Weilchen ausgeruht hatten, meinte der Krempelsetzer: »Wer die erste Spur findet, dem zahl' ich eine Maß!« Keiner antwortete ihm.

Kurz vor Sonnenuntergang erreichten sie von allen Seiten her die Ringmauer und standen vor dem Eingang in den Burghof. Sagte der Richter: »Ob's einen Sinn hat oder nit, morgen machen wir weiter!«

o-o-o-o-o

Die Räuberhöhle Campimont

Tags darauf gesellte sich auch der Dannei zu den Wißbegierigen im Tobel. Alle beschäftigte die Frage, ob es gelingen würde, das Dunkel, das über dem Hexenhügel lag, aufzuklären oder wenigstens zu erhellen. Ein paar Erzkluge wollten bereits wissen, daß der Bösewicht im Keller des Rathauses ein ganz abgebrühter Hexer und voll hintergründiger Bosheit sei. Und die Allwissenden unter ihnen verkündeten sogar, er sei selber der leibhaftige Gott-sei-bei-uns und lade die bewußten Weiber immer wieder zum Hexensabbat auf Campimont ein. Drauf quirlte es im Tobel unter der Burgruine von angeblichen Wahrnehmungen, von Einbildungen und Lügen. Der Dannei scherte sich wenig darum, war aber gleichwohl gespannt auf den Ausgang des marktrichterlichen Unternehmens, das ja eigentlich er angeregt hatte. Als die Kirchturmuhr die siebente Morgenstunde anschlug, wandten sich die Augen aller dem Hohlweg zu, durch den die Fünf kommen mußten, kommen zum letzten Berennen des Teufelsnestes. Und sie kamen. Schwer lastete das unheilschwangere Vorhaben auf ihren Gesichtern. Wären sie jetzt von einem angeredet worden, sie hätten ihn auseinandergenommen, wie die Köchin die Weihnachtsgans auseinandernimmt. Und wieder stiegen sie vom Tobel aus ein und standen dann vor dem Eingang zur Burg. Eng nebeneinander arbeiteten sie sich in den Rundbogen des Tores hinein. Da tat sich vor ihnen der kleine, völlig freie Burghof auf; das kam ihnen wie eine Erlösung vor. Rings um sie her die zum Großteil eingestürzten Mauern von Palas und Dürnitz, nur auf dem Dach der Burgkapelle hingen noch ein paar Ziegel.

Sagte einer der Schergen, der die zwei Stufen zur Kapellentür hinabschritt: »Mir scheint, hier ist das Gras niedergetreten!« Sogleich wandten sich ihm die anderen mit prüfenden Blicken zu und erkannten, daß er recht hatte. »Jetzt sachte!« mahnte der Richter. Er drückte den Türrahmen ein wenig zur Seite – und stand vor dem Eingang eines in die Tiefe führenden Schachtes.

»Mir scheint, Gesellen,« sagte er dann, »wir stehen jetzt vor der Lösung des Rätsels! Zwei gehen hinauf in den Markt und holen aus dem Spritzenhaus etliche Leuchtfackeln!«

»Sollen wir da etwa hinuntersteigen?« fragte einer.

»Dir droht wohl das Herz in die Hose zu fallen!« antwortete der Kremplsetzer und schaute ihn mit dem durchdringenden Blick eines Metzgerhundes an. »Ich steig' zuerst ein. Überhaupt steig' ich auch ganz allein ein, wenn ihr zu feig seid! Du jedenfalls bleibst heraußen und hältst das Seil! Das müßt ihr übrigens auch noch mitbringen.«

Die zwei rannten die Schneise hinab, drängten sich durch die fragenden Leut und kehrten bald zurück – zur großen Verwunderung aller – mit der anbefohlenen Ausrüstung. Der Richter hatte inzwischen wahrgenommen, daß sich der Anfang des Schachtes aus einigen in den Fels gehauenen Stufen ziemlich steil hinabsenkte. Als sie jetzt mit dem Seil da waren, band er sich dieses eng um die Hüften und stieg langsam ein, hinter ihm die drei anderen, eine Hand am Seil, in der anderen die entbrannte Fackel. Der vierte heraußen hatte das Seil um einen Baumstamm gewunden und ließ es, leicht gespannt, Meter um Meter nachschleifen. Er wunderte sich, wie zügig die anderen vorankamen. Nach einer guten Viertelstunde jedoch – das Seil war auch schon fast zu Ende –

merkte er, daß es nicht mehr nachgezogen wurde. Er band es also am Baum fest, damit sie sich beim Aufstieg, der wohl bald beginnen mußte, heraufhaspeln könnten. Plötzlich aber vernahm er von unten, von der Burgmühle her, wo die Neugierigen standen, ein jubelndes Geschrei. Da hielt es ihn nicht mehr, und bald war er im Tobel, wo der Marktrichter – an Händen und Gesicht ein wenig zerschunden – den Leuten das Abenteuer erklärte: »Wir haben den Fluchtweg der alten Campimonter Ritter gefunden. Er ist sehr gut instandgesetzt, was beweist, daß er auch nach den Rittern und bis in unsere Zeit herein benützt worden ist. Die große Überraschung für uns war, daß sich der Schacht an zwei Stellen zu Höhlen ausweitet. Die konnten sogar bewohnt werden. Um den unteren Ausgang des Fluchtweges an der Rottach zu tarnen, ist eine Wassergrube angelegt worden; wir mußten sie durchwaten.«
»Und was ist mit dem welschen Strolch? Habt ihr nix gefunden von meinem Geselchten und dem Wein?« fragte der Tafernwirt aus der Menge heraus.
»Darüber wird an anderer Stelle zu reden sein!« erwiderte der Richter und wandte sich mit seinen drei an den Füßen nassen Begleitern der Burgmühle zu. Darauf verzogen sich die anderen, heftig diskutierend, zurück in den Markt. Alle waren wie von einem Alpdruck befreit, denn der Hexenhügel hatte viel von seiner Unheimlichkeit verloren.

★

Bereits am anderen Tag ließ der Matthes Kremplsetzer durch ein schriftliches »Fortsagen« alle Leut' in Buchen-

berg und den Dörfern ringsum bis hinunter nach Wiggensbach und ins Kreuztal wissen, daß zum kommenden Freitag im Galgenmoor erscheinen müsse, wer in den letzten Wochen durch Diebstahl oder Raub geschädigt worden sei. Desgleichen befahl er den Schergen, alles Diebesgut, das sie in den Ausbuchtungen des Fluchtstollens gesehen hatten, ans Tageslicht zu ziehen und in der Henkerhütte im Galgenmoor zu hinterlegen. Und das war allerhand: Bierfäßlein, Weinkrüge, gute Stoffe, schönes Lederzeug, verschiedene Waffen sowie sechs prall gefüllte Geldkatzen, die ihre einstigen Besitzer sich um die Hüften gegürtet haben mochten. Sogar von der g'selchten Eberkeule des Tafernwirts hatte sich noch ein beachtliches Stück finden lassen.
Der anberaumte Freitag kam, ebenso der reichsstädtische Scharfrichter aus Kempten. Er und vier Gesellen von der Zunft der Zimmerer überprüften die Standfestigkeit des Galgens. Es war ja schon über drei Jahre her, daß man ihn in der Marktgemeinde zuletzt gebraucht hatte. Sie fanden den schrägen Stützbalken schadhaft und mußten ihn erneuern. Dann stellten sie den Hochsitz für den Richter und das Armesünderstühlchen für den zu Richtenden auf, desgleichen eine lange Bank mit den einzelnen Diebesgütern. Zuletzt rollte der Scharfrichter den Holzblock mit den Daumenschrauben aus der Hütte und stellte ihn neben dem Hochsitz auf. Als alles bereit war, sperrten die Schergen das Galgenmoor ab, der Henker aber zog sich in die Hütte zurück. Alle warteten, mit ihnen die große, weit übers Feld verbreitete Menge der Gaffer, deren mancher schon in aller Herrgottsfrühe von daheim ausgezogen war.
Schlag zehn Uhr ritt der Marktrichter Matthes Kremplsetzer daher. Ihm voraus trug ein Scherge das »Schwert

des Kaisers Karl«, bei welchem alle Urteile gesprochen wurden. Zwanzig Meter dahinter zerrten zwei andere den an Händen fest verschnürten Filippino her; er leistete ihnen heftigen Widerstand, so daß sie ihn etliche Male schlagen mußten. Lähmende Stille lag über den vielen Leuten. Droben auf der Einöde bellte ein heiserer Hund. Der Richter saß ab, begab sich auf seinen Hochsitz und schlug im Sitzen die Beine übereinander. Sein Gesicht hatte einen grimmigen Ausdruck. Zu seiner Rechten stellte sich der mit dem Schwert auf, an seine Linke, wo auch der Stock mit den Daumenschrauben stand, trat jetzt der Henker. Als Filippino all das Zeug auf der langen Bank erblickte, mäßigte er sich plötzlich und senkte den Kopf. Der Richter sah das; da wurde ihm klar, daß er ein leichtes Machen haben würde.
»Filippino, welscher Gauner, schau dir die Bank dort an und erklär uns, woher die Dinge stammen!«
»Alles gefunden, Herr!«
»Gefunden! Und die sechs Geldkatzen – auch gefunden?«
»Auch gefunden, Herr!«
»Sag Filippino, bist du nicht ein Glückspilz? Ich bin doch um einiges älter als du, habe jedoch noch nie eine Geldkatze gefunden! Wo findet man die?«
»Immer Augen aufmachen, Herr, und schauen wie Luchs!«
»Das ist ein guter Rat; ich will ihn mir merken. Nun mußt du uns noch erzählen, wo und wann und bei welcher Gelegenheit du die Geldkatzen gefunden hast, damit auch ich dahingehen und eine finden kann!«
Die Leute ringsherum lachten, doch nur ganz kurz, um kein Wort zu überhören. Der Welsche erwiderte: »Ist nicht möglich, Herr! Ist schon viele Jahre her und ist gewesen in Venezia.«

»Merkwürdig, Filippino, merkwürdig! Da findest du die Geldkatzen in Venezia, und sie sind gefüllt mit lauter Reichsgeld! Kannst du mir das erklären?«
Schlagfertig antwortete er: »Viel deutsche Kaufleute ziehen nach Venezia, Herr! Haben vielleicht Geldkatzen vergessen auf Wiese, wenn dort eingeschlafen.«
»Richtig, Filippino! Jetzt kommen wir der Sache schon näher. Deutsche Kaufleute waren es, denen die Geldkatzen gehörten. Dabei ist es unerheblich, ob sie durch Venezia gezogen sind oder durchs Eisacktal oder durchs Inntal. Wichtig ist nur, daß sie sich vor lauter Müdigkeit auf eine Wiese hingestreckt haben und eingeschlafen sind, nachdem sie sich freundlicherweise die Geldkatzen abgeschnallt hatten, damit du dich ihrer bemächtigen konntest.«
»Nur gefunden, Herr!«
»Nun gut, dann müssen wir dich etwas eingehender befragen. – An die Schrauben mit ihm!«
Die Schergen stießen den Welschen an den Schraubenstock hin, und der Scharfrichter paßte ihm die Daumen unter die eisernen Klemmen. Von da ab hörte man nur den fürchterlich brüllenden Filippino und den fragenden Matthes Kremplsetzer. Die Tortour währte nicht lange. Unter den gewaltigen Wellen des Schmerzes gestand der Bösewicht nacheinander alle seine Missetaten bis zum letzten Einbruch in der Stiftstafern. Darauf machte der Matthes wenig Federlesens und verurteilte ihn wegen Straßenraubs und nächtlichen bewaffneten Einbruchs gemäß der Rechtsordnung des fürstäbtlichen Stifts Kempten zum Tode durch den Strang. Ein Scherge eilte zum Kaplan ins Widum und bat ihn, dem Hinzurichtenden seelischen Beistand zu leisten.
Eine Stunde später spielte schon der Mittagswind, der

von Schwarzerd nach Buchenberg hereinstrich, mit dem Leichnam des Gehängten, und am Abend machten sich bereits die Raben an ihm zu schaffen.

★

»Mit deinem Hinweis auf den Hexenhügel hast du ein gutes Gespür bekundet! Wir danken dir!« Das sagte der Marktrichter zum Dannei, als sie sich beim Wirt zum Dämmerschoppen trafen. Und der Bürgermeister, der sich ihnen zugesellt hatte, meinte: »Du könntest ruhig bei uns bleiben und unserer Jugend das Schnitzen beibringen! Denn was ich von dir gesehen hab', ist vortreffliche Arbeit.«
»'s ist Berchtesgadner War', Bürgermeister! Die läßt sich nit leicht verpflanzen.«
»Auch nit, wenn ich mich für dein Wohlergehen verbürg', solange du lebst?«
»Schneidet euch nit in die Finger, ihr Männer von Buchenberg! Denn mir hat die Zigeunerin ein sehr langes Leben geweissagt.«
»Nix für ungut! Ich wünsch' dir noch viele Jahr'; aber wie alt bist du denn schon?«
»Ich geh' auf die Neunzig!«
»Was? Und da strampelst du noch landauf-landab?«
»Nur keinen Neid, Ihr Männer! Ihr könntet's nämlich genau so, wenn ihr sparsam essen, aber emsig gehen wolltet! Wenn man aber eure Wänste sieht, dann schnuppert man ja förmlich den Ruch der Verwesung, den ihr mit euch herumschleppt!«
»Bigoscht, der sagt's uns!« erwiderte der Richter und leerte seinen Bierkrug so gierig, daß ihm der Gerstensaft rechts und links aus den Mundwinkeln auf die grüne Weste heruntertroff.   o-o-o-o-o

Das Französlein

In der Fürstpropstei Berchtesgaden taten sich böse Dinge. Der Freiherr von Schroffenberg, verschuldet bis über die Ohren, übergab alle seine Salinen und Wälder dem bayerischen Churfürsten gegen hohe Subventionen Der hatte zwar auch kein Geld, sondern Schulden zuhauf; er rettete sich aber aus der Misere dadurch, daß er die Stifte und die Klöster seines Landes, wie überhaupt alle, die finanzkräftig waren, mächtig zu schröpfen begann. Freilich ging er mit gutem Beispiel voran und ließ das Hofsilber derart wahl- und rücksichtslos einschmelzen, daß nachgerade kein ganzes Service mehr vorhanden war. Dann mußten ihm die Juden hundertdreißigtausend Gulden »herschießen«, widrigenfalls sie augenblicklich die bayerischen Lande zu verlassen hätten. Den Klöstern machte er die Auflage von einer halben Million Gulden, sodaß die Patres Augustiner zum Beispiel sich keinen anderen Rat wußten, als ihr schönes Kirchensilber, Monstranzen, Lüster und Altarleuchter zur Verschmelzung auf die Münz zu tragen. Daß dieses Vorgehen böses Blut machte, war verständlich, verschreckte aber das einnehmende Wesen des Serenissimus nicht. Im Gegenteil. Als eines Tages die Herren Prälaten von Prüfening und Benediktbeuern zu einem Hofball geladen und mit einem schlechten Punsch abgespeist worden waren, fragten sie verärgert den Landesfürsten, wo denn das ganze Geld hinkomme, das man aus ihnen herauspresse. Da ließ er sie »stante pede« (augenblicklich) mit einer Frist von sechs Stunden aus der Hauptstadt verweisen.

Inzwischen rückten auch die französischen Revolutionsheere in Bayern ein. Im September 1795 erschien der General Moreau mit seinen Stabsoffizieren und einer prächtigen Leibgarde im Stift Berchtesgaden. Er kam in friedlicher Absicht, war er doch mit dem Fürstpropst Schroffenberg freundschaftlich verbunden. Die feinsten Räume des weitläufigen Hauses wurden für die illustren Gäste eingerichtet, üppige Gastierungen und schlüpfrige Verlustierungen wurden geboten, denn an ein paar Hofdamen und vielen halbhöfischen, wollüstigen Frauen gebrach es dem Stift nicht.

An einem jener lieblich durchsonnten Herbsttage, da sich in den Tälern der Ache kein Lüftchen regte, geschah es, daß ein blutjunger französischer Offizier der Ergötzlichkeit halber ausritt und am Kugelfeld vorbeikam. Es war Montag. Die Zechmeisterin hatte Wäsche gewaschen und war eben dabei, sie im Garten auf die Leine zu hängen, als der Franzose sie erblickte. Und weil sie ein rundum sauberes Weib war, konnte er nicht umhin, in den Hof hineinzureiten, abzusitzen und mit ihr in ge-

brochenem Deutsch ein recht eindeutiges Gespräch anzufangen. Der Sylvest war nicht daheim, und der Dannei hockte oben unterm Dach in seiner Kammer. Als nun die Agathe, um den Mann loszuwerden, ins Haus rannte, faßte das der andere als Einladung auf, folgte ihr und wurde zudringlich. Da schrie sie nach dem Dannei. Wenige Augenblicke später stand der im Hausflur und kam gerade noch zurecht. Er packte den zierlichen Mann – sein Zugriff glich dem eines Schraubstocks – und ehe er sich's richtig versah, hatte er ihm beide Unterarme gebrochen. Das Französlein stand da und weinte.
Da war die Agathe sogleich von Mitleid gerührt: »Soll ich ihm einen Wickel mit Essigsaurer Tonerde machen?« fragte sie den Dannei. Der erwiderte: »Essigsauere Tonerde hilft immer! Kann zumindest nie schaden!«
Sie band dem Manne behutsam die Arme ein und hängte ihm den Galawaffenrock lose um die Schultern. Er verließ das Haus und das Kugelfeld, während das brave Roß wie ein Hündchen hinter ihm dreinschritt. Noch ehe die Nacht aufzog, kamen vom fürstpröpstlichen Hofgericht zwei Schergen daher und führten den Dannei ab ins Gefängnis. Sie wußten natürlich nicht warum; es ließ sich aber auch kein Justizbeamter sehen, der dem alten Manne den Standpunkt der Gerechtigkeit klargemacht hätte. Er selber betrachtete seine Lage mit der Gelassenheit eines Menschen, der von der Richtigkeit seiner Handlungsweise überzeugt ist. Freilich konnte er ein Bedenken nicht loswerden, ob er nicht um eine Spur zu weit gegangen war; ein Armbruch hätte vielleicht genügt! So wartete er also Tag um Tag und dämmerte in dem feuchten Kellerloch Nacht um Nacht dahin. Am fünften Morgen erschien einer der Herren Canonici, auch ein betagter Herr, dem die Betreuung der Gefan-

genen anvertraut war. Er entsetzte sich, noch ehe er mit dem Dannei ein Wort gesprochen hatte, über den Zustand des Gefängnisses, obzwar ihm dieser nicht hätte unbekannt sein dürfen. Es war indes schon jahrelang kein Mensch hier eingesessen. Dann tröstete er den Alten, versprach sofortige Abhilfe und erklärte in höherem Auftrag, sein Fall werde geklärt, sobald die Franzosen wieder abgezogen seien. Beim Abschied ließ er noch verlauten, daß er den Gefangenenwärter beauftragt habe, der täglichen Mahlzeit jeweils ein Seidel Etschländer beizugeben – das sei der Wille des hochfürstlichen Herrn.
Der Dannei war darüber sehr zufrieden, erkannte er doch daraus die Wohlgesonnenheit des Propstes und daß dieser nur aus Liebedienerei oder – wie man jetzt sagte – aus Respekt vor dem Franzosengeneral so handeln mußte.
Nach vierzehn Tagen führten sie den Dannei dem Hofrichter vor. Der ließ sich den Hergang des Mißgeschicks am Kugelfeld genau berichten, obwohl er ihn schon kannte, weil er zuvor bereits die Agathe eingehend vernommen hatte. Im Hinblick darauf, daß bei Nichteingreifen des Alten der Frau zweifellos Gewalt und Schande angetan worden wäre, hielt es der Richter – wiederum im Namen seines hochfürstlichen Herrn – für recht und billig, dem Dannei zwar sein zu hartes Dazwischentreten ernsthaft zu verweisen, ihm aber eine huldvolle Entschädigung von fünfzig Gulden zu überreichen, »sind dir doch zwei Wochen deiner kostbaren Lebenstage verloren gegangen!«
Der Dannei konnte bei der Entgegennahme des Geldes ein Schmunzeln nicht verbergen und meinte: »Für fünfzig Gulden konnte sich unsereiner leicht vierzehn Tage

einlochen lassen, besonders wenn man das Bewußtsein hatte, einen dummen Franzosenbuben herzhaft aufs Kreuz gelegt zu haben!«
Der Richter mußte ebenfalls schmunzeln, erhob aber warnend den Zeigefinger: »Gott sei's geklagt, daß wir dich alle so gern mögen!« –
Am Kugelfeld hatten sie ein Ferkel geschlachtet. Dem Sylvest Zechmeister schien es gehörig, dem Bewahrer seiner Agathe ein Fest zu bereiten. Er hatte auch die vom Malterlehen eingeladen und auch die alte Dorothe vom Spital. Die konnte aber nicht kommen, weil sie in der letzten Zeit so dick geworden war, daß sie nur noch die notwendigsten Schritte zu gehen vermochte. Außerdem war sie im Kopfe schon ein bißchen durcheinander und erkannte kaum noch jemanden. »Ist ein armes Luder«, sagte der Sylvest, »wird bald abkratzen!« »Und ist zwanzig Jahr' jünger als ich!« entgegnete der Dannei. »Ja du!« erwiderte die Agathe. »Du darfst hier überhaupt nit mitreden! In zehn Jahren feiern wir deinen Hundertsten!« –
Daß sie auch die Dorothe eingeladen hatten, berührte den Dannei sehr. Sie mußten irgendwie erkannt haben, daß ihm diese Frau nahegestanden war. Er mußte sie jetzt wieder einmal aufsuchen, wo sie so elend beisammen war.
Als nach dem Fest der Alltag der kleinen Leut' wieder begonnen hatte, begab sich der Dannei hinunter ins Spital. Man kannte ihn und führte ihn gleich in das elende Kämmerchen, wo sie jetzt die Dorothe untergebracht hatten.
»Weißt, Dannei, innerhalb dieser vier Wände sind immer die abgestellt worden, die schon aus dem letzten Loch gepfiffen haben. Mich haben sie vielleicht ein paar

Tage oder Wochen früher hereingetan, damit ich mich besser aufs Sterben einrichten kann.«

Er erwiderte: »Dorothe, so denkt man nit! Freilich, sterben müssen wir alle; das darf uns aber nit den Mut am Leben nehmen. Schau mich an!«

»Stimmt!« sagte die Dorothe. »Wie oft hab ich dich schon bewundert und wie oft hab ich mich schon gefragt, wie du nur so unbeschwert dahinleben kannst! Und daß du gar nie nit grantig bist! Oder bist du ein so leichtsinniger Tropf, daß dir das, was nachher kommt, gar nit an die Nieren geht?«

Der Dannei besann sich: »Das, was nachher kommt! Weißt du, was nachher kommt?«

»Woher sollt' ich's wissen?«

»Na siehst du! Du weißt nix und ich weiß nix! Aber ich glaub', daß nachher ebbs kommt, was uns arme Leut froh macht. Die großen Leut und die berühmten Leut und die reichen Leut, die sind ja jetzt schon allerwegen froh. Weil aber unser Herrgott gerecht ist, darf er die nit bevorzugen. Und darum muß er uns armseliges Pack, das sich nur schindet und abrackert, auch einmal an die Fleischtöpf' Ägyptens hinlassen. Das glaub' ich. Und weil ich das glaub', kann mich mein jetzig Leben nit verdrießen.«

»Wenn einer so gesund ist wie du, der hat leicht reden!« antwortete die Dorothe fast vorwurfsvoll. »Wenn du aber's Reißen hast, daß dir's zu jeder Stund' das liebe Herzwasser aus den Augen treibt, dann tust du dir mit dem Frohsinn hart. Dann wär dir das End' heut lieber als morgen.«

»Dorothe, du magst dich härmen und grämen, wie du willst, so wirst du doch keine Unze von deinem Kummer los! Schick dich in den Willen unseres Herrgotts

und bitt ihn, dir die Kraft des Ertragens nit zu versagen. Mit dieser Kraft gibt er dir gewiß auch die Freud', jene selige Freud', die auch unterm Weinen noch lächeln kann.«
Da weinte sie. Das empfand der Dannei sehr bitter. –
Als dann die ersten Föhnstürme über die Berge in die frühjahrlichen Täler hereinbrausten und die letzten Spuren des Winters zusammendrückten, da haben sie auch der Dorothe das Herz abgedrückt. Sie war ein armes Weib gewesen und durfte darum keine Leichenrede erwarten, doch der Kaplan gedachte nach dem Vaterunser ihres traurigen Jugendschicksals auf Staufeneck und daß sie das Opfer eines mittelalterlich finsteren Zeitgeistes geworden sei. Auch sie habe ein Herz voller Sehnsucht gehabt, sei aber wegen ihrer Verstümmelung von allen gemieden worden. Auch das würden jene vom Ungeist der Inquisiton beseelten Geistlichen zu verantworten haben! – Das waren harte Worte aus dem Munde eines Priesters an die Adresse seines eigenen Standes. Freilich, was die Dorothe betraf, so hatte er recht. Im übrigen jedoch nahm das einfache Volk die Ansichten der jungen geistlichen Heißsporne nicht weiters ernst. Auch sie würden sich – trotz ihrer vielgepriesenen »Aufklärung« – früher oder später die Hörner abstoßen!
Der Dannei, der mit am Grabe stand, wiederholte im Geiste das Wort des Kaplans: »Alle haben sie gemieden!« und fügte von sich aus hinzu: Nein, nicht alle!

★

War's das Hinscheiden der Dorothe oder waren es die paar Wochen der Gefangenschaft oder war's etwas anderes – der Dannei wurde einschichtig. Er schnitzte auch fast nichts mehr, sondern ging im Hause herum, als suchte er den gestrigen Tag. Wenn sie ihn fragten, ob ihm etwas fehle, ob er einen Wunsch habe, lächelte er bloß auf seine liebenswürdige Art, verneinte und verkroch sich in seine Dachkammer. Er erschien pünktlich zu den allgemeinen Mahlzeiten in der Wohnstube, aß wie immer sehr wenig, beteiligte sich wohl auch ein paar Minuten am Gespräch über die Ereignisse des Tages, zog sich aber dann zurück – freundlich wie immer.
Und eines Morgens – die Sonne war noch nicht aufgegangen und die Zechmeister'schen lagen noch in den warmen Betten – verließ er mit dem Bergstock das Kugelfeld. Rüstig schritt er der Schönau zu, vorüber an der Hebenstreitmühl, die das Stift wieder aufgebaut, aber keiner Hebenstreitschen Verwandtschaft mehr übergeben hatte. Auch am Malterlehen kam er vorbei, doch die da drin bemerkten ihn nicht. Dann stand er am Ufer des Königssees. Da sagte man ihm, in einer Stunde werde ein herrschaftliches Boot gen Sankt Bartholomä ablegen; ob er vielleicht mitfahren wolle?
Freilich wolle er! Und er sage schon jetzt Vergelt's-Gott! Was ihn denn jetzt da hinter treibe? Sei er vielleicht jagdbeflissen?
Gott bewahr'! Mit der Jagerei habe er's noch nie gehabt! Selbst damals, als er bei den Soldaten in Prag gewesen sei und man ihm eine Flinte in die Hand gedrückt habe, sei ihm bei der allgemeinen Schießerei auf dem Kasernenhof schier übel geworden. Aber weil sie fragten, erlaube er sich auch eine Frage: Wüßten sie vielleicht, ob in absehbarer Zeit jemand von den Herrschaftlichen zur

Jagdhütte am Funtensee hinaufkäme?
Ja natürlich, sie selber!
Ob es ihnen da etwas ausmachen würde, wenn sie ihn bis dahin mitnähmen? Er wolle nämlich einen Tag übers Steinerne Meer gehen.
Respekt, Respekt! Bei den Jahren noch übers Steinerne Meer! – So gelangte der Dannei von Sankt Bartholomä mit dem herrschaftlichen Eselsgeleit bis zum Funtensee und durfte sogar noch übernachten. Gleichzeitig boten sie ihm an, er möge auch auf dem Rückweg in der Jagdhütte einkehren – auch wenn gerade niemand zugegen wär'.

o-o-o-o-o

Am Steinernen Meer

In jener Nacht schlief der Dannei nicht. Die Ursache war nicht etwa ein Alp, der sich ihm auf die Brust gelegt hätte, oder ein wirrer Traum, unter dessen Wahnbildern er wachgehalten worden wäre. Nein! Er spürte um sich – und das schon seit den Wochen im Gefängnis – eine unbestimmbare und namenlose Kraft, die ihm von Tag zu Tag deutlicher die Erinnerung an seinen gottseligen Vater aufdrängte. Mit dieser immer wacher werdenden Erinnerung war keine Pflicht, keine Aufgabe verbunden, sondern lediglich ein Drängen, er möge doch einmal den Grenzweg über die Sennerei beim Toten Weib und hinüber aufs Steinerne Meer gehen. Einen Weg, den der Vater wahrscheinlich auch gegangen war; einen Weg auch, auf welchem ihn vielleicht der Sensenmann ereilt hatte. Denn wenn es stimmte, was sich die Leut' zu Berchtesgaden noch vor fünfzig Jahren erzählt und vor dem Dannei gerne verschwiegen hatten, dann sollte ja der Tod des damaligen Zunftmeisters Jakob Hitzelsberger – er hatte sich im Walde erhängt – mit dem plötzlichen Verschwinden seines Vaters einen Zusammenhang gehabt haben. Nur wollte dem Dannei nicht eingehen, warum dieses Drängen erst jetzt, nach mehr als achtzig Jahren, in seiner Seele einsetzte. Denn der gegenwärtige Zunftmeister, zwar auch ein Hitzelsberger, war ja bereits der Enkel des damaligen. Dem konnte doch niemand am Zeug flicken, selbst wenn sich klare Beweise für eine Mordtat seines Großvaters ergeben hätten!
Als endlich die Nacht zur Neige ging und hinter dem Großen Teufelshorn eine müde und verschleierte Sonne

sich erhob, verließ der Dannei die Jagdhütte. Sie schauten ihm noch nach, wie gelöst er den Grenzbergen zustrebte: »Und der hat über die Neunzig auf dem Buckel!«
Sagte ein anderer: »Solche Leut' wie der, die kommen heutzutag nit mehr auf die Welt. Die haben noch schaffen müssen von früh bis spät und hungern von einem Feiertag auf den anderen. Wir fressen uns täglich den Wanst voll und wundern uns dann, wenn wir von Bartholomä bis herauf zum Funtensee schwitzen wie die Säu'.«
Ihm entgegnete vorwurfsvoll ein dritter: »Brauchst ja nit fressen, dann brauchst nit schwitzen! Aber mir laß mein'n g'sunden Appetit!«
Der Gerügte tat einen kurzen Pfiff wie ein Vogel und griff mit dem Zeigefinger ans Hirn.

Im Tal des Rinnsals, das den Funtensee speiste, stieg der Dannei wacker hinan, bis er die Sennerei beim Toten Weib vor sich sah. Natürlich war sie jetzt unbewohnt. Die geschlossenen Fensterläden und das vor der Eingangstür aufgestapelte Holz bewiesen es. Nur die Bank im Windschatten stand noch. Sie sollte den Grenzjägern und wohl auch den Schmugglern dienen, die hier allenthalben vorbeikommen würden. Denn besser eine Bank vor der Hütte als zertrümmerte Fenster! Der Dannei setzte sich hin. Auch der Vater mochte hier gesessen sein, mochte seine Brotzeit ausgepackt haben. Ob er hier auch seinem Mörder begegnet war? Mörder erscheinen meist plötzlich und unvorhergesehen; wüßt' man, wann und woher sie kommen, könnt' man sich ihrer erwehren.

Um Mittag erhob sich der Dannei und bog in die Zerklüftungen des Steinernen Meeres ein. Er hielt aufs Gamsloch zu. Hier führte der Pfad an einer Steilwand hin. Auf der anderen Seite aber, gegenüber der Steilwand, spitzten die Schroffen wie gewetzte Sensen aus der Tiefe.

Wenn sich hier zwei begegnen, muß einer umkehren oder beide stürzen in den Abgrund – vielleicht auch nur einer! Da spürte der Dannei ganz nahe die namenlose Kraft, die ihn hier heraufgedrängt hatte und jetzt festhielt. So fest, daß er keines Schrittes mehr fähig war, sondern in die Knie brach und niedersank. Hier also war's geschehen – im Mai 1714! Hier hatte einer den unter der schweren Krax'n heraufkeuchenden Vater mit einem Hauch von Kräfteaufwand über den Rand gekippt, so wie es der Wind macht, wenn er in das hohe Gebinde der Blumenvase fährt, die am Söller steht: auch ein Hauch, ein Windhauch! Dem Gebinde schadet's kaum, aber die Vase ist zertrümmert. Der Dannei lag da, ein Häuflein Elend, und begann zu beten: »Lieber Herrgott, wenn's hier war – und es war hier! –, dann bleichen die Gebeine des Vaters da unten in der unzugänglichen Tiefe! Dann wird er bei der Auferstehung der Toten seine liebe Not haben, wieder heraufzukommen. Ich aber kann nicht hinunter, um ihn zu suchen und auf einen Gottsacker zu betten, wenn ich ihn gefunden hätt'. Laß ihn aber trotzdem in deinem Frieden ruhn!«
Der Dannei verweilte eine Stunde an dem Ort. Als er sich erhob, war ihm leicht wie seit vielen Jahren nicht mehr. Auf dem gleichen Wege kehrte er in die Hütte am Funtensee zurück. Seine vortägigen Begleiter fand er nicht mehr; doch die Hütte stand offen, und Brennholz, Brot und Käse lagen bereit. Bevor er sich in dem mit Stroh gefüllten Holzkasten zur Ruhe begab, ließ er den ganzen Tag noch einmal an seinem geistigen Auge vorüberziehen. Dann sprach er in die Stille des eigenen Herzens hinein: Andere gehen auf den Gottsacker und sehen über dem Grabhügel den Namen von Vater und Mutter – ich sehe keine Namen. Andere haben Nach-

kommen, die in Lieb und Leid um sie herumsind – ich hab keine Kinder. Andere haben ein Haus gebaut, eine Hütte gezimmert, einen Baum gepflanzt – nichts dergleichen stammt von mir. Ich bin ein gesichtsloser und geschichtsloser Mensch, ich komme von irgendwoher und gehe irgendwo hin. Hinter mir wird eine Tür geräuschlos ins Schloß fallen, und nur noch ein paar namenlose Straßen werden sich erinnern, daß der Dannei einst über sie hingegangen ist mit seiner Krax'n. Und dort und da wird vielleicht noch ein Kind auf einem Arschpfeifenrößl blasen und sich denken: Wie hat er das bloß gemacht, der Dannei, daß man darauf so schön blasen kann! – Die Freud' eines Kindes allein wird mich überdauern! Gott sei Dank!

Er schlief bis weit in den Tag hinein. Erst als ein Geier draußen vor der Hütte einen jungen Hasen schlug und dabei einen scharfen Schrei ausstieß, erwachte der Dannei. Er aß ein Stück von dem Brot, nahm einen Schluck Wasser am Brunnen und ging zum Königssee hinab. Im Schlößchen dort waren emsige Frauen beim frühjahrlichen Hausputz.

»Kannst gleich mittun!« sagte die Afra.

»Wir bräuchten einen ordentlichen Teppichklopfer!« meinte die alte, bissige Huberin aus der Schönau.

Ihr antwortete der Dannei: »Zuerst bräuchte dein Kreuz einen ordentlichen Klopfer. Denn seitdem du deinen Alten in die Grube hineingeärgert hast, kann dich niemand mehr bändigen!«

Schlagfertig entgegnete die Angesprochene: »Du freilich wärst der letzte, der's können taat, du Lätschenbeni! Z'weg'n dem ist dir ja auch die Hebenstreitin davong'rennt!«

Der Dannei beeilte sich, zum Seeufer hinabzukommen.

Angesichts giftiger Mäuler fühlte er sich stets ein bißchen wehrlos und ohnmächtig. Weil jedoch das Boot erst am Abend mit den Frauen zurückfuhr, zog er es vor, zu Fuß nach Hause zu gehen – schon um seines Seelenfriedens willen.

★

Während des Herbstes und Winters hatte er nichts gearbeitet, so konnte er auch in diesem Jahr an keine Reise denken. Dafür wollte er aber seinen Holzvorrat ergänzen. Er begab sich zum Zunftmeister Hitzelsberger und bestellte zwei Rotfichten, eine Zirbelkiefer, eine Linde und einen Mehlbeerbaum. Der Meister schlug die Liste der Berchtesgadener Schnitzer auf und sprach ohne den Blick vom Papier zu erheben: »Anton Adner, indem daß du bloß ein Schachtelmacher bist, stehen dir zwei Rotfichten zu und sonst nix'«
»Wieso auf einmal?« fragte der Dannei. »Solange ich schnitz' – und das sind siebzig Jahr – hab ich mein Holz anstandslos gekriegt!«
»Unter der pröpstlichen Verwaltung, ja! Unter dem allergnädigsten Herrn Churfürsten sind jedoch die ursprünglichen Zunftgerechtsamen wieder in Kraft getreten, denen zufolge ein Schachtelmacher eben nur auf Rotfichten Anspruch hat!«
»Drei Fürstpröpste hatten mir die Vergunst freier Arbeit geschenkt, und jetzt auf meine alten Tage soll's mir gehen wie einem Lehrbuben? Oder sollte sich das gar nur wegen deines Großvaters und meines Vaters geändert haben?«
Der Hitzelsberger fuhr merklich zusammen und blätterte noch eine Weile in seiner Liste herum. Darauf er-

hielt der Dannei alle angeforderten Bäume auf dem Stamme zugewiesen.
Er fällte und entrindete sie und zog sie mit Hilfe eines Ochsen aus dem Holz. Beim Backhäusl am Kugelfeld schlichtete er sie auf, wie sich's gehörte. Ob er sie noch verarbeiten würde? – »Jahre von Gottes Sohn!« hatte die Zigeunermutter gesagt. Nun, da wär's noch lange hin! Tagelang wurmte den Hitzelsberger Danneis deutliche und dennoch nicht durchschaubare Bemerkung über ihre gemeinsamen Vorväter. Was für ein Unheil wäre es, wenn in der Münchner Hofkanzlei ruchbar würde, daß er der Enkel eines Mörders und Selbstmörders sei! Wo doch der durchläuchtigste Herr Churfürst sowieso schon ein ganzes Heer von Dunkelmännern aufgeboten hatte, um die Westen seiner Beamtenschaft auf ihre Sauberkeit zu überprüfen! Man würde ihn, den Hitzelsberger, von einer Stunde auf die andere seines Zunftmeisterpostens entkleiden. Dann stünde er da mit Weib und Kind und müßte selber wieder Spanschachteln machen oder Grillenhäuschen, damit sie nicht alle vor Hunger zu Grunde gingen. Und dann die Schande! Andererseits die ständige Bedrohung durch den Dannei! Der konnte, wenn es ihm plötzlich einfiele, hergehen und das, was er wußte, nach München melden. Ist es möglich, mit einem solchen Menschen auf die Dauer an einem Ort zu leben? Ohne vor Angst wahnsinnig zu werden? Und wenn es nicht möglich ist, wie schafft man Abhilfe?
Der Zunftmeister grübelte und grübelte – bis ihm mit einemmale ein erlösender Gedanke antupfte: Eine Sibylla! Sollte er nicht eine Sibylla, eine Wahrsagerin, zu Rate ziehen? Diese Weiber sind zwar unberechenbar, verfügen jedoch über einen scharfen Durchblick, der zu

klären und Möglichkeiten zu vermitteln vermag. Freilich, der Herr Churfürst hat's auch auf die Sibyllen abgesehen; aber mag's sein, wie's will: eine Sibylla muß her!

Mit diesem Entschluß begab er sich nach Nonn und suchte den Mesner Prokop auf. Das war ein Böhmak, durch allerhand undurchsichtige Machenschaften bekannt. »Prokop, schaff mir eine Sibylla her!«

»Hast du heut nacht gesoffen oder bist du getreten worden von Pferd? Woher soll ich nehmen Sibylla?«

»Red nit so geschwollen daher, Prokop! Ich bin der Zunftmeister von Berchtesgaden und weiß manches von dir, was man nit auf der Gass'n erzählen darf! Ich brauch' eine Sibylla, und du bringst sie mir zu, verstanden?«

Da hielt ihm der Prokop stumm die offene Hand hin; der andere legte ihm fünf Gulden hinein und murmelte dabei: »Ein Heidengeld!« Darauf vereinbarten sie die Begegnung mit der Wahrsagerin zum nächsten Vollmond, und zwar unter dem Nußbaum in der »Schranne« vor dem Eingang zum Gottsacker. Die Schranne war eine uralte Femegerichtsstätte. Auf vier steinernen Sockeln, die im Geviert um einen dichten Nußbaum eingelassen waren, ruhten vier miteinander verbundene dicke Balken, jeder etwa sechs Ellen lang, auf denen einst die alten Schöffen und Richter ihre düsteren Beratungen gepflogen haben mochten.

Hier übte der Prokop mit der Libuscha, die ebenfalls aus dem Land der Przemysliden stammte, sein zukunftsträchtiges Geschäft aus. Und weiß der Himmel! sie brauchten sich nicht über mangelnde Kundschaft zu beklagen!

Der Vollmond stand über dem Hügelhang und warf die

schrägen Schatten der Friedhofskreuze an die Brüstung der Außenkanzel des uralten Gotteshauses. Aus dem siebenlöcherigen Schalenstein glommen sieben Totenlichter und zitterten leise, wenn der Nachtwind über sie hinstrich. Düster lag das unheimliche Tribunal der »Schranne« unter dem Nußbaum, durch dessen Geäst nur ganz selten ein zarter, dünner Mondenstrahl sich zwängte. Hier saß in einer Ecke des Balkengevierts die Libuscha mit ihrem Sohn Ladjo, den ihr elf Jahre zuvor ein Berchtesgadener Salzer im Stiftsgehölz angehängt hatte, ein feingliedriges Kerlchen mit einem Engelsgesicht. Ein wildes Taubenpärchen rukuzte im Dachreiter auf der Kirche, erschrak aber, als jetzt der Prokop mit dem Hitzelsberger auf dem Mesnerwege heraufkam. Wortlos setzten sie sich in das gegenüberliegende Balkeneck, und warteten. Waren's fünf Minuten, war's eine Viertelstunde, eine halbe – sie warteten.
Jetzt erhob sich das Kind neben der Mutter, trat zwischen die beiden Männer und den Baum und fragte:
»Was wollt ihr von der Kristallseherin?«
»Die Wahrheit!« antwortete der Prokop, der das Ritual offenbar kannte.
»Welche Wahrheit?« fragte der Bub weiter.
Da rammte der Mesner dem Zunftmeister seinen Ellbogen in die Rippen und der sagte: »Was weiß der Anton Adner über meinen Großvater?«
Wie ein Schemen trat nun die Libuscha heran. Sie trug etwas Verhülltes und setzte es langsam auf die vorgestreckten Hände des Knaben. Ebenso langsam zog sie die Hülle, ein grünes Seidentuch, ab, und man sah eine Kugel aus Glas, über die gespenstisch ein paar Mondscheinsplitter huschten.
»Kniet nieder und betet!« sagte sie.

Sie taten's und beteten ein Vaterunser.
»Betet weiter!«
Da beteten sie noch zehn Vaterunser oder ein paar mehr. Währenddem hat die Libuscha den Knaben mit der Kristallkugel ins volle Mondlicht gestellt. Sie ruft den Zunftmeister nahe heran und gebietet ihm, in die Kugel zu schauen. Er schaut und sieht zunächst nichts. Als sie ihn aber nach einer Weile fragt: »Was siehst du?« antwortet er: »Einen Mann mit einer Krax'n!« Dann läßt sie ihn von der anderen Seite auf die Kugel schauen und fragt wieder: »Was siehst du?« Er erwidert: »Einen anderen Mann, der den Krax'nträger mit einem Stock berührt –«
»– und in die Tiefe stürzt!« sagt sie und fährt fort: »Jetzt hast du deine Wahrheit!«
Er darauf: »Wird mich der Adner bei den Dunkelmännern hinhängen?«
Sie: »Mußt ihn zum Schweigen bringen!«
Und abermals er: »Wie?«
Da kichert sie: »Hihihi!«, schlägt das grüne Seidentuch über die Kristallkugel, nimmt diese an ihre Brust und verschwindet mit dem Knaben Ladjo jenseits des Gottesackers.

o-o-o-o-o

Die Jakobinerlein

Das spitze Lachen der böhmischen Sibylla war dem Hitzelsberger arg in die Glieder gefahren. Das Wissen des Dannei hing gleich dem Schwerte des Damokles über seinem Haupte – und er sollte den alten Mann zum Schweigen bringen!
Das war ein harter Heimweg für ihn.
Als er in den Vormittagsstunden des anderen Tages in Berchtesgaden ankam, war er so müde und im Gemüt derart zermartert, daß er beim Neuhauser Wirt in die Gaststube wankte, auf eine Bank hinfiel und wie leblos liegen blieb. Um diese Zeit kam der Bürgermeister zum gewohnten Frühschoppen vorbei. Er bemühte sich um den Zunftmeister, flößte ihm zwei herzhafte Obstler ein und brachte ihn wieder zu Sinnen. Darauf setzten sie sich in eine Stubenecke, und der Hitzelsberger erzählte alles: von der Angst, der Schau der Sibylla und ihrem abschließenden Urteil.
»Das eine sag' ich dir: Einen zweiten unklärbaren Todesfall Adner wird es nit geben! Ich könnt' sonst nit mehr hinter dir stehen!« Der Bürgermeister sagte es sehr trocken.
»Wie soll ich ihn denn zum Schweigen bringen – nach ihrem Willen?«
»Du hast selber einen Kopf, zerbrich ihn dir!«
Die beiden Amtspersonen trennten sich unfreundlich.
Am Abend beriet sich der Hitzelsberger mit seiner Frau, die ihm geistig überlegen und dazu recht klug war. Sie empfahl ihm, den geradesten Weg zu gehen und mit dem Dannei ganz offen zu reden.
»Und wenn du das statt meiner taatst?« fragte er sie.
Sie überlegte kurz und erklärte sich dazu bereit.

Es waren bereits die stillen Tage des Advent angebrochen, da erschien die Nore Hitzelsbergerin auf dem Kugelfeld. Der Dannei hatte schon wieder zu schnitzen begonnen und saß in seiner Kammer, als sie bei ihm eintrat. Während er sich noch über den raren Besuch wunderte, begann sie ohne Vorrede alles Geschehene vor ihm auszubreiten und bat ihn, den Mann wegen ihrer Kinder zu schonen. Der Dannei wurde verlegen. Er habe keinen Augenblick daran gedacht, den Zunftmeister irgendwo hinzuhängen oder ihm sonst einen Schaden zuzufügen. Nur müsse sie verstehen, daß er selber bei seinen fast dreiundneunzig Jahren nicht willens sei, sich von einem anderen nach Lust und Laune herumschubsen zu lassen, gleich als wär' er der letzte Dreck. Das aber habe der Zunftmeister mit ihm versucht, indem er ihn nur auf die Schachtelmacherei habe verpflichten wollen. Doch dieses Mißverständnis sei ausgestanden, und die ganze Angelegenheit in brauner Butter.
Sagte die Nore, und ihre Augen hatten einen feuchten Schimmer: »Dannei, und wenn ich's von meinem Schmugeld bezahlen muß – du kriegst dein Holz umsonst, solang' ich leb'!«
Da schenkte er ihr einen seiner bemalten Weihnachtsengel, und sie gab ihm einen Kuß auf die dürre Wange.

Churfürst Carl Theodor hatte seine, von ihm vielbetrogene Gemahlin zu Grabe getragen und sechs Monate danach eine neunzehnjährige Habsburgerin geehelicht in der Hoffnung, zumindest von der jungen noch einen Nachfolger zu erhalten, nachdem ihm die alte keinen geschenkt hatte. Doch die Hoffnung trog. Als jetzt gar die Franzosen abermals in Bayern einfielen, mußte er nach Sachsen fliehen, immer besorgt um seine zahlreichen illegitimen Kinder, für die er den Unterhalt kaum mehr herbringen konnte.

Da machte ihm der Kaiser Franz das schon wiederholt fehlgeschlagene Angebot von neuem, Bayern gegen das österreichisch-niederländische Königreich zu tauschen. Damit hätte Österreich sein zusammenhängendes Gebiet erweitert, und Carl Theodor wäre von den ungeliebten Bayern befreit und im lebensfrohen Westen sogar König geworden. Er sagte daher zu, und gleich rückten achtzigtausend Kaiserliche in Bayern ein.

Da rettete aber Friedrich von Preußen im Verein mit der Herzogin Clemens die Selbständigkeit des Churfürstentums an der Isar, indem er einen Fürstenbund gegen das Ansinnen des Kaisers ins Leben rief. Und Carl Theodor schaute – wie sie in München in solchen Fällen zu sagen pflegten – mit dem Ofenrohr ins Gebirg. Er konnte diese und manch andere bittere Enttäuschung nicht verwinden und wurde »von einem Schlagerl gestriffen«, das im Februar 1799 seinem üppigen Leben ein nicht gerade gottseliges Ende bereitete. Die Münchner jubelten an den Biertischen und erzählten sich über den Toten böse Witze. So zum Beispiel habe man in Carl Theodors letzter Stunde nach der Muttergottes in der Herzogspitalkirche geschickt und die himmlische Frau an den Hof gebeten. Sie habe jedoch abgelehnt, da sie keinen Rock mehr zum Anziehen besitze, weil der Churfürst aus den Kirchen fünfzehn Millionen Gulden herausgepreßt habe. – In jenen Tagen soll es in manchen Gassen der Landeshauptstadt wüste Schlägereien mit den »Mannheimern« gegeben haben, so daß die sich eilends auf den Heimweg begaben.

Die churfürstlich gewordene Beamtenschaft in Berchtesgaden beeilte sich, zu den Leichenfeierlichkeiten für den hohen Verblichenen nach München zu reisen. Den Stiftsherren war nicht danach zumute. Seitdem ihr Fürstpropst die Salinen, Güter und Wälder Bayern übereignet hatte und als Bischof in Freising und Regensburg weilte, ging im Stift alles drunter und drüber. Jeder tat, was er gern tat, oder tat überhaupt nichts. Wozu auch? Wozu arbeiten? Für wen? Man besaß seine Pfründe; von denen konnte man gut leben. Täte man etwas, würden es die Bayernhörigen nur als Einmischung in ihre Belange betrachten. Sollen sie doch wurschteln! Bald wird der Bonaparte kommen und alles einsacken! Gnade Gott dem, der dann nichts auf die Seite gebracht hat! Drum sorge jeder für sich und trachte, von dem Kuchen noch möglichst viel abzukriegen, denn die Zukunft schaut düster her!
War es da verwunderlich, daß sich die Kleinen an den Großen orientierten und stahlen wie die Raben? Als es noch den Propst gab, ja, da war man fromm und gottesfürchtig und zufrieden mit den Brosamen, die von den Tischen der Herrschaft fielen. Jetzt, wo das ganze Zeug denen in München gehörte, konnte man sich doch alles unter den Nagel reißen, was nicht niet- und nagelfest war! Die Beamten gingen einem ja mit ihrem »guten« Beispiel voran!
Auch der Sylvest am Kugelfeld, der wie alle Zechmeister'schen stets ein ehrenfester Mann gewesen war, nahm's jetzt mit dem Mein und Dein nicht mehr so genau. Denn zum einen hockten ihm drei feste heiratsfähige Töchter in der Stube, die kaum an einen ordentlichen Mann zu bringen waren, wenn sie nicht zumindest ein Häuserl hatten; und zum anderen sah er, wie's der Bür-

germeister und der Zunftmeister machten, die – was die jungen Weiberleut betraf – in der gleichen mißlichen Lage waren wie er. Er bestach also den Oberförster, und zwar mit etlichen gutgenährten Gänsen, und holte sich dann aus dem »nunmehrigen« Staatsforst das für die drei Häuser erforderliche Bauholz.
Der Dannei wunderte sich zwar über die so plötzlich ausgebrochene Wohlhabenheit seines Hausherrn; er scherte sich aber nicht weiters darum, weil man sich um ungelegte Eier nicht bekümmern soll. Die Agathe jedoch, die seit dem Franzosenerlebnis eine tiefe Verehrung für ihn empfand, erzählte ihm alles.
Da zuckte er mit den Achseln: »Ob das einem rechten Haussegen förderlich sein wird?«

Während nun der Bau der drei Häuser mit fieberhafter Eile begonnen und vorangetrieben wurde, zog in München ein neuer Churfürst, Max Joseph, ein. Er war, gleich seinem Vorgänger, den Österreichern verbündet, was ihm bereits ein paar Monate nach seinem Regierungsantritt sehr übel geriet, als seine bayerischen Soldaten zusammen mit den kaiserlichen vom französischen Feldherren Moreau bei Hohenlinden aufs Haupt geschlagen wurden. Darauf rückte ein Kontingent dieses siegreichen Franzosenheeres abermals in Berchtesgaden ein. Jener Offizier, dem der Dannei die Arme gebrochen hatte, war zwar nicht dabei, doch schickte der Bürgermeister eilends einen Amtsboten aufs Kugelfeld, um den alten Mann zu warnen.
Rauh fegten die Dezemberstürme über den Untersberg herüber. Straßen und Wege waren verschneit, und keinen

Hund hätte man vor die Haustüre gejagt. Da sah man den Dannei mit der Krax'n, auf der er ein paar Habseligkeiten für den täglichen Bedarf, die Schnitzmesser und das Strickzeug verpackt hatte, der Schönau zustreben. Bis an die Hüften stak er manchmal im Schnee, doch unverwüstlich wie in seinen besten Jahren überwand er die zahlreichen Verwehungen und traf gegen Abend im Malterlehen ein. Sie wunderten und freuten sich zugleich: »Kommst uns zugeflogen wie ein vorwitzig's Christkindl!« Sie wiesen ihn in eine Knechtestube ein, und alle miteinand verwöhnten ihn.
Inzwischen machten sich die Franzosen – es waren ihrer ein paar Hundert – in Berchtesgaden breit. Die höheren Chargen bezogen das Stift, die anderen fielen wie die hungrigen Krammetsvögel in die schönsten Bürgerhäuser ein und fühlten sich in den Kucheln, Kellern und Betten wie der liebe Gott in Frankreich; nur daß der ihr jetziges Treiben kaum gebilligt hätte. Da gab es, weiß der Himmel!, nach etlichen Tagen im ganzen Ort kein halbwegs ansehnliches Weiberleut mehr, das von den blauen Strolchen nicht behelligt worden wäre. Besonders wild trieben sie's mit den jungen, so auch mit den Zechmeisterstöchtern auf dem Kugelfeld.
Die drei neuen Häuser der Mädchen waren schon unter Dach und Fach und standen nur noch leer, damit sie ordentlich auswinterten. Doch was würden sie jetzt nützen, wo doch die geheimen Kämmerlein aufgebrochen waren und – Gott sei's geklagt! – sich unter den Klängen der Marseillaise zum Empfang eines kleinen Jakobinerleins bereiteten? Dieser Gesang fand bei den einheimischen Burschen kein Echo, im Gegenteil, die drei unter ihnen, die bei den Zechmeister'schen schon ein wenig angebissen hatten, dankten ihrem Schutzen-

gel, daß er sie vor dem Angelhaken letztlich doch noch bewahrt hatte. Und so wie den Zechmeisterinnen ging es noch achtzehn anderen Mädchen und Frauen. Kein Wunder, daß der neue Landphysikus, ein Dr. Moritz Mayer, der eben erst aus der Eichstätter Gegend zugezogen war, in den drei ersten Neujahrsmonaten als der begehrteste Mann in der einstigen Fürstpropstei galt. Und er half allen aus ihrer Notlage, weil er nicht christlichen Glaubens war, was die geistlichen Stiftsherren in höchstem Maße empörte. Wenn sie jetzt in ihrem Refektorium zu gemeinsamer Unterhaltung zusammentrafen, stellten sie mit innerer Ergriffenheit fest, daß in den paar Jahren seit dem Übergang des Propsteibesitzes nach Bayern und dem Einzug dieses fränkischen gottlosen Arztes die Moral in katastrophaler Weise abgesunken war. – Himmlischer Vater, wir leben in Sodom und Gomorrha! Von dort scheint auch dieser Dr. Mayer zu stammen! Unter der Bürgerschaft aber erfreute sich der Physikus höchsten Ansehens.

o-o-o-o-o

Der Hagelschlag

Es war ein sonniger Märzmorgen – für den Monat fast zu warm –, als der Dannei mit hochgetürmter Krax'n das Malterlehen verließ. Er wollte wieder aufs Kugelfeld zurückkehren. Der neue Churfürst Max Joseph suchte jetzt die Bundesgenossenschaft Frankreichs, so daß keine marodierenden Soldaten mehr die Gegend unsicher machten. Der alte Mann stakte wacker dahin. Er ließ das Engeday links liegen. Als er bei der Hebenstreitmühl aus dem Walde herauskam, sah er, daß sich vom Grünstein her ein graugelbes, mächtiges Wolkengebilde heranschob. Daraus zuckten allseits Blitze, denen hohles Donnergedröhn folgte. Er überlegte: Sollte er weitergehen oder irgendwo unterstehen? Nun, bis zum Steinbruch würde er's noch schaffen! Dort konnte er dann in der Klopferhütte Zuflucht finden!
Mit zügigen Schritten erreichte er das ausgemergelte Blockhäuschen. Die Klopfer waren nicht da. Vielleicht hatten sie von der Vornacht noch den Fasching im Hirn. Da tut's Steineklopfen doppelt weh!
Er setzte die Krax'n ab und stellte sich unter den Türstock. Es wurde finster, und in dem Stückchen Himmel über der tiefen Wanne des Steinbruchs begann es unheimlich zu rauschen. Mit einem Male sausten faustgroße Eisbrocken nieder. Sie zertrümmerten das Hüttendach, so daß die leichten Sparren wie dürre Späne zerbrachen. Zugleich löste sich eine Kieslawine hoch am oberen Rande des Steinbruchs, stürzte über den nahezu senkrechten Steilhang herab und begrub krachend und berstend das, was von dem Häuschen noch stand, unter sich, – auch den armen Dannei.

Gegen Mittag, als das Unwetter längst ins Bayerische hineingezogen war, erschienen die Steinklopfer vor dem Greuel der Verwüstung. Aus dem Kies- und Geröllhaufen standen noch etliche zersplitterte Dachlatten heraus – und obenauf lag ein feinbemaltes Pfeifenrößl, so wie man sie vom Dannei kannte. Da ging den Männern ein Licht auf, und sofort zerrte einer an den Latten, während die beiden anderen schaufelnd den kaum noch kenntlichen Weg zur Hütte vom Kies befreiten. Bald stießen sie an die Türschwelle und sahen, was ihnen wie ein Wunder vorkam: Der Dannei steckte bis zum Hals in Sand und Steinen; nur der Kopf ragte frei daraus hervor, weil sich der Türstock über ihm verklemmt und so die Wucht der niedergehenden Erdmassen gebremst hatte. Sachte lösten sie den alten Mann, der bewußtlos war, aus seiner fürchterlichen Hülle.
»Ob er noch lebt?« fragte einer.
Ein anderer hielt sein Ohr an Danneis Herz und meinte: »Hör'n tu'i nix, aber warm ist er noch!«
»Wenn er noch warm is, dann muß der Doktor her!« sagte der dritte und rannte davon.
Eine Stunde später kam der Salinenarzt scharf dahergeritten. Er griff am Dannei herum, bewegte seine Arme auf und nieder, blies ihm Luft in den Mund und wälzte ihn hin und her, von einer Seite auf die andere. Das dauerte eine ganze Weile. Plötzlich mußte sich der Alte erbrechen, auch rann ihm Blut aus der Nase. Und auf einmal schlug er die Augen auf. Der Doktor redete auf ihn ein, erhielt aber kein Antwortzeichen. Dann hüllten sie ihn in die Pferdedecke, und er ritt wieder heim. – Am Abend trugen sechs Männer den Dannei behutsam auf einer Bahre dem Kugelfeld zu.

★

Vier Wochen oder gar noch mehr waren verstrichen, und der Dannei konnte sich nicht bewegen. Reglos lag er im Bett und redete kaum – aber er lächelte, wenn jemand zu ihm hintrat. Er aß fast nichts, trank jedoch viel Milch.

»Wird er wieder werden?« fragte die Agathe den Arzt, der häufig ins Haus kam.

»Hundert andere hätten schon längst ins Gras gebissen. Wer aber eine solche Viechsnatur hat wie der, auf den können Berge fallen, den können Hügel bedecken, doch den bringt nichts um!«

»Und seine Beine und die Arm und die Händ'? Wird er sie nie mehr gebrauchen können?« Diese Frage lag der Zechmeisterin sehr am Herzen. Denn wenn auch der Dannei schier endlose Geduld aufbrachte und sich eher die Zunge abgebissen, als ein Wort der Klage geäußert hätte, so befürchtete sie, ihn doch noch wer weiß wie lange pflegen zu müssen.

Dr. Mayer verstand sie und entgegnete: »Wunder geschehen nicht! Wir wollen aber die Hoffnung nicht aufgeben! Wer die Hoffnung aufgibt, der gibt sich selber auf. Sobald wir ihn in einen Wagen setzen können, bringen wir ihn nach Gögging und setzen ihn dort ins Schwefelwasser.«

»Ich werd' beten, daß ihm's Wasser gut tut!« erwiderte die Agathe.

Da grinste der Arzt; er war gottlos. –

Die warmen Sommermonate brachten dem Dannei ein wenig Erleichterung in seinem trostlosen Zustand. Er vermochte an zwei Krücken ins Freie zu gehen, indem er die Beine wie zwei leblose Anhängsel unter sich herzog. Damit erklärte sich jedoch der Physikus Mayer außerordentlich zufrieden. Die Wasserkur konnte beginnen. Vom Marstallamt des Stifts lieh er sich eine vornehme Karosse, deren Gondel in Lederriemen hing, so daß die Unebenheiten der Wege fast gänzlich abgefangen wurden. Darin ließ er den Dannei verpacken. Acht Tage später empfing er ihn in Gögging. Er war vorausgeritten und hatte sich um eine Unterkunft für ihn im Badehaus gekümmert, wo der alte Bader Julian ein gutes Dutzend Bettstellen vermietete. Fünf Bademenscher standen ihm zu Gebote, um die Kranken zu betreuen. Diese Mädchen waren nicht von der feinen Art, denn sie hatten es meistens mit unausstehlichen, bisweilen sogar wüsten Patienten zu tun. Das Gebot der Selbsterhaltung zwang sie, allen Ankömmlingen gegenüber zunächst kalt und abweisend zu sein – so auch dem Dannei.

Doch schon am zweiten oder dritten Tage nahm sich die Marja seiner besonders an. Sie fühlte sich zu dem alten Manne hingezogen und wußte selber nicht warum. Die Marja hatte langes, blauschwarzes Haar, das um die Ohren von einem roten Band gehalten war. Gesunde, weiße Zähne füllten ihren kleinen Mund ganz aus, so daß sie sich beim Reden bisweilen überhaspelte; das klang drollig. Zusammen mit dem Julian bearbeitete sie täglich zweimal Danneis Beine im warmen Schwefelwasser. Sie knickten und streckten ihm die Glieder und bürsteten die Haut; sie rieben ihn mit gebranntem Wein, mit Kampfer und Melissengeist ein und zogen ihn durch Dämpfe von Arnika, daß er danach stets gerötet war wie ein gekochter Krebs.

Sagte eines Tages der Dannei zum Bader: »Die Marja ist sehr anstellig und hat viel Empfinden in ihren Händen.« Darauf der Julian: »Die Zigeuner haben eben einen sechsten Sinn!«

»Ist sie eine Zigeunerin?«
»Freilich!« erwiderte der Julian. »Die Böhmischen haben ihr sogar ein Ohr abgeschnitten. Aber frag sie nit danach, sie hat's nit gern! Sie ist meine beste Magd, und ich möcht' sie nit verlieren. Man muß mit ihr umgehen wie mit einem rohen Ei.«
»Wie bist du zu ihr gekommen?« fragte der Dannei wieder.
»Sie ist mir zugelaufen wie eine junge Katz'. Auf einmal war sie da und hat mich mit ihren schwarzen Augen angeblinzt, und ich hab sie einfach behalten. Du hast übrigens ähnliche Augen wie sie.«
»Warum auch nit?« entgegnete der Dannei. »Wer von uns weiß denn schon, was für Geister und Ungeister in seinem Blut sind?« Dann lenkte er ab und fragte, was er sich für seine Beine erhoffen dürfe.
Mit zuversichtlichem Kopfnicken meinte der Bader: »Wenn erst einmal 's Blut wieder ordentlich zirkuliert, sind wir mit dir übern Berg. Die Marja wird dich schon hinkriegen. Darfst halt nit zimperlich sein, wenn sie dir die Muskeln auseinanderfieselt! 's muß sein!«
Zimperlich war der Dannei nicht, aber manchmal trieb's ihm doch das liebe Herzwasser in die Augen, wenn ihn die Marja knetete. Dann wiederholte sie jedoch nur das Wort, das in diesem Hause sozusagen zum guten Ton gehörte: »'s muß sein!«
Indes war es auch der Marja nicht entgangen, daß der alte Mann feurig blinkende Zigeuneraugen hatte. Darum fragte sie ihn einmal geradeheraus, als er an ihrem Arm die ersten Gehversuche machte: »Großvater, seid Ihr aus Ungarn?«
»Fragst du mich, weil du selber von dorther kommst?« meinte er und lächelte.

Sie erwiderte: »Deswegen nicht, aber weil Ihr gesunde Zähne habt.«
»Und ähnliche Augen wie du!« ergänzte er.
Da schaute sie ihn mit einem durchdringenden Blick und länger, als schicklich war, an und sagte: »Seid Ihr einer von uns?«
Erwiderte der Dannei: »Nur ein halber, liebes Kind!«
Marja zog mit der anderen Hand seinen Kopf an sich und küßte ihn. Hatte sie den »Großvatter« schon all die vergangenen Wochen mit ausgesuchter Freundlichkeit behandelt, so schien es, als ob sie nunmehr ihre Bemühungen um die Wiederherstellung seiner Beine verdoppelte. »Du hast wunderbare Hände, begnadete Hände!« sagte der Dannei immer wieder zu ihr. Und sie entgegnete ebenso oft: »Großvatter, als der liebe Gott damals schon alles unter die Menschen verteilt hatte, ist zum Schluß noch ein Zigeuner dahergekommen. Er hatte sich verspätet und streckte jetzt seine Hände zu ihm hin und wollte auch eine Gabe haben. Da sagte der liebe Gott zu dem Zigeuner: ‚Freund, ich habe keine Gaben mehr, aber ich habe noch ein paar Strahlen. Leg deine Hände in die meinen!' Der Zigeuner hat dann seine Hände in die Hände des lieben Gottes gelegt. Seitdem gehen von unseren Zigeunerhänden ein paar göttliche Strahlen aus.«
In den sechzehn Wochen, die der Dannei nun schon in Gögging weilte, hatte ihn der Salinenarzt wiederholt besucht und von Mal zu Mal mit größter Freude seine voranschreitende Genesung festgestellt. Er war es auch, der alle Kosten übernommen hatte, weil er am Dannei die Wirkkraft der Schwefelquellen persönlich testen wollte. Denn wenn er auch ein aufgeklärter Mensch war, und meist im Gegensatz stand zu den althergebrachten

Ideen anderer, so waren sich doch in der Fürstpropstei hoch und nieder darin einig, daß seine Hilfsbereitschaft und Humanität sich nicht im Kleinen erschöpfte. Auch der Dannei genoß den Nutzen dieser großherzigen Einstellung des Salinenarztes, doch ohne sein Zutun. Mit seinen jetzt siebenundneunzig Jahren sagte er sich täglich: Jeder Sonnenaufgang ist ein Geschenk, jeder neue Tag eine Gnade. Überhaupt alles, was sich um mich tut, ist Gnade. Eine Gnade ist das heilkräftige Wasser, eine Gnade der Physikus, eine Gnade vor allem die Marja! Und es schien, als ob gerade deswegen alles so wohltätig auf ihn zukam, weil er sich mit seinem Herzen voller Ergebung in alles schickte. Er hegte weder Furcht noch Erwartung, sondern fühlte sich von einer namenlosen Freude erfüllt. Diese Haltung rühmte der Arzt bei jedem Besuch und erklärte, daß sie nicht zuletzt eine bedeutende Mitursache seines gesundheitlichen Fortschritts sei.

So war's nicht verwunderlich, daß der gute Anton Adner nach fünfmonatigem Verweilen zu Gögging unter manch geheim geweinter Träne des Zigeunermädchens Marja als geheilt entlassen werden konnte.

o-o-o-o-o

Anno 1803

Dr. Mayer kam, beglückwünschte ihn und wollte ihn in der Paradekutsche mit nach Hause nehmen. Aber der Dannei winkte ab: »Jetzt mach' ich erst eine Wallfahrt nach Bettbrunn zum heiligen Salvator; denn letzten End's dank ich's dem Himmel, daß ich noch leb' und wieder hatschen kann!«
Der Arzt respektierte die Absicht des alten Mannes, meinte aber mit erhobenem Zeigefinger: »Sobald 's dir zuviel wird, läßt du dich fahren!« Und er drückte ihm zwanzig Gulden in die Hand.
Ohne Krax'n, ohne Strickzeug, nur mit ein paar Habseligkeiten in einem blaukarierten Tuch, so verließ der Dannei die Stätte seiner Heilung. Er kam nach Neustadt, überquerte die Donau und tauchte bei Dolling in den ausgedehnten Köschinger Forst ein. Es ging schon auf den Dezember des Jahres 1802 zu, doch die Luft war noch lau und lind, und die sonst so lästigen Bremsen mochten bereits draufgegangen sein. So empfand der Dannei seine Pilgerfahrt als eine rare Ergötzlichkeit, während er einen Rosenkranz nach dem anderen betete und dem Herrgott für die Rettung dankte. Am frühen Nachmittag trat er aus dem Forst heraus und stand in einer weiten Lichtung vor dem mächtigen Gotteshaus zu Bettbrunn. Er konnte sich die Müdigkeit nicht verhehlen und begab sich sogleich in die Kirche, um sich setzen zu können. Zu dieser späten Jahreszeit war der rege Wallfahrtsbetrieb bereits verebbt; nur dort und da hockte in einer Bank vereinzelt ein stiller Beter. Irgendwo hoch bei den herrlichen Deckenfresken dieser heiligen Halle flog eine Taube, die sich verirrt hatte, von einem Säulenkapitell zum anderen und fand doch nicht hinaus in die

Freiheit. Welch ein Glück, dachte sich der Dannei, frei zu sein von Krankheit und Not!
Nach einer guten Stunde stakte er hinüber ins Pilgerhaus der Augustiner-Eremiten und ließ sich die frische Buttermilch schmecken, die er für drei Kreuzer erstand. Er ließ sich auch mit dem Gästebruder – wie sich's gehörte – in ein Gespräch ein und erfuhr die traurige Kunde, daß in den nächsten Tagen die »Säkularisationsbeamten« aus München zu erwarten seien.
»Was wollen die denn?« fragte er. »Und was ist das überhaupt, Säkularisation!«
»Ach Gott, lieber Freund!« erwiderte der Bruder. »Der Napoleon hat die deutschen Fürsten, die mit ihm verbündet sind – Bayern gehört auch dazu – aufgefordert, sich an den Kirchengütern schadlos zu halten für die an Frankreich verlorenen linksrheinischen Gebiete. Das ist Säkularisation, und das ist unser Untergang. Die Bayern werden uns alles wegnehmen, auch Bettbrunn werden sie uns nehmen, werden uns auf die Straße setzen und sagen: ‚Arbeitet etwas, doch euer Sach' g'hört uns!' So werden sie sagen und werden alles, was wir redlich erworben oder geschenkt bekommen haben, räuberisch an sich nehmen.«
»Und ihr könnt euch nit wehren?« fragte der Dannei.
»Wie soll sich denn ein Klosterbruder wehren, lieber Freund? Wir haben zeitlebens nichts anderes getan als gebetet und unsere Ordensregeln befolgt; in den weltlichen Dingen sind wir unerfahren.«
Dem Dannei und seinem Rechtsempfinden wollte das alles nicht einleuchten. Darum fragte er weiter: »Könnt ihr denn nit wenigstens einen Teil von eurem Sach' vorher in Sicherheit bringen?«
»Wir selber nicht!« entgegnete der Gastbruder. »Wir

müßten Helfer haben.«
»Dann will ich euch helfen! Sagt mir, wie!« –
Der Bruder nahm den Dannei am Arm und bat ihn, ihm ins Ordenshaus der fünfzehn Klosterbrüder hinter der Kirche zu folgen. Er stellte ihn dem Herrn Propositus vor und sagte: »Dieser gute Freund will uns helfen!«
Nun unterhielt sich der Propositus mit dem Dannei. Er erkundigte sich, wann er wieder wegzupilgern gedächte und welchen Weges er ziehen werde. Als der Dannei meinte, zunächst nach Ingolstadt zu gehen, führte ihn der würdige Propositus in einen Nebenraum und sprach leise: »Guter Freund, wir haben aus unseren Monstranzen und Kelchen und anderen geweihten Kirchengefäßen die Edelsteine herausgebrochen, damit nicht auch sie den Beamten in die Hände fallen. Möchtet Ihr nicht so gut sein und einen Teil dieser Kostbarkeiten mit nach Ingolstadt nehmen und sie dort unserem Ordensoberen übergeben? Denn bei Euch wird man dergleichen nicht vermuten.«
»Kann ich gern machen!« erwiderte der Dannei. »Richtet das Zeug nur her und sagt mir morgen genau, wo ich's abliefern soll!«
Als er anderen Tags – es war das Fest des heiligen Apostels Andreas – erwachte, lag die Lichtung von Bettbrunn unter einer glitzernden Schneedecke, denn es hatte die ganze Nacht über geschneit.
»Habt Ihr keine Bedenken«, sagte der Propositus, als er dem Dannei das Säckchen mit dem edlen Gestein in das karierte Tragetuch hineinschob, »habt Ihr keine Bedenken, bei Euren Jahren diesen Marsch nach Ingolstadt zu wagen?«
Lächelnd erwiderte er: »Würdiger Herr, wenn Ihr wüßtet, was ich in den Jahrzehnten meiner Wanderungen an

Witterungsunbilden schon erlebt habe, hättet Ihr diese Frage nit gestellt! Und wenn ich auch in der jüngsten Zeit stark angeschlagen war, so hat mich doch die Schwefelquelle von Gögging wieder aufg'rich't. Euer heiliger Salvator wird vielleicht noch etwas dazutun. Was wollen wir mehr!«
Der Gästebruder hatte ihm noch eine kräftige Brotzeit eingepackt – und der Dannei rückte los. Über Dolling, Pförring, Wackerstein und Vohburg kam er am frühen Abend in die Landesfestung Ingolstadt und läutete an der Haustür bei den Augustinern in der Kreuzgasse. Ein alter Pförtner, der ganz krumm daherging, ließ ihn ein und fragte, was er wolle. Wieder spitzte dem Dannei der Schalk aus den Augen, als er entgegnete: »Bruder, ich hab einen zwiefachen Wunsch. Erstens, daß Ihr mir sagt, wie alt Ihr seid; zweitens, daß Ihr mich zu Eurem Vorsteher führt!«
»Oh je, lieber Freund, wie alt ich bin! Wenn sich meine gottseligen Eltern nit geirrt haben, dann zähl' ich bald sechsundachtzig.«
»Schämt Euch, Bruder!« sprach der Dannei, »Ihr kommt dahergewatschelt wie ein Frosch mit Euren paar lumpigen Jährlein! Seht mich an! Ich geh' ins achtundneunzigste und hab mich heut morgen in Eurem Bettbrunn auf den Weg gemacht. Ihr müßt Euch strecken! Wenn Ihr das aber nit könnt, dann laßt Euch 'nüberfahren nach Gögging und im warmen Schwefelwasser herumwalken! Die Marja holt Euch mit ihren kleinen Händen jeden Wehdam aus den Knochen. – Und jetzt meldet mich beim Vorsteher!«
Der alte Pförtner schüttelte den Kopf und brummelte: »Ihr seid mir ein merkwürdiger Vogel!« Dann schlurfte er den langen Gang hinter. Mit einem hochaufgeschos-

senen jüngeren Ordensmanne kehrte er zurück. Der begrüßte den Dannei mit einer Verneigung: »Ihr wart bei unseren Brüdern in Bettbrunn?«

»Die haben mir eine gute Brotzeit mitgegeben und an Euch einen Gruß aufgetragen; der Gruß steckt in dem Beutel da. Weil ich aber erst morgen mit der Post gen Berchtesgaden weiterfahren kann, hätt ich Euch um der Liebe Christi willen, das soll heißen umsonst, um eine Nachtherberge gebeten!«

»Kommt bitte mit mir!« Der Vorsteher sprach's, ging, und der Dannei folgte.

Sie betraten ein weites, warmes Zimmer, darin alle Wände von Büchern strotzten. Der Schreibtisch und die Stühle aus schlichtem Holz mochten schon etliche Mönchsgenerationen überdauert haben, denn sie waren stark abgegriffen und wohl auch ein wenig dreckig. Der Vorsteher begab sich hinter einen Paravant, wo sein Bett stand, und öffnete den Beutel. Bald kam er wieder hervor, faßte mit beiden Händen Danneis Rechte und sagte: »Unsere alten und kranken Brüder werden dankbar für Euch beten. Wir jüngeren können arbeiten, wenn sie uns werden vertrieben haben, doch jene müssen wir miternähren.«

»Verargt mir meine Neugierde nit, würdiger Herr! Wer nimmt Euch das wertvolle Zeug ab?«

»Wir haben hier zu Ingolstadt ein paar Hofjuden; die sind zahlungskräftig.«

»Werden die Euch nit bescheißen?«

»Das schon, lieber Freund! Davon leben sie ja! Es bleibt uns jedoch kein anderer Weg.« –

Der Vorsteher der Augustiner behielt den Dannei gern zur Nacht im Kloster. Am anderen Morgen begleitete er ihn persönlich zur Poststation auf den Marktplatz und zahlte ihm die Taxe bis Berchtesgaden.

Als der Dannei drei Tage danach vor der Stiftskirche die Postkutsche verließ, sah er rings auf dem weiten Platze die Fahnen mit dem Wappen des Herrn Fürstpropsten wehen, eine Seltenheit während der letzten Jahre. Was war los? Der hohe Herr, Fürstbischof zweier Diözesen, war heimgekehrt in seinen eigentlichen Bezirk, nicht um zu regieren, sondern um zu entsagen. Was schon der Propositus zu Bettbrunn angedeutet hatte, sollte hier in viel größerem Rahmen wirksam werden: Auflösung der reichsfreien Herrschaften und ihre Eingliederung ins Churfürstentum Bayern.
In Gotts Nam'! dachte sich der Dannei und stapfte durch den Schnee zum Kugelfeld hinan. Das war eine Freude! Fragen über Fragen stellten sie. Bewunderungen sprachen sie aus. Und die Agathe beteuerte ein übers andere Mal, wie glücklich sie sei, ihren Schutzgeist wieder im Hause zu haben. Die Deandln hockten hinterm Ofen und schauten schüchtern um sich, befürchtend, der alte Hausgenosse könnte sie nach den näheren Umständen ihrer französischen Erlebnisse fragen. War es doch nicht zu leugnen, daß sie dabei selber ganz kräftig mitgemischt hatten. Indes, der Dannei wußte, wie einen der Teufel in diesen jungen Jahren reitet, und überhörte jede Bemerkung Agathes, die darauf zu sprechen kommen wollte. Das brave Hausmütterchen stammte halt noch aus der alten Zeit und lebte stark nach dem Grundsatz »Was werden die Leut' dazu sagen?«
»Wie wird's jetzt mit dir weitergehn?« fragte der Sylvest.
»Wie's weitergehen soll, kann ich dir im Augenblick noch nit sagen«, entgegnete der Dannei, »aber das eine ist sicher, daß ich euch nit zur Last fallen werd'. Schnitzen kann ich noch. Ob ich meine War' selbst werd' austragen können, wird sich erst zeigen. Der Hitzelsberger

jedenfalls nimmt sie mir ab.«
Da schämte sich der Sylvest wegen seiner ungestümen Frage und sagte: »Hab's nit so gemeint, Dannei! Und überhaupt hast du ja das verbriefte Hausrecht bei uns.«
»Laß gut sein!« antwortete der Dannei und fragte nach dem Sinn der Fahnen auf dem Stiftsplatze. Sie wiederholten, was er schon wußte. –
Der Herr von Schroffenberg war es leid, sich bei seinen sechzig Jahren noch mit dem Reichskammergericht um Regensburg, Freising und Berchtsgaden herumzuschlagen und dabei grün und blau zu ärgern. Er wollte den ganzen Krempel hinwerfen. Er bedauerte nur seine Untertanen in der Fürstpropstei. Sie waren zusammen eine große Familie gewesen und hatten sich trotz mancher Reibereien am End immer wieder verstanden. Freilich war er nicht frei von Schuld gewesen. Wegen seiner Bauwut hatte er die herrlichen Wälder und die ergiebigen Salinen drangeben müssen. Nun ja! Soll der Bayer auch noch das Stift haben! Er wird sich auf sein Schlößchen Adelsheim hinten vor dem Graben zurückziehen und in bukolischer Gelassenheit den Vögeln des Himmels und den Fischen im Teich widmen. Hier wird er allen entrückt sein – und was will er mehr! Die Zeit gefällt sich in den Launen einer Straßendirn: Zwei Fürstentümer gab sie ihm dazu; jetzt nimmt sie ihm alle drei weg und sogar noch das Haus, darin sein Bett steht! Selig, wer nackt ist..! –
Das Weihnachtsfest feierte der Fürstpropst in der Stiftskirche mit großem Gepränge. Alle Armen bedachte er mit einer reichlichen Geldspende. Dem Dannei hatte er seitlich vom Altar einen Betstuhl hinstellen lassen wie für einen hohen Geistlichen. Der Stuhl war mit rotem Samt überzogen und sehr groß, so daß sich der alte Mann darin wie verloren vorkam.

Nach dem Hochamt unterzeichnete der Freiherr in der Sakristei vor den churfürstlichen Vollstreckungsbeamten seine Verzichtserklärung und entband seine Untertanen jeglichen Eides, den sie ihm geleistet hatten.
Er hatte sich als Privatier auf Adelsheim noch nicht recht eingerichtet, als der Tod ihn antrat. Dr. Moritz Mayer, den er in letzter Minute zu sich beschieden hatte, konnte ihm das Leben durch einen starken Aderlaß noch um ein paar Stunden verlängern. Dann trat eine harte Agonie ein, die durch ein lautes Sündenbekenntnis und durch Ausbrüche bitterer Reue gekennzeichnet war. An seinem Leichenbegängnis nahm kein einziger Stiftsherr teil. Auch sie hatten sich ins Privatleben zurückgezogen, und mancher mußte sich um die Forterhaltung seiner Existenz sorgen. Was interessierte sie da noch ein abgetakelter Fürstpropst, der sein Fürstentum sowieso nur als Leghenne goldener Eier angesehen hatte! Jetzt hatten die Bayern der Henne den Kragen umgedreht, – kein Wunder, wenn da auch ihr Herr den Geist aufgab!

o-o-o-o-o

Beim König

Daraus, daß der bayerische Churfürst Max Joseph aus dem Verband des Heiligen Römischen Reiches Deutscher Nation ausgeschert war und sich Napoleon unterstellt hatte, war ihm auch die Verpflichtung erwachsen, dem Kaiser der Franzosen auf Abruf dreißigtausend Soldaten zur Verfügung zu halten. Die Folge dieser bayerischen Vasallentreue war am 1. Januar 1806 die Erhebung des Churfürsten zum König von Bayern – von Napoleons Gnaden. Als König hatte er – ein Soldat und den Künsten nicht recht zugetan – nun freilich die Pflicht, auch kulturell tätig zu werden. So wandte er sein Augenmerk auf das Hoftheater, das unter seinem Vorgänger verlottert war, und ließ der Intendanz jährlich einen Zuschuß von zweiundfünfzigtausend Gulden anweisen. Auch übernahm er die Unterstützung ausgedienter Schauspieler; dadurch trug er nicht wenig zur Hebung dieses damals geschmähten Standes bei. Auch ging er daran, Leute aus der Provinz zu Theateraufführungen in die Landeshauptstadt einzuladen. Er liebte die alten Menschen. Darum ließ er – es war im späten Herbst des Jahres 1806 – alle Hundertjährigen und darüber aus dem ganzen Lande zu einer Aufführung von »Wallensteins Lager« nach München holen.
Von der königlich-bayerischen Forst- und Salinenverwaltung Berchtesgaden wurde der hunderteinjährige Anton Adner in eine der noch dastehenden fürstpröpstlichen Hofkarossen gesetzt und nach München kutschiert. In der Residenz sollten insgesamt sechs alte Männlein und Weiblein von Seiner Majestät in Audienz empfangen werden. Als die lieben Leutchen in einem der

Hofgartenzimmer versammelt waren und Max Joseph mit ein paar Hofherren erschien, machten alle die angeordnete Verbeugung, so gut es eben ging. Darauf gab ihnen der König die Hand, fragte sie, woher sie kämen, was sie in ihrem langen Leben getan hätten und ob sie schon einmal in München gewesen seien. Da war es rührend und erschütternd zugleich, wie unbeholfen sich die einzelnen gebärdeten, obgleich sich der Monarch überaus leutselig gab.
Als der Dannei an die Reihe kam, wartete er gar nicht erst die Frage nach Namen und Herkunft ab, sondern zog unter seinem Umhang ein Rößl hervor: »Majestät, ich schenk Euch da dieses Arschpfeifenrößl. So wißt Ihr gleich, daß ich ein Schnitzer aus Berchtesgaden bin. Sowas kriegt Ihr nämlich nit alle Tage. Heißen tu ich Anton Adner, doch nennen sie mich nur Dannei.«
Max Joseph nahm das liebe Spielzeug und lächelte: »Dannei, du machst mir damit eine große Freud'!«
Darauf er: »Ja, Majestät, da müßt Ihr aber schon hineinblasen, denn sonst kriegt Ihr den feinen Ton gar nit mit, den so ein Pfeiferl hat!«
Da blies der König hinein.
»Hört Ihr's, Majestät, wie sauber das klingt? Übrigens hab ich Euch auch noch einen Schwegel mitgebracht. Den könnt Ihr freilich nit blasen – oder habt Ihr sowas gelernt?«
»Nicht gelernt, Dannei! Aber du könntest uns ein Liederl vorblasen!«
Da blies er ihnen das Marschlied von den »Ungarischen Husaren«, die bis an den Rhein heraufgezogen waren. Der König strahlte. Denn als er selber noch Obrist in einem Badischen Regiment gewesen war, hatten seine Soldaten auch dieses Lied gesungen. »Du bist großartig,

Dannei! Wir müssen nochmal miteinander reden!« Und der Monarch wandte sich dem nächsten zu.
Abends wurde dann »Wallensteins Lager« gespielt. Man hatte die sechs alten Menschen an einen Tisch gleich unter der Rampe gesetzt, weil einige schon schlecht hörten. Da schauten sie verlegen, denn noch keins war je in einem Theater gewesen. Im einzelnen verstanden sie nicht viel, nur der predigende Kapuziner entlockte ihnen ein paar Funken verhaltener Freude. Diesen Menschen bereitete der königliche Ruf ins Theater wenig Spaß, denn wer hundert Jahre gelebt hat, hat soviel Theater miterlebt, daß er des Schauspiels entraten kann! Am nächsten Tag wurden die fünf anderen Hundertjährigen verabschiedet, nachdem jeder noch fünfzig Gulden vom König erhalten hatte. Den Dannei aber führte ein Kammerherr in aller Herrgottsfrühe in die Residenz, hinauf in die königlichen Zimmer, die sich drei Treppen hoch unterm Dach befanden. Sie betraten das Vorzimmer. Der diensthabende Kammerherr war noch nicht zugegen, dafür aber ein großer Affe, der kurz aufschaute, dann aber in seiner Tätigkeit des Flöhesuchens eifrig fortfuhr. Als sie beim König eintraten, saß er gerade beim Frühstück, neben ihm ein mächtiger Löwenhund, der an den königlichen Semmeln herzhaft partizipierte.
»Setz dich nieder, Dannei!« sagte Max Joseph. »Wir haben's gleich!«
Der Dannei setzte sich, während der König dem Kammerherrn ein Zeichen gab, sich zu entfernen.
»Hast du gut geschlafen im Stadtbruderhaus?«
»Mäßig, Majestät, aber es ging!«
»Hat dich ein Ungeziefer geplagt?«
»Das auch! Am schlimmsten aber waren die Schlägereien auf der Gassen!«

»Mein lieber Dannei, du bist eben die gotts'fürchtige Nachtruh' von Berchtesgaden gewöhnt. Beim jüngeren Volk in der Münchnerstadt muß alleweil was los sein. Und wenn nix los ist, dann sorgen sie selber dafür, daß die Gendarmen ihr Geld nicht umsonst kriegen. – Bleibst du heut' noch hier?«
»Wohl, wohl, Majestät! Möcht' noch auf die Frauentürm'!«
»Was? Du bei deinen Jahren?«
»Warum nit, Hundert Jahr' – hundert Meter! Woll'n wir's gemeinsam machen, Majestät?«
»Schau mich doch an, Dannei! Für sowas bin ich zu schwer. Und du traust dir das wirklich zu?«
»Zutrau'n schon! Aber ich bin noch nit droben!«
Max Joseph schüttelte den Kopf: »Jetzt paß auf! Ich werd' mich mit dem Fernrohr dort ans Fenster hinstellen und zur Frauenkirch' hinüberschauen. Wenn du droben bist, dann winkst du mir herüber, und ich werd' auch winken. Wann willst du's packen?«
»So nach der Brotzeit, hab ich mir gedacht. Da ist eins ordentlich beisammen.«
»Gut, Dannei! Und zu Ostern sehen wir uns wieder!«
»Ist scho recht, Majestät! Und vielmals Vergelt's-Gott« (Der König hatte ihm nämlich hundert Gulden hingeschoben.).

★

Der Dannei wurde wieder in der fürstpröpstlichen Karosse heimgebracht. Es mußten freilich ab Holzkirchen Schlittenkufen unter die Räder geschoben werden. Der Winter hatte mächtig eingesetzt. Als sie auf der »Gül-

denen Salzstraße« von Traunstein her auf Hallthurm hinauffuhren, trat ihnen plötzlich eine Schar Tiroler mit großen Hüten und Stutzen entgegen.
»Wer seids?« fragte einer mit drohender Miene.
»Berchtesgadner!« antwortete der Kutscher.
Die Männer rissen die Tür der Karosse auf und starrten den Dannei an. Da meinte einer: »Ist dös nit der Schnitzer vo die Arschpfeifenrößl?«
»Freili' bin i der!« entgegnete der Dannei. »Was treibts denn ös da mit die Flinten?«
Der andere zog unter seinem Walkloden ein Plakatpapier hervor und schrie: »Den Fetz'n kannst dem boarischen Kini geb'n! Sagst eam, er soll si damit sei'n Hintern putz'n« – Und schon waren sie im Wald in Richtung Lattengebirg verschwunden.
Der Kutscher fuhr weiter, und der Dannei las das Plakat. Es war ein Aushang, wie ihn die bayerische Verwaltung in den Tiroler Ortschaften, die sie besetzt hielt, allenthalben hatte anheften lassen. Da standen böse Dinge geschrieben: Von der Einführung der allgemeinen Wehrpflicht im Land Tirol war die Rede; von einer unbedingt durchzuführenden Pockenschutzimpfung; vom Verbot des Feierabend- und Wetterläutens; von der Genehmigungspflicht für Prozessionen und Wallfahrten; von der Beschränkung der Zahl von Feldkreuzen. Am schlimmsten aber lautete die Verordung, das künftige Weihnachtsfest betreffend. Da hieß es: »Die heilige Christmesse ist nicht mehr um Mitternacht, sondern zur fünften Morgenstunde des Christtages zu halten, damit um einer guten Ruhe und öffentlichen Ordnung wegen der ohnehin in diesem Lande Tirol so zahlreichen Nachtschwärmerei – besonders in der Christnacht – Einhalt geboten werde, wo das Volk von allen Seiten inmitten der

Winternacht herbeischwärmt, dabei Laternen mit sich führend, und wo sich sodann nach der Christmesse in den Weinschänken und Wirtshäusern stets Ausgelassenheiten begeben. Diese skandalöse Aufführung gedenkt man nicht länger zu dulden!«
Soweit die Verordnung der Münchner Regierung.
Der Dannei bedachte sie. Es wollte ihm nicht einleuchten, daß dieser so leutselige König Max Joseph derart hanebüchne Gehässigkeiten veranlassen konnte. Ist er doch ein gradliniger Mensch und hatte ihm mit der Serviette so freundlich vom Fenster der Residenz zum Frauenturm hinübergewunken! Sind sicherlich bloß die Schreiberlinge gewesen, die allweil päpstlicher sein wollen als der Papst! Er hatte ja dergleichen damals auf der Hofmarksrichterei selber kennengelernt.
Er faltete das Plakat wieder zusammen und warf es aus der Karosse in den Schnee hinaus. Was geht's denn die Bayern an, wenn sich die Tiroler in der Christnacht besaufen. Die armen Bergbauern haben ja sowieso das ganze Jahr über auf ihren Hängen und steilen Almen wenig Freud'; laßt sie doch lustig sein, wenigstens einmal, wenn sie schon so weit herunterkommen ins Tal! Möglicherweise haben sich die Hirten auf Bethlehems Fluren auch einen über den Durst vergunnt, als der liebe Heiland geboren war – vor lauter Freud' und Lustigkeit! Und der heilige Nährvater Joseph hat nit gemozt, als sie sich in den Stall hereingeschoben und ein wenig nach judäischem Fusel gedampft haben! Ist doch alles halb so wild auf derer Welt! –
Am Kugelfeld nahm der Dannei seine Schnitzerei wieder auf. So wie er sich jetzt fühlte, wollte er im Sommer die Krax'n abermals auf den Buckel nehmen und über Land ziehen. Vielleicht nicht mehr so schwer wie bisher und

auch nicht mehr so weit. Aber nur nit locker lassen!
Anfang April war Ostern. »Zu Ostern sehen wir uns wieder!« hatte der König gesagt. Und richtig! Eines Tages im März kam der Dr. Mayer daher und brachte die »Allerhöchste Einladung zu den Zeremonien des heiligen Gründonnerstags in der Kapelle der königlich-bayerischen Residenz zu München«. Dazu meinte er: »Dannei, du hast das große Los gezogen!«
»Hab aber nix dazugetan!« erwiderte der.
Die Agathe richtete sogleich Danneis Gewand und die Sonntagsschuhe, kaufte auch einen schönen schwarzen Schal fürs weiße Pfoad. »Schaust aus wie a halberter Kantor!« sagte sie, als er zu Beginn der Karwoche abermals die bekannte Karosse bestieg.

o-o-o-o-o

Der »Apostel«

»Weisung des königlich-bayerischen Hofzeremoniars: Am Donnerstag haben sich um halb elf die Truchsessen und die Kavaliere mit den Bändern unter den Kleidern, mit weißen Westen, schwarzen Beinkleidern und Strümpfen in den Steinzimmern zu versammeln, um S.M. den König mit dem Prinzen Karl K.H. in das Oratorium der Hofkapelle zu begleiten. Nach dem Hochamte folgen sie dem Sanctissimum durch die Höfe der Residenz wieder in die Kapelle, wohnen dem Oratorio der Vesper bei, nach welcher der Zug in den Hartschiersaal zur Fußwaschung geht«.

Anton Adner saß mit elf anderen alten Männern auf einer Bank vor diesem Hartschiersaal. Da kamen ein paar Kammerknechte mit grauen Kutten daher, die sehr weit waren und hinten eine angeknöpfte Kapuze hatten. Nun wurde jedem der Greise eine solche Kutte verpaßt. Sie mußte um die Hüften mit einem braunen Strick zusammengehalten werden. Außerdem erhielt jeder noch einen breitkrempigen Hut und einen Hirtenstab.

»Müssen wir im Theater auftreten?« fragte der Dannei.

Spitz erwiderte einer der Diener: »Im Hoftheater nicht, aber eine Art Theater ist es schon, nämlich ein geistliches Theater. Sie haben bei der Abendmahlsliturgie die zwölf Apostel darzustellen, denen der Herr Jesus die Füße gewaschen hat.«

»Gut!« sagte der Dannei. »Und wer wird uns dann die Füße waschen?«

»Seine Majestät der König! Es werden ihm der Herr Hofkapelldirektor und Dechant Freiherr von Pfistermeister mit den fünfzehn Hofkaplänen, den vier Hofbenefiziaten, den vier Hofpriestern und den Kapelldienern assistieren.«

»Wenn da meine Füß' nit sauber werden!« meinte der Dannei, und der andere lächelte: »Ja, meine Herren, es wird einem jeden ein Scheffel warmes Wasser und Pottasche gebracht. Ihre Aufgabe ist es, sich selber die Füße gründlich zu reinigen!«
Da versicherten einige, sie hätten sich die Füße erst an diesem Morgen gewaschen.
»Spielt keine Rolle!« sagte der Kammerknecht. »Jeder muß sich waschen! Oder meinen Sie, man könnte Seiner Majestät und dem Hofstaat und vor allem der Geistlichkeit zumuten, den Duft Ihrer Häuslichkeit einzuatmen?«
Nun fuhr der Dannei auf: »Du lausiger Gesell, beherrsch' dich fei'! Unsere Häuslichkeit geht dich ganz und gar nix an! Da bist du nämlich noch auf der Wassersupp'n dahergschwommen, haben mich die Füß' meiner Häuslichkeit schon ins Welschland und nach Einsiedeln und nach Prag getragen! Möcht' die deinen in diesen spitzigen Schnallenlatschen nit prüfen, wie weit sie kommen und was für ein Duft dann aus den Latschen aufsteigt! Aber nix für ungut! 's war nur wegen deiner saudummen Bemerkung!«
Der andere ging und kam nicht mehr zurück, dafür wurden aber jetzt die Scheffel hereingetragen. Jeder der alten Männer tat nun, was verordnet war. Einer befand sich unter ihnen, der war nicht imstande, sich die Füße selbst abzutrocknen, weil ihm die Hände wie leblos an den Armen herunterhingen. Er bat den Dannei, ihm zu helfen. Der war sofort bei ihm: »Was hast du denn gemacht mit deine Händ'?«
»Ich selber hab nix g'macht; andere sind's g'wes'n, die sich dran zu schaffen g'macht haben!« Und der alte Mann erzählte, daß er in seiner frühen Jugend auf der Burg Mitterfels wegen angeblicher Hexerei solange ge-

foltert worden sei, bis ihm die Hände den Dienst versagt hätten. Jetzt lebe er im Arbeitshaus in der Au und verrichte dort Botendienste: »Und grad guat geht's mir jetzt!«
Der Dannei trocknete ihn gehörig ab, half ihm auch beim Anziehen der Kutte. Als die Scheffel wieder abgeräumt waren, erschien ein Kammerherr und stellte die zwölf »Apostel« paarweise auf. Es war ein seltener Anblick: diese hochbetagten Männer, die zumeist mit gekrümmten Rücken an ihren Hirtenstäben hingen, die Schlapphüte wirr über die Köpfe gestülpt, von den faltenreichen grauen Kutten umwogt.
Sagte der Kammerherr laut, daß es im ganzen Hartschiersaal hallte: »Durch die besondere Gütigkeit unseres Königs erhält jeder von Ihnen hundert Gulden sowie die Einladung zur Fußwaschung auch fürs nächste Jahr, wenn der Herrgott es uns erleben läßt.« Darauf überreichte er ihnen den Geldbrief.
Nun hörte man von draußen her traurigen Psalmengesang, und schon erschien die Spitze dieser königlichen Prozession unter der Saaltür. Voraus eine Schar Ministranten mit dem Vortragskreuz, sodann etwa zwanzig psallierende Mönche von Sankt Kajetan. Hinter diesen die gesamte Residenzpriesterschaft mit dem wuchtigen Freiherrn von Pfistermeister. Es folgten in steifer Eleganz die Truchsessen und Kavaliere.
Als die am Dannei vorbeischritten, dachte er sich: Die haben gewiß im Häusl ihres Herzens Altäre aufgebaut, auf denen sie selber hocken und sich fleißig beweihräuchern! – Zuletzt kam dann der König mit dem Prinzen und einem langen Schwanz von Höflingen und Leibgardisten. Im Gegensatz zu den Vorausgegangenen, welche die alten Männer keines Blickes gewürdigt hat-

ten, reichte Max Joseph jedem die Hand und nickte freundlich.

Als sich der König und der Prinz unter einem Baldachin niedergelassen hatten, traten zwei Ministranten mit einem Evangeliar zu einem festlich gekleideten Diakon hin. Der schlug das Buch auf und sang mit jubilierender Stimme den dramatischen Text bei Johannes am Dreizehnten: »Jesus stand vom Abendmahl auf, legte seine Kleider ab, nahm einen Schurz und umgürtete sich. Danach goß er Wasser in ein Becken, hob an, den Jüngern die Füße zu waschen, und trocknete sie mit dem Schurz, damit er umgürtet war . . .«

Der König war aufgestanden und ließ sich jetzt während des Gesanges vor jedem »Apostel« auf ein Knie nieder. Zwei Ministranten stellten ein silbernes Becken hin, und der jeweilige Alte tauchte seine Füße darein, die Max Joseph alsbald abtrocknete. Nachdem diese Zeremonie beendet war, trat der König in die Mitte des Saales und las im Evangeliar, das ihm der Diakon hinhielt, weiter: »Wisset ihr, was ich euch getan habe? Ihr heißet mich Meister und Herr und saget recht daran, denn ich bin es auch. So nun ich, euer Herr und Meister, euch die Füße gewaschen habe, so sollt ihr auch euch untereinander die Füße waschen. Ein Beispiel habe ich euch gegeben, daß ihr tut, wie ich euch getan habe. Und ihr seid selig, so ihr's tut.«

Nach einem abermaligen feierlichen Abgesang der Mönche rückten alle wieder ab, wie sie gekommen waren, und vor dem Hartschiersaale zog der Posten auf.

★

Nach einer pfundigen Brotzeit im Stadtbruderhaus be-

gleitete der Dannei den gemarterten Boten in die Au und ließ sich von Mitterfels erzählen, gedachte er doch, seine bevorstehende Reise in diese Gegend zu unternehmen. Sie redeten bis in die tiefe Nacht hinein, so daß der Dannei im Arbeitshaus bleiben mußte. Anderen Tags bestieg er wieder die Berchtesgadener Hofkutsche und fuhr heim.
Inzwischen hatte der Salinenarzt Dr. Mayer aus der Münchner Hofkanzlei Weisung erhalten, sich die medizinische Sorge um den alten Adner angelegen sein zu lassen, doch unauffällig. Eine ähnliche Weisung erging an das Pfarramt; nur hieß es da, man möge in aller Stille ein Kuratorium gründen, das – ebenfalls unauffällig – das Wohlbefinden des greisen Mannes wahrnehmen solle. Auf alle Fälle müsse darauf Wert gelegt werden, daß er ordentlich und sauber untergebracht sei und daß für seine Wäsche gesorgt werde. Sollte es an irgendwelchem »Meublement« fehlen, so habe der Verwalter des königlichen Jagdschlößchens Sankt Bartholomä am Königssee den Auftrag erhalten, »jederzeit mit den dort befindlichen und nutzlos herumstehenden Dingen« einzuspringen. Dem Hauswirt Sylvest Zechmeister am Kugelfeld sei in allerhöchstem Auftrag Seiner Majestät des Königs einzubinden, sich um Adners leibliches Wohl »unaufhörlich« zu bekümmern.
Der Dannei merkte nicht, daß diese Wächter um ihn her allesamt königlich verpflichtet worden waren, sondern freute sich an ihrer liebenswürdigen Teilnahme, die sie für sein Tun und Lassen bekundeten. Er fühlte sich in seiner großen Dachkammer sehr wohl und konnte es nicht recht begreifen, wie daß ihm kurz vor seiner Abreise ins Niederbayerische der Sylvest zu verstehen gab, er wolle während seiner Abwesenheit den Dachboden

ausbauen und ihm eine gehörige Wohnung richten lassen.
»Mußt viel Geld haben, Sylvest!« sagte der Dannei.
Der erwiderte: »Mein Gott!, man hat gespart und hat sich auch sonst nix vergunnt. Die Deandln sind ausm Haus gesteuert, und ich mit der Agathe, wir brauchen nit viel. Ehvor ich aber riskier', daß der Franzos wiederkommt und uns die paar Gulden wegräubert, verbau' ich sie lieber.«
»Wie's eben ein rechtschaffener Hausvater macht!« sagte der Dannei – und überlang huckte er die Krax'n auf, nahm's Strickzeug und begab sich auf den Weg. Seine Hausleut verabschiedeten ihn unter der Tür. Als er ihren Blicken entschwunden war, meinte kopfschüttelnd die Agathe: »Jetzt wird der Mensch hundertzwei Jahr' alt, könnt' mein Großvater sein – und ich hab's Reißen, daß ich mich nit bis in die Ramsau gehen trau'!«

Wegen der allgemeinen Kriegslage hatte die österreichische Regierung wieder einmal ein Edikt gegen die Zigeuner erlassen und angeordnet, sie aus dem Lande zu verjagen. So war es kein Wunder, daß die Verfolgten auch auf den alten böhmischen Grenzwegen nach Bayern hereindrängten. Gegen diese Flut ungebetener Gäste setzte sich Bayern zur Wehr – so auch das königliche Landgericht Mitterfels. Der hier amtierende Landrichter hatte allen Bürgermeistern und Ortsvorstehern seines Bezirks energisch nahegelegt, jede verdächtige Person zigeunerhaften Aussehens dingfest zu machen und auf die Burg Mitterfels einzuliefern.
Um diese Zeit war der Dannei in Straubing angekommen, hatte allerhand von seiner Berchtesgadner War' ver-

kauft und wollte nur noch einen Abstecher nach jenem famosen Mitterfels machen, wo man dem Boten des Auer Arbeitshauses die Hände verwüstet hatte. Danach beabsichtigte er unverzüglich wieder den Heimweg anzutreten. Er fühlte sich doch schon recht müde: Bist eben nit mehr der Jüngste! So hatte er bereits ein paarmal zu sich selber gesagt.

Er verließ also die Stadt Straubing, kam am alten Herzogskasten vorbei, wo sie vor Jahrhunderten die schöne Augsburgerin der Hexerei bezichtigt hatten, und hielt auf Parkstetten zu. Merkwürdig, in allen Städten haben sie's mit den Hexen! Woran mag's wohl liegen? Anscheinend haben die Stadtleut zu viel Zeit, mit der sie nix anzufangen wissen. Dann kommen sie freilich auf dumme Gedanken und sehen überall den Teufel. Dann werden die Männer keck und die Weiber brünstig, und niemand ist mehr mit dem eig'nen Alkoven zufrieden. Als ob von dieser Zufriedenheit das Heil abhinge! Sollten arbeiten, über Land ziehen und Strümpf stricken! Das vertreibt den bocksbeinigen Hexensatan!

Wie er so sinnierend nach Parkstetten hineinkam, sprangen ihn plötzlich zwei Schergen an. »Du bist ein böhmischer Zigeuner!« schrien sie und zerrten ihn mit sich fort. Sie brachten ihn aufs Gemeindehaus, wo der Vorsteher vor einer Kanne Bier saß und aus der Pfeife einen stinkenden Tabak rauchte.

»Der scheint uns nit geheuer!« meinte der eine, und der Vorsteher erwiderte: »Mir auch nit! Nehmt ihm die Hucke ab, stellt sie in den Keller! Ihn selber ab nach Mitterfels!«

Das alles hatte sich so schnell vollzogen, daß der Dannei überhaupt noch nicht zu Wort gekommen war. Und als er jetzt eine Frage stellen wollte, schlug ihn einer der

Schergen ins Gesicht und schrie: »Halt dei' Gosch'n, alter Esel!«
Über Agendorf kamen sie zu dritt ins Eichhornholz, wo sich die beiden Schergen bei der Jägerhütte eine Stunde lang erholen mußten, ehe sie weitergehen konnten. Da fragte nun der eine den Dannei:
»Wie alt bist du eigentlich?«
»Hunderzwei!« entgegnete der Dannei.
»Was? – Da hätt' ich dir keine Watsch'n geben dürfen!«
Der Dannei lächelte: »Sei ohne Sorg', die Watsch'n werden dir andere schon wieder heimzahl'n!«
Am frühen Abend zogen sie über Scheiblsgrub in Mitterfels ein und begaben sich sofort auf die Burg, wo auch der Landrichter Märkl wohnte. Er war nicht daheim, aber der Assessor. Der ließ den Dannei, ohne ihn gehört oder auch nur eines Blickes gewürdigt zu haben, in die »Bauernstube« einsperren, in die große Gefängniszelle, die für sieben Mann gedacht war. Sie war bereits mit drei leichteren »Fällen« belegt, einem Dieb, einem Ehebrecher und einem Schläger. Als sie den Dannei erblickten, verschlug es ihnen zunächst die Stimme: Setzt man denn solch alte Leut auch noch hinter Gitter?
»Was hast du ausgefressen?« fragte der Schläger.
»Ausgefressen nix! Sie halten mich für einen Zigeuner.«
»Na ja!« versetzte der andere. »Wenn man dich so anschaut, könnt' man schon auf den Gedanken kommen. Bist aber keiner?«
»Woher denn!« antwortete der Dannei. »Bin ein Holzschnitzer aus Berchtesgaden und unterwegs mit meiner War'. Das meiste hab ich eh schon verkauft. Da haben sie mich in Parkstetten auf die Gemeinde geschleppt.«
»Zum Vorsteher?« warf der Ehebrecher dazwischen.
»Der größte Sauhund, den's gibt! Weil er nimmer kann,

hab ich seiner Alt'n aus der Not geholfen, und schon sitz ich! Eigentlich, hätt er mir noch dankbar sein müssen, der Schleimscheißer, der zwiegenähte!«
»Und was machen sie jetzt mit dir?« fragte der Dieb.
»Wie soll ich's wissen? – Wo darf ich mich hinlegen?«
Da wiesen sie dem Dannei eine Pritsche an, und der Ehebrecher half ihm beim Schuhausziehn: »Bist auch nit mehr der Jüngste!«
»Dös kannst laut sag'n!« meinte der Dannei.
Dann waren sie um ihn herum wie die braven Buben. Als die Abendsuppe durchs Eßloch der gepanzerten Tür hereingereicht wurde, boten sie ihm von der ihrigen an, sei er doch sicherlich sehr hungrig, vom Weg durchs Eichholz. Und überhaupt, wenn er in der Nacht etwas brauche oder friere, dann solle er sich ruhig melden. Sie könnten ihm jederzeit eine Decke abgeben. Der Ehebrecher meinte sogar, ein Werk der Übergebühr tun zu müssen und erklärte: »Wenn ich wieder 'raus bin, was glaubst du, wie ich den Parkstetter Gemeindedeppen durchwalken wer'! Der wird Rotz und Wasser flennen und die Hose voll haben bis rauf zum Leibriemen! Das schwör' ich dir!«
Der Dannei versuchte den jungen Mann zu beschwichtigen: »So ein Vorsteher hat doch sicher seine Weisungen von oben. Du darfst ihn doch nit verhaun, weil er seine Pflicht tut!«
Doch der andere ging darauf nicht ein: »Ist mir wurscht! Einen alten Mann wie dich bringt man nit ins Loch! Und außerdem hab ich ja auch noch selber eine Rechnung bei ihm offen; die muß ich ihm doch bezahlen! Bleib nit gern was schuldig! Vorher werd' ich seiner Alt'n noch ein kleines Randewuzerl abstatten und ihr dabei flüstern, daß sie einen Liter Franzbranntwein kauft, damit sie ihn, den

Alten, nachher ordentlich einreib'n kann.« – Der Dannei schüttelte den Kopf: »Recht ist es nit!« – Der andere erwiderte: »Recht ist's nit, da hast du recht, aber's ist richtig!«

o-o-o-o-o

Auf der Fronveste

Etliche Tage später.
Der Herr Landrichter war nach Mitterfels zurückgekehrt. Der Dannei wurde ihm vorgeführt.
»Du bist also ein Zigeuner!« begann der Märkl.
»Halten zu Gnaden, hohes Gericht«, entgegnete der alte Mann, »ich bin kein Zigeuner!«
»Du bist uns überliefert worden als ein Zigeuner, und darum bist du ein Zigeuner!« Das klang böse.
»Ich bin Berchtesgadner Holzschnitzer und habe einen ordungsgemäßen Gewerbeschein!«
»Und das viele Geld, das man bei dir gefunden hat, ist das etwa nicht zusammengestohlen?«
»Das viele Geld, das mir der Vorsteher in Parkstetten abgenommen hat und das ich auf Heller und Pfennig zurückhaben will, stammt zum kleineren Teil von meiner verkauften War', zum größeren Teil ist es ein Geschenk Seiner Majestät, weil ich am verwichenen Gründonnerstag in der Residenz ein Apostel bei der Fußwaschung war.«
Dem hohen Herrn fiel die Kinnlade etwas herunter. Der Dannei merkte das. Darum fuhr er beherzt fort: »Ich

bitte das hohe Gericht, einen Boten nach München zu schicken und meine Aussage an allerhöchster Stelle überprüfen zu lassen! Dort werde ich mich nämlich auch beschweren, sobald ich wieder hier heraus bin, weil mich einer der Schergen von Parkstetten ins Gesicht geschlagen hat.«
Der Richter war keines Wortes fähig, sondern wies den Dannei in ein Nebenzimmer und ließ den Assessor kommen. Da hockten sie nun nebeneinander wie zwei begossene Pudel und schauten sich betroffen an. Keiner wußte, wie man sich aus dieser mißlichen Lage ziehen sollte. Denn wenn es stimmte, was der Alte gesagt hatte, dann mußte man ihn mit vielen Beteuerungen des Bedauerns umgehend freilassen. Andererseits durfte man ihn nicht freilassen, ohne vorher in München nachgefragt zu haben. Und diese Nachfrage würde einige Tage beanspruchen. Hinwiederum würde es unabsehbare Folgen für das Landgericht haben, wenn man einen Vertrauten des Königs grundlos einige Tage in Haft behielte. »Also was tun, Herr Assessor? Sie haben ja auch sonst die Weisheit mit Schöpflöffeln gefressen; reden Sie schon!«
Der beschimpfte Unterbeamte zuckte mit den Achseln: »Unter keinen Umständen darf der Mann in Haft gehalten werden. Wir müssen ihn auf Gerichtskosten in einer Wirtschaft unterbringen und einen Posten davorstellen, bis die Nachricht von München eintrifft.«
»Auf Gerichtskosten, Sie harmloser Mensch! Das geht von dem Unseren ab!«
»Nicht von dem Meinen, Herr! Allenfalls müßte man den Vorsteher von Parkstetten zur Ader lassen. Der hat uns die Suppe eingebrockt.«
»Gute Idee, Assessor! Lassen Sie den Vorsteher zitieren!

Und den Alten weisen wir in die ‚Eiche‘ ein. Nota bene! Den Posten nicht vergessen! Vielleicht zwei Posten! Vorn einen und hinten einen!«
»In Ordnung, Herr, den Vorsteher – und zwei Posten!«
Acht Tage später.
Der Gerichtsbote war von München zurückgekehrt. Mit zittrigen Händen öffnete der Landrichter die Postschatulle und las seinem Assessor das Reskript vor: »Das königlich-bayerische Ministerium der Justiz kann seine Betroffenheit über den sparsamen Geist eines dortigen Landgerichts nicht verhehlen. Denn nicht nur, daß man einen alten, unbescholtenen Bürger nur wegen seines Aussehens auf offenem Wege aufgreifen und ohne jegliche Anhörung in die Fronveste einbringen läßt, die für die gemeinsten Verbrecher des Königreichs bestimmt ist, nein, man entblödet sich nicht, den ehrwürdigen Menschen, der bei seinen hundertzwei Jahren sich selber noch das tägliche Brot verdient, seiner Barschaft zu berauben, ihn ins Gesicht zu schlagen, und dann so zu tun, als hätte man dem Königreich auch noch einen absonderlichen Dienst erwiesen. In Ansehung besagter Ungeheuerlichkeit hat der dortamtliche Landrichter mit Empfang dieses Schreibens seine Quieszenz (Ruhestand) anzutreten und der Assessor bis auf weiteres die Geschäfte zu führen. Dem Adner aber ist alles zu restituieren! Es ist ihm auch eine, seinem Alter entsprechende Heimkehr nach Berchtesgaden auf dortige Amtskosten zu ermöglichen – worüber hierorts ein umgehender Bericht erwartet wird. gez. Ferdinand von Spieß, königl.-bayer. Ministerialrat d. Justiz.«
Welch eine Ministerialwatsch'n! Eine Jahrhundertwatsch'n! Dem Herrn Märkl fiel das Münchner Schreiben aus der Hand. Er war blaß geworden. Er japste nach

Luft. Der Assessor eilte davon und brachte vom Pumpbrunnen draußen im Hof einen Becher Wasser. Der hohe Beamte schüttete es in sich hinein und schrie nach dem Vorsteher von Parkstetten, den sie vorsichtshalber eingelocht hatten. Der Stubenscherg schleppte ihn herbei.
»Du ausgewachsener Hornochs! Du abgehalfterter Esel! Du begnadetes Rindvieh! Wär ich nicht deinetwegen soeben abgesetzt worden, ich ließe dich über die Prügelbank ziehen und dir den Hintern verhaun, daß die Fetzen davon nachgerade an der Decke kleben! Das aber ist meine letzte Verfügung: Du bezahlst alles, was bezüglich des Alten in diesem Schreiben verlangt wird! Geh, eh ich mich vergesse!«
Es ist nicht aktenkundig geworden, wer die Postkutschenfahrt des Anton Adner nach Berchtesgaden bezahlt hat, der Landrichter oder der Gemeindevorsteher. Jedenfalls kam der Dannei, obwohl er über eine Woche eingesperrt gewesen war, etwa vierzehn Tage früher nach Hause, als er ursprünglich gemeint hatte. Dadurch geriet auch der Ausbauplan des Sylvest Zechmeister auf dem Kugelfeld durcheinander, denn die Wohnung für den Dannei war noch nicht fertig, und die Möbel aus dem Jagdschlößchen von Sankt Bartholomä standen wirr auf dem Dachboden herum. Er war sehr überrascht, als er den Wirbel sah, der um ihn gemacht wurde, und konnte sich anfangs nicht in die neue Lage finden. Als aber nach ein paar Wochen alles gerichtet war und die drei Curatoren auf dem Kugelfeld erschienen – der Pfarrer, der Salinenarzt und der Bürgermeister –, um den alten Mann in seinem neuen Heim zu besuchen, erkannten sie seine stille Freude. Schmunzelnd meinte er: »'s ist weiß Gott ein ganz erheblicher Unterschied zwischen meiner Behausung zu Mitterfels und der hiesigen!« –

★

Mit Beginn der trüben Witterung nahm der Dannei seine Schnitzerei wieder auf. Vor allem galt es jetzt, dem König ein kleines Dankgeschenkerl zu richten, nämlich einen Feldstadl als Weihnachtskrippe mit den drei heiligen Personen, dazu die drei Weisen aus dem Morgenlande und vierundzwanzig andere Figuren, wie sie eben in dem Städtchen Bethlehem und auf seinen Fluren ringsum gelebt haben mochten. Über drei Monate schnitzte er daran. Darauf machte er eine große Spanschachtel, bemalte sie mit frischen Farben und schlichtete die ganze Krippe säuberlich hinein. Fünf Tage vor dem Heiligen Abend begab er sich zur Thurn- und Taxispost und fuhr nach München.

Als er mit seiner großen Schachtel vor der Residenz ankam, erkannten ihn einige und gingen ihm hilfreich an die Hand. Noch am Abend des gleichen Tages erhielt er beim König eine Audienz. Ehe er jedoch mit seiner Danksagung beginnen konnte, die er sich im Geiste zurechtgelegt hatte, mußte er von dem Mißgeschick in Mitterfels erzählen. Er tat das in seiner humorigen Art, ohne einen der Beteiligten hineinzutunken. Den Parkstettener Schergen erwähnte er gar nicht. Max Joseph hörte teilnahmsvoll zu und mußte ein über das andere Mal den Kopf schütteln: »Und heut bist du eigens nach München gekommen und hast mir etwas mitgebracht.«

»Haben's Euch die Pfortenhöflinge schon getratscht, Majestät? Na ja, Ihr seid ja kein kleiner Bua mehr! Ich möcht' Euch mit meiner Kripp'n da ein herzlich's Vergelt's-Gott sagen für alles, was Ihr mir Gut's getan habt. Habt Euch schwer in Unkosten gestürzt mit meiner Wohnung und dem ganzen Drumrum!«

»Wirst du auch ordentlich verpflegt von deinen Hausleuten?« fragte der König.

»Weiß der Himmel, Majestät, der Sylvest und die Agathe sind um mich wie die Schutzengel! Ja, und da hätt' ich gleich noch eine Bitt'. Weil Ihr so großzügig seid, könntet Ihr da nit den beiden auch was Gut's tun? Sind so liebe Leut'!«

»Hast recht, Dannei! Wird Uns schon was einfallen!«
Darauf mußte der Alte seine Krippe auf einer Kredenz aufstellen, und der König strahlte übers ganze Gesicht. Er nahm die Figuren in die Hand und bewunderte sie einzeln. Er stellte den Zug der heiligen drei Könige mit Roß, Kamel und Elefant etwas weiter hinten auf: »Die sind ja noch nicht so weit, Dannei. Die dürfen noch warten. Dafür müssen aber die Hirten her und die Schafe und die Wasserträgerin auch! Nur den Hund, den sollten wir hinterm Feldstadl postieren; der ist erschrocken, wie er den Verkündigungsengel gesehen hat. Oder meinst du nicht auch?«

»Ist nit verkehrt, Majestät!«

»Hunde erschrecken sich immer über das Ungewohnte. Nur mein Nero da, der erschrickt nimmer. Ist zu faul und zu verfressen. Werd' mich von ihm trennen müssen; seit neuestem stinkt er fortwährend.«

»Müßt nit sein!« erwiderte der Dannei. »Hierin ist das Viech mit dem Menschen zu vergleichen: je älter eines wird, desto mehr Bewegung braucht's. Ihr seht's an mir! Euch könnt' nämlich etwas mehr Auftrieb auch nit schaden, und das, wo Ihr den Englischen Garten gleichsam vor der Nas'n habt. Beschafft Euch einen jungen Hund, einen spritzigen, der bringt Euch auf Touren! Mit dem alten Kracher da ist eh nix mehr zu woll'n. Der verfault ja schon von innen heraus.«

Der König wandte sich wieder der Krippe zu: »Bist du mit der Post hergefahren?«

»Mit der Post, Majestät! Aber die Kutsch'n war schon recht marode. Überall hat der eisige Wind 'reinpfiffen.«
»Wann willst du wieder heim?«
»Morgen, denn am Heiligen Abend gehör' ich zu meine Leut'!«
»Dannei, ich laß dir ins Stadtbruderhaus eine Felldecke schicken, die schenk ich dir, für die Krippe.« –
Als das Frühjahr 1808 ins Land kam und die ersten Krokusse aufblühten, sah man den König tatsächlich mit zwei Hündlein – Promenademischung! – im Englischen Garten spazieren gehen, nachdem den Löwenhund Nero eines Nachts der Schlag getroffen hatte.

In diesem Jahr prallten die Gegensätze zwischen den Tirolern und den Bayern, die ja auf Napoleons Geheiß das »heilige Land« besetzt hatten, immer härter aufeinander. Die französische Art, mit der die Bayern von Innsbruck aus regierten, war den an Freiheit gewöhnten Gebirglern tief verhaßt. Es bildeten sich reihum im Lande Widerstandsnester, in denen der glühende Wille zur Rückgewinnung der angestammten Freiheitsrechte emsig geschürt wurde.
Dieser gegenseitige politische Haß der beiden Stämme fraß sich mitunter sogar bis in die Bezirke der Familien hinein. So kehrte eines Tages die Zechmeister-Burgl, die etliche Jahre zuvor von Johann Panzl in Saalfelden geheiratet worden war, ganz verstört aufs Kugelfeld zurück. Ihr Mann, Hauptmann einer Pinzgauer Schützenkompanie, hatte die »Boarin« davongejagt, weil ihm seine Leut' die Hölle heiß gemacht hatten. Dabei war freilich noch ein gemeiner Ohrenbläser mittätig, der dem

Panzl gesteckt hatte, die Burgl sei damals mit unter den »Franzosenschnallen« gewesen.
Da gab's nun am Zechmeisterhof großen Verdruß, und der Dannei hatte in den ersten Wochen nach dieser Heimkehr der Haustochter viel zu tun, um die allseits gereizten Gemüter einigermaßen zu befrieden. Im stillen mußte er sich allerdings selber gestehen, daß er sowas, wie die Burgel jetzt geworden war, in seinen jungen Jahren auch aus dem Haus geschafft hätte, sowas Eitles und Rotzfreches, das nur auf Äußerlichkeiten hielt und fortwährend im Mittelpunkt stehen wollte. Es konnte darum nicht ausbleiben, daß er sich eines Tages mit der jungen Frau überwarf. Die Burgl glaubte nämlich, im Hause Rechte geltend machen zu dürfen, vor allem bezüglich des Wohnens, und legte ihren Eltern hart nahe, den alten Mann vom Dachboden zu entfernen und sie dort unterzubringen. Als ihr Vater, der Sylvest, sie darauf hinwies, daß der Ausbau und die Einrichtung nur mit Hilfe des königlichen Curatoriums möglich gewesen sei, wurde sie patzig und grüßte den Dannei nicht mehr. Der Sylvest rügte sie deshalb wiederholt, doch ohne Erfolg. Er war seinen Töchtern gegenüber schon immer zu weich und zu nachgiebig gewesen. Jetzt erkannte er an der einen, wohin das geführt hatte.
Der Dannei fühlte die wachsende Abneigung der jungen Frau und machte sich seine Gedanken; er sagte aber nichts, denn über seine Wohnung hatten andere zu befinden, vor allem der Sylvest selber. Der wandte sich nun im Bewußtsein seiner Schwäche der Tochter gegenüber an das Curatorium und schilderte den drei Herren seine Notlage angesichts des streitbaren Kindes. Sagte der Dr. Mayer: »Getröste dich, Zechmeister, wir werden ihr den hohlen Zahn bald gezogen haben!«

Darauf besprach sich der Arzt mit dem Pfarrer und dem Bürgermeister und erschien eines Tages am Kugelfeld. Er besuchte – wie schon oft – den alten Mann und erkundigte sich nach dem Stand seiner Gesundheit, mußte er doch darüber in immer kürzeren Abständen an den König berichten. Als er den Dannei in bestem Wohlbefinden angetroffen und sich von ihm wieder verabschiedet hatte, bat er die Burgl zu sich in den Wurzgarten hinaus, wo sie eine lauschige Laube angelegt hatten. Sie kannte ihn von jener Franzosenzeit her und fühlte sich ihm sehr verbunden. Was er ihr indes jetzt sagte, rechtfertigte dieses Gefühl nicht.

»Burgl«, sagte er, »du bist schon immer etwas hirnrissig gewesen und hast dich in den verwichenen Jahren um keinen Deut gebessert! Anstatt diesen betrüblichen Dauerzustand zu erkennen und reumütig zu beherzigen oder gar eine Abänderung zu bedenken, kommst du aufgeblasen und großgoschig daher, um eine festgefügte Ordnung zu sprengen, die unser König mitbegründet hat. Du bist von deinen Leuten ausgesteuert worden und kannst jetzt auf dem Kugelfeld im besten Fall das Gastrecht beanspruchen. Wenn ich aber höre, daß du dem Adner die Wohnung streitig machen willst, dann bleibt uns Curatoren des alten Mannes keine andere Wahl, als dich vom Kugelfeld zu entfernen. Um dich also auf andere Gedanken zu bringen und einer ersprießlichen Tätigkeit zuzuführen, hat das Curatorium beschlossen, dich bis zur Wiederaufnahme der ehelichen Verbindung an der Seite deines Mannes in unser Spital zu verpflichten – gegen freie Wohnung und Verköstigung und ein geziemendes Taschengeld. Tagediebe haben es nämlich so an sich, das Klima ihres Umfelds zu vergiften. Pfüat di, Burgl!«

Die junge Frau stand zwischen den Krautköpfen wie die biblische Salzsäule und flennte. Sie hatte vom Salinenarzt ein paar liebenswürdig-verfängliche Worte erwartet, so wie sie's von früher her gewohnt war – und jetzt dieser eiskalte Aufguß! Noch schlimmer empfand sie ihre Ohnmacht, sich dagegen zu wehren. Sie besaß nichts, hatte nichts gelernt. Wollte sie der Aufforderung des Arztes nicht folgen, dann mußte sie von Berchtesgaden wegziehen und bei irgendeinem Bauern als Magd einstehen, sie, die Zechmeisterstochter, die voreinst allen Burschen den Kopf verdreht hatte – bis hinein ins Tirol!
Als sie eine Woche darauf mit ein paar Habseligkeiten in aller Frühe den Hof verließ, tat sie dem Dannei leid.

o-o-o-o-o

Die Schlittenfahrt

Wenn sich zwei Hunde gleicher Rasse, aber unterschiedlicher Aufzucht plötzlich ineinander verbeißen, dann gehen sie in ihrer gegenseitigen Wut bis ans Äußerste. Dann kann man ihnen befehlen, man kann sie prügeln – alles umsonst. Die Wut ist übermächtig, und die Verbissenheit nimmt Formen des Wahnsinns an. Ähnlich lagen die Dinge zwischen Bayern und Tirol. Die Bayern - weil schon seit mehr als zwei Jahrhunderten franzosenhörig – dünkten sich den frommen und biederen Tirolern überlegen und fühlten sich berufen, das rückständige Brudervolk aufzuklären. Dieses Brudervolk aber, aufgewachsen seit eh und je in der Freiheit seiner Berge, lehnte jegliche Bevormundung, namentlich in religiöser Hinsicht, ab und rottete sich in ebendieser Freiheit seiner Berge zum Widerstand zusammen.
Andreas Hofer, der Gastwirt aus dem Passeiertal, und der Kapuzinerpater Haspinger aus Innsbruck waren ebenso glühende Patrioten wie Verfechter der althergebrachten christlichen Gläubigkeit und empfanden jede diesbezügliche bayerische Einmischung als Sakrileg. Die Bayern aber, mit Napoleon im Rücken, glaubten jede tirolerische Aufmüpfigkeit ersticken zu müssen. Die Verbissenheit steigerte und entlud sich 1809 am Bergisel oberhalb von Innsbruck, wo bayerische Truppen derart vernichtet wurden, daß die Tiroler plündernd ins feindliche Nachbarland – sogar bis Rosenheim – eindringen konnten. Die Rache ließ freilich nicht auf sich warten: Hofer wurde 1810 von den Franzosen erschossen, und die bayerischen Besatzer in Innsbruck zogen die Daumenschrauben für kurze Zeit noch kräftiger an.
Um diese Zeit gedachte König Max Joseph das Stift

Berchtesgaden als Schloß umzubauen und kam deshalb
– es war im Januar 1811 – in die Salzstadt zu Besuch.
Die Bürger- und Beamtenschaft empfing ihn mit jener
Herzlichkeit, die auch er ausstrahlte. Das Stift freilich
stand leer, schon etliche Jahre, und es mußten in einigen
adligen Häusern der Umgebung Möbel ausgeliehen
werden, damit man dem Herrscher ein paar Räume
wohnlich herrichten konnte. Das verschlug jedoch dem
einstigen Soldaten nichts, sondern bereitete ihm im Gegenteil Spaß, kam er doch auf diese Weise mit den Untertanen in unmittelbare Berührung. Auch wollte er den
Leuten hier im Werdenfelser Land, an der südlichsten
und von den Tirolern bedrohten Grenze seines Reiches,
durch seine Gegenwart das Bewußtsein ihrer Zugehörigkeit zu Bayern stärken.
Die ersten Tage besichtigte er mit seinen Architekten das
weiträumige Bauwerk, hörte sich ihre Vorschläge an und
traf ein paar Entscheidungen. Dann aber war er's überdrüssig, durch die kalten Zimmer und Säle zu streichen
und dort und da die Fledermäuse aus dem Schlaf zu
schrecken. Er wollte noch ein paar Audienzen geben
und dann im Schlitten durchs Land fahren.
Was die Audienzen betraf, so nahm Max Joseph eine
abwartende Haltung ein, denn er liebte es nicht, einen
anderen zu verpflichten – mit einer Ausnahme: Den
Adner und das für ihn bestellte Curatorium wollte er
sehen. Gleich am anderen Morgen stellten sich der
Pfarrer, der Bürgermeister und der Physikus bei ihm ein
und berichteten, wie sie die Wohnung des Alten ausgestattet hatten, berichteten auch über die Zechmeistereheleute auf dem Kugelfeld. Von der ungeratenen Tochter sagten sie nichts. Der König lobte den Eifer der drei
Curatoren und band ihnen die Obsorge um den Adner

auch für die Zukunft dringlich ein.

Dann erschien der Dannei selbst, rüstig wie eh und je. Er durfte sich aber sofort setzen.

Fragte Max Joseph: »Stimmt es, was der Physikus gesagt hat, daß du immer noch mit der Krax'n über Land ziehen willst?«

Der Dannei erwiderte: »Mein Gott, Majestät, solange ich gesundheitlich noch recht beisammen bin, kann ich's machen. Der Herrgott wird mir's schon anzeigen, wann ich mit der Faulenzerei anfangen soll. Hoffentlich läßt er sich Zeit damit, bin zeitlebens nie auf der faulen Haut gelegen.«

»Willst du mit mir im Schlitten fahren? Mein Adjutant hustet; das kann ich nicht vertragen.«

»Darf ich Euch dazu einen ganz anderen Vorschlag machen? Ihr fahrt am besten mit mir, und das aufm Horner!« Verwundert fragte der König: »Horner? Was ist Horner?« »Hätt' mir's denken können, Majestät, daß Ihr das nit wißt! Woher solltet Ihr's auch wissen? Horner sind Schlitten mit vorne hochgezogenen Kufen. Die Bergbauern fahren damit im Sommer ihr Heu, im Winter 's Holz.«

Der König hatte dieses Hornerfahren immer noch nicht recht verstanden und fragte daher: »Wie viele Pferde brauchen wir da für dieses Gefährt?«

»Gott bewahre, Majestät, da braucht's kein Roß nit! 'naufzu – ich mein' nach Maria Gern – gehn wir zu Fuß; droben leihen wir uns beim Niggl-Sepp den Horner und fahren dann auf der Straß'n runter, ich zwischen den Hörnern, Ihr hintenauf. Müßt Euch nur ordentlich festhalten. Da werdet Ihr erst sehen, was Schlittenfahren heißt! Sind wir unten, schieb'n uns etliche Buam den Horner wieder 'nauf, und wir folgen ihnen sachte hinterdrein. Und das drei- viermal. Ihr habt doch keine Angst nit, Majestät? Ich fahr' Euch schon recht staad, daß nix passiert.«

Max Joseph lächelte: »Angst hab ich grad nicht, aber meine Leut' werden was dagegen haben.«

»Müßt sie halt abschütteln, die Aufpasser! Schließlich seid Ihr ja ein g'stand'nes Mannsbild und wißt selber, was Ihr zu tun und zu lassen habt! Daß Ihr das überhaupt mögt, allweil gegängelt werden! Mir wär's in der Seel' zuwider!«

Der König zuckte mit den Achseln: »Lieber Dannei, brauchst nicht zu meinen, daß mir's gefällt. Aber wenn eins halt König ist, muß er sich gewissen Regeln unterwerfen. Ich tu' eh zu wenig in dieser Hinsicht.«

»Aber Schlittenfahren tun wir schon miteinand?« Der Dannei beharrte mit geziemender Mäßigung auf seinem Vorschlag.

»Wir fahren!« Der Herrscher erhob sich und reichte dem Adner die Hand: »Morgen früh um sieben kommst du hierher!«

Ergänzend fügte der Dannei hinzu: »Wenn's nit zum Tauen kommt über Nacht!« –

Es kam nicht zum Tauen, und Schlag sieben Uhr stand der Dannei vor der königlichen Leibgarde am Stiftstor. Die Hartschiere waren von seinem Kommen unterrichtet und wiesen ihn in die Pfortenkammer. Da stand auf dem Kamin ein Tonkrug voll duftenden Rumgetränks. Bald trat auch der König mit einem Kammerherrn ein, der ihnen sogleich aus dem Krug servierte. Der Dannei fragte, wie Seine Majestät geschlafen habe.

»Miserabel!« erwiderte der Herrscher.

»Da kommt Euch jetzt die Schlittenfahrt recht zustatten. Ihr seid unser Reizklima hier beim Salz nit gwöhnt. Das wird sich aber ändern, sobald Ihr erst etliche Monate auf dem Stift haust. Dann werdet Ihr stets schweren Herzens nach München zurückkehren, denn bei den Salzern, den Schnitzern und Köhlern ist gut sein, noch dazu unterm Watzmann!«

»Mir will vorkommen, Dannei, als ob du einem sogar noch 's Sterben schmackhaft machen könntest!« Max Joseph sprach's und klopfte dem Alten auf die Schulter. Dann traten sie den Fußmarsch nach Maria Gern an. Es wird berichtet, der König sei ein einziges Mal mit Hängen und Würgen hinaufgekommen, auch bloß einmal mit dem Adner im Horner heruntergefahren. Nicht als ob der schlecht gelenkt hätte, sondern dem König seien die Aufhupfer bei den jeweiligen »Kehl'n«, den Wasserabschlägen quer über die Straße, sehr leidig gewesen.

★

Dann hatte der Dannei seine Krax'n wieder einmal – wie schon so oft in seinem langen Leben – zur Reise hergerichtet. In diesem Jahr wollte er sich ein rares Erlebnis nicht entgehen lassen. Davon ging schon seit Wochen durch alle Zeitungen in Bayern und Schwaben die Rede. Da hieß es, ein schwäbischer Schneider namens Berblinger erdreiste sich, gleich den sagenhaften griechischen Männern Dädalus und Ikarus, von der Adlerbastei zu Ulm aus mit selbstgebauten Schwingen in die Luft aufzufliegen. Das sollte man gesehen haben! dachte sich der Dannei.

Der Hundertsechsjährige zog also dahin über Tölz und durch den Pfaffenwinkel. Überall fand er freundliche Abnehmer seiner War', denn Berchtesgadener War' hatte

damals Weltruf. Kaum einer wunderte sich, daß ein so alter Mann mit der Krax'n gehen mußte, denn man sah ihm die vielen Jahre nicht an. Er besaß volles Haar, war schlank und schritt munter voran. Seine schalkhaften schwarzen Augen blitzten, wenn er lachte – und er lachte gern; hatte auch allen Grund dazu. Es plagte ihn kein Wehdam, und sein Gewissen war ruhig wie der Wasserspiegel auf dem Moorteich. Seit dem Tode seiner Frau hatten ihn kaum je Sorgen bedrückt.
Je näher er an Ulm herankam, desto lauter und deutlicher wurde die Mär vom Schneider Berblinger und seinem bevorstehenden Flug über die Donau. Die meisten redeten häßlich über ihn und spotteten seiner. Sie hielten ihn für einen Aufschneider, dem's im Oberstübchen fehle.
Weil er in der Schneiderei nichts tauge, sei er auf diese spinnige Idee mit der Fliegerei gekommen. Aber das sei so die Art der Dummköpf': der größte Blödsinn sei ihnen gerade gut genug, um aufzufallen!
Eine ganze Woche lang mußte sich der Dannei in der Stadt herumdrücken, ehe der Tag des Ereignisses aufging. Da strömten sie nun herbei, die hohen Herren vom Rat, die reichen Herren von der Kaufmannschaft, die würdigen Herren von der Klerisei, sogar etliche wißbegierige Damen von der Nonnenschaft. Sodann die Kupferstecher und die Zwetschgenröster, die Spunddreher und Speilhobler – alle verließen ihre Arbeitsstätten und eilten dem Abenteuer entgegen, das sich vom Basteiturm herab entfalten sollte.
Da stand er nun droben auf der Zinne, der herrliche Berblinger! Wie ein Cherub vor dem Angesichte des himmlischen Vaters stand er, die von Weidenholz geflochtenen Flügel hoch zu beiden Seiten. Der frische

Frühwind hatte ihm das Gesicht leicht gerötet. Nun streckte er die Arme weit von sich, die Fittiche fächerten sich mit einem knarrenden Geräusch auf, ein kühner Sprung nach vorne – und er schwebte. Wie der Riesenvogel aus »Tausend-und-einer-Nacht« schwebte er dahin auf den Donaufluß zu, getragen vom Aufwind über dem Wasser. Da hielt die Stadt den Atem an. Aber nicht lange. Mit einemmale war der Wind weg. Die Weidenflügel knickten ein. Wie ein Maltersack plumpste der Schneider einige Meter in die Tiefe und fiel auf die schnellrinnende Wasserfläche. Die Flügel, die ihm in der Luft den Dienst versagt hatten, waren auf dem Wasser seine Rettung: Sie ließen ihn nicht untergehn. Er wurde abgetrieben, bis weiter unten ein paar Fischerboote auf ihn zukamen und ihn aufnahmen. Die Flügel aber schwammen dahin. Armer Gesell!, dachte sich der Dannei, der nur einen Platz am Ufer bekommen hatte. So hoch hast du hinaufgewollt, und so tief bist du hinuntergefallen! Solltest dir aber nix drausmachen, denn die, die dich jetzt verspotten und verhöhnen, sind vielleicht auf anderem Gebiet die noch größeren Deppen!

o-o-o-o-o

Der junge Hebenstreit

Wieder einmal zogen die Trommler durchs Berchtesgadener Land. Die dreißigtausend Soldaten, die das Königreich Bayern für den Kaiser Napoleon bereitzustellen hatte, sollten erneut und ergänzt werden.

Da flüchtete mancher stramme Bursch in die Berge und riskierte von den Jagern aufgegriffen, mit fünfundzwanzig Arschhieben versehen und in die nächste Garnison eingeliefert zu werden – und von da aus zum »Napolium«. Der schickte sich gerade an, ein Millionenheer – es war das Jahr 1812 – gegen Rußland aufzustellen.–

Eines späten Abends kam ein alter Mann aufs Kugelfeld. Als ihn die Zechmeisterin unter der Haustür empfing, bat er, sie möchte ihn zum Anton Adner lassen, er habe ihm was Wichtig's zu sagen. Sie schickte ihn hinauf. In Danneis Wohnung warf er dann sein Gewand ab und entpuppte sich als junger Kerl, als der Urenkel jenes Jakl Hebenstreit, der einst mit dem Dannei in die Stiftsschule gegangen und dann Hofbäckenmeister gewesen war.

»Ihr habt unsere Urahndl zur Frau gehabt, hat mei' Vater g'sagt. Und weil Euch der Herr König so gern mag – hat mei' Vater g'sagt – und weil Ihr so viele Leut' kennt überall, da soll ich Euch recht schön bitten, daß Ihr mich vor den Jagern versteckt.«

Der Dannei schaute den Burschen lange an: »Menschenskind!« sagte er dann. »Du und dei' Vater, ihr habt vielleicht Nerven!«

Darauf ging er hinunter zur Agathe und sagte ihr, es sei da ein Bekannter gekommen, den er einige Zeit bei sich behalten wolle. Die gute Alte richtete gleich Brot,

G'selchtes und eine Kanne Bier her, was der Dannei mit hinaufnahm. In den folgenden Tagen führten die beiden, der Neunzehnjährige und der Hundertsiebenjährige, miteinander harte Reden. Auf den Vorwurf, den der Dannei erhob, daß der Mann – seitdem es Menschen gebe – die Verteidigung von Familie, Sippe und Stamm zu tragen habe und sich davor nicht drücken dürfe, erwiderte der junge Hebenstreit, hier gehe es gar nicht um Familie, Sippe und Stamm, sondern um den machthungrigen Napolium.

Darauf der Dannei: »Stimmt, Bua! Wenn indes der Napolium nit gewesen wär', nacher hätten wir kein Königreich Bayern nit und wär'n von den Franzosen ausgeräubert worden bis auf 's Pfoad (Hemd)!«

»Lieber nackig als im Totenkittel!« erwiderte schlagfertig der andere.

»Auch darin geb' ich dir Recht! Was wirst aber sagen, wenn die dreißigtausend Bayern aus dem russischen Feldzug heimkehren und der eine oder andere Berchtesgadner, der bis zur Erschöpfung ausgeharrt hat, – was wirst ihm antworten, wenn er dich fragt, an welcher Front du gestanden bist? Willst du ihm antworten: ‚Im Heuschober, wo mich der Dannei versteckt hat!‘? – Bua, nix ist mir lieber als der Friede auf Erden. Aber auch das gehört zum Frieden, daß die Menschen eines Sinnes sind und daß keiner sich drückt vor den Pflichten aller!«

Der Hebenstreit schwieg, und der Dannei redete weiter: »Sag du dei'm Vatern, daß ich mich Sünden fürchten müßt', wann ich mithelfen taat, daß aus sei'm Buam ein Feigling wird!« –

Nach ein paar Tagen verließ der Bursch das Kugelfeld und stellte sich in der Garnison.

Die Bäume wachsen nirgends in den Himmel, sondern werden vorher vom Blitz getroffen. So geschah es auch mit dem »Napolium«. Die »Große Armee« erfror auf den Eisfeldern Rußlands. Von den dreißigtausend Bayern sahen etwa zweitausend ihre Heimat wieder – darunter auch der junge Hebenstreit. Halb Berchtesgaden feierte ihn; die andere Hälfte, aus deren Mitte der und jener nicht heimgekommen war, betrachtete ihn mit scheelen Augen. Was erst, wenn er überhaupt nicht mit dabeigewesen, sondern urplötzlich aus dem Versteck aufgetaucht wäre! Ob sie ihn nicht in ihrer Wut kaltblütig erschlagen hätten? So aber stand er in der schäbigsten aller bayerischen Monturen vor ihnen. Die großen Zehen hatte ihm der Frost abgebrochen, auf einem Ohr hörte er nichts mehr. Weil seine Leut mit ihm nichts Rechtes anfangen konnten, nahm ihn der Dannei als Lehrbuben auf. Und er stellte sich weiß Gott ganz geschickt an.
Und so vergingen die Jahre.
Als dann 1813 der große »Napolium« geschlagen worden war, begann man auch in Bayern langsam wieder, die Werke des Friedens zu fördern, Werke zum Wohle der Menschheit, so wie es der aufgeklärte Zeitgeist wollte. König Max Joseph setzte seinen Stolz darein – und auch eine beachtliche Unterstützung –, daß von Berchtesgaden nach Reichenhall eine Salzsoleleitung nach den neuesten wissenschaftlichen Erkenntnissen gebaut wurde. Als sie fertig war, erschien er mit einem großen Gefolge zur Einweihung und erbat sich dazu auch die Begleitung des nunmehr hundertelfjährigen Anton Adner. Nach den Feierlichkeiten ließ er sich's nicht nehmen, den alten Mann in seine prunkvolle Karosse zu holen und aufs Kugelfeld zu fahren, – was

bei manchen Höflingen ein Kopfschütteln auslöste.
Er übergab der alten Agathe, so wie er sich's schon lange vorgenommen hatte, einen silbernen Smaragdring, dem Sylvest ein mit der königlichen Wappenzier geschmücktes Eßbesteck und der Beischrift: »Auf allerhöchsten Befehl Sr. Majestät des Königs dem Sylvest Zechmeister, Mayr im Kugelfeld, für die sorgfältige Pflege des Apostels Anton Adner von Berchtesgaden.«
Da wandelte den Dannei vor lauter Freude eine kleine Schwäche an; er drohte umzufallen. Der König fing ihn auf, führte ihn zur Ofenbank und setzte sich neben ihn. Er redete ein Weilchen gut auf ihn ein und meinte, er müsse unbedingt seine Dachwohnung sehen. Der Dannei hatte sich bald wieder erholt und führte nun seinen königlichen Gast die Treppe hinauf. Max Joseph erkannte, daß er gut untergebracht war, und ging gleich zur Werkbank hin, wo die Schnitzmesser und ein angefangenes Rößl lagen. Da sagte ihm nun der Dannei, er werde fortan nicht mehr mit der Krax'n über Land gehen. Schnitzen könne er noch, doch das Verhökern der Ware müsse jetzt der junge Hebenstreit übernehmen.
»Machst Uns aber bei der Fußwaschung noch den Apostel?« fragte der König.
»Ist doch Ehrensache, Majestät!«
»Dann lassen Wir dich jeweils von hier abholen und in vier oder fünf Etappen nach München bringen.«
»Vielleicht taat ich's ohne Krax'n selber auch noch schaffen, aber ich lass' mich gern a weng verwöhnen!«

Der junge Hebenstreit arbeitete beim Dannei recht fleißig, mußte wohl auch, denn die einst angesehene Familie

der Hofbäcken war im Lauf der Jahrzehnte sowohl durch Erbteilung, als auch durch liederliches Leben von ihrem einst reichen Sach gekommen. Die Jugend mußte sich jetzt auf die eigenen Füße stellen.
Der junge Mann zog also jedes Jahr mit der hohen Krax'n getreulich von Ort zu Ort, wozu ihm der Alte Winke und gute Ratschläge mitgab. Die Wege waren nicht mehr gefährlich und die Grenzübergänge nicht mehr schwierig, denn überall herrschte Friede, dessen Segnungen die europäischen Völker einander zugetan machten. Währenddem saß der Dannei daheim und schnitzte und wartete auf den »Buam«. Wenn er dann glücklich wieder heimgekehrt war, saßen sie oft stundenlang beisammen und erzählten. –
Und dann kam der strenge Winter 1820. Da war man gezwungen, in der Stube zu bleiben und fleißig zu schaffen – und auch fleißig zu reden von alten Zeiten, vom Leben, wie's früher war, – und wohl auch von der Susanna.
»Sie muß ein interessant's Weib gewesen sein, deine Frau!«
»Interessant und schwierig! Ich hab sie nit recht zu nehmen gewußt. So bin ich an ihrem Schicksal mitschuldig gewesen.«
»Was taatst du sagen, Dannei, wenn ich im kommenden Frühjahr ins Südtirol zieh?«
»Was ich sagen taat? Freuen taat ich mich!« –
Schon seit der Zeit, da der Dannei im Allgäu gewesen war, hatte er keinen Schwegel mehr geschnitten. Jetzt auf einmal machte er sich erneut drüber. Der Hebenstreit tat verwundert.
»Mei' lieber Bua«, sagte der Alte, »du hast bei mir gelernt, und ich hab von dir keinen Kreuzer verlangt. Hätt'

dein Geld auch nit gebraucht. Von heut ab jedoch ist Zahltag. Du wirst auf diesem Schwegel etliche Lieder pfeifen lernen, am besten Kirchenlieder, sauber und fein, wie sich's eben für eine Musik gehört, die man vor unserm Herrgott macht!«
»Willst du mich auf den Kirchenchor schicken, Dannei?«
»Ach Gott, man weiß nie, zu welchem End was Gelerntes gut ist. Ein angeseh'ner Mann, wer was Rechtes kann!«
Und der Hebenstreit lernte den neuen Schwegel pfeifen, und er pfiff ihn sehr sanft. Das war aber auch ein Schwegel! Nicht für Rekrutenlieder, mit denen die Korporäle das Rechts-Links einpeitschen mußten. Nein, auf dem da konnte sogar ein Jodler zum Gebet werden.
Als sich dann im Mai der nunmehr fast dreißigjährige »Bua« auf die Reise begab und der Dannei ihm unterm Türstock mit dem Weihbrunn ein Kreuzerl auf die Stirn zeichnete, fügte er hinzu: »Vielleicht besuchst im Neustifter Mönchsfriedhof das Grab Nummer 37 und sagst der Susanna einen schönen Gruß! Ansonsten sei dem lieben Gott befohlen!« –
Hebenstreits Reise ging gut vonstatten. Dort und da fragten ihn die Leut' sogar, ob er den uralten Berchtesgadner mit seinen Arschpfeifenrößln gekannt habe. Dann erzählten sie von den Schwänken und Schnurren, die er ihnen abends auf der Hausbank zum besten gegeben hätte. Einige wollten auch wissen, er habe es in Neustift mit einer Klostermagd gehabt, die aber in noch guten Jahren gestorben sei. Der »Bua« ließ sich jedoch darüber auf kein weiteres Gespräch ein, sondern erwähnte nur beiläufig, der alte Mann sei wohlauf und zähle bereits über hundertfünfzehn Jahr'. Da schlugen sie vor Bewunderung die Hände über dem Kopf zusammen: 's kann nur eine Gnade Gottes sein!

Dann kam der Hebenstreit nach Neustift. Als er seine fast leere Krax'n in der Klosterschänke abgestellt hatte, begab er sich in den Mönchsfriedhof und suchte und fand das Grab Nummer 37. Danach ging er zurück, um sich ein paar Stunden auf dem Strohsack auszuruhen. Am Abend nahm er den Schwegel, den ihm der Dannei geschnitzt hatte, und schlich sich abermals entlang der Klostermauern – denn er wollte nicht auffallen – zum Gottsacker hinüber. Über der Plosen zog sachte die laue Mainacht auf.

»Hab dich vom Dannei grüßen sollen, Susanna!« flüsterte er vor sich hin, als er wieder am Grabe stand. »Er hat mir alles verzählt, der Dannei. Bist schon ein armes Luder gewesen. Wir Hebenstreits haben halt alle irgendwo einen Hieb. Aber nix für ungut, Susanna! Ruh weiter in Gottes Frieden und horch dir noch ein Liedl an, das ich dir auf Danneis Schwegel vorpfeifen will!«

Dann blies er zart in den Abendwind hinein die alte Weise: Er schenke uns ein fröhlich Herz! . . .

Zur selben Stunde hatte jenseits der Friedhofsmauer der Vater Abbas im Klostergarten seine mönchische Gemeinde zur Komplet, dem kirchlichen Nachtgebet, zusammengerufen. Da hörten die den Schwegel. Und als ob ein innerer Anruf diese dunklen Beter berührt hätte, stimmten sie voll und getragen in die Weise ein und sangen das Lied zu Ende:

Er schenke uns ein fröhlich Herz,
Erfrische Geist und Sinn
Und werf all Angst, Furcht, Sorg' und Schmerz
In Meerestiefen hin!

Da war die Mainacht am Eisack lebendig geworden und duftend nach Flieder und Jasmin. Als ob auch die Erzengel ringsum auf den Zinnen der Berge einen

Hochgesang angestimmt hätten, der in der Bitte verklang: »Er schenke uns ein fröhlich Herz . . . !« –
Wenn er jetzt dagewesen wäre, der Dannei!
Er lag in seiner Dachbodenkammer im herrschaftlichen Bett. Um ihn herum standen mit besorgter Miene die drei Curatoren und die Zechmeister'schen Eheleute. Es hatte den alten Mann ein leichter Schlag gerührt. Nicht daß er irgendwie gelähmt gewesen wäre; nur beim Gehen war er unsicher geworden. Aber seinen Schalk hatte er nicht verloren: »Meine Herren, so wie ihr müssen die römischen Soldaten dreing'schaut haben, als Christus aus dem Grabe auferstanden war!« Er sprach's und lächelte und seine hängende Unterlippe zuckte spitzbübisch.
Mißmutig erwiderte ihm der Salinenarzt: »Wie man nur so dumm daherspöttern kann! Gesetzt den Fall, dir passiert was, das ich hätt' verhindern können – der König läßt mich durch den Fleischwolf drehen! Von heut ab bin ich jeden Tag einmal bei dir, und du hast dich so zu halten, wie ich das verordne! – Agathe, koch ihm ja nit zu fett!« –
Noch in dieser Nacht ging per Eilkurier ein ärztlicher Bericht an die Residenz in München ab. Der schnelle Reiter kehrte zwei Tage später mit der königlichen Weisung zurück, der Arzt habe täglich – und dieses Wörtchen war unterstrichen! – den gesundheitlichen Befund Anton Adners Seiner Majestät zu melden.
Dem Dannei indes ging der »medizinische Krampf« – wie er sich bisweilen ausdrückte – sachte auf die Nerven: »Da soll einer wieder gesund werden und kräftig, wenn er tagaus-tagein ein Hühnersüpperl mit anderthalb Eiernudeln kriegt; gut sonntags mögen's zweieinhalb sein! Der Salzdoktor läßt mich glatt verhungern,

und die Agathe, die Salatwachtel, betet ihm alles nach! Aber wartet nur, bis der Hebenstreit wieder da ist! Dann werden wir gastmahlen, wir zwei!« –
Der Hebenstreit kehrte zurück, doch aus den Gastmahlzeiten wurde nichts. Dem Dannei schwollen die Knöchel an und die Beine bis zu den Knien herauf. »Wassersucht!« meldete der Arzt nach München und war froh, einen solch handfesten Tatbestand melden zu können. Denn was man sehen und fühlen kann, ist schwer anzuzweifeln!
Als es dann auf den Winter 1821 zuging, trat zwar eine leichte Besserung ein, und der Dannei war heiter und fidel wie eh und je. Mit Beginn der Fastenzeit des drauffolgenden Jahres jedoch nahm die Geschwulst derart zu, daß ein baldiges Ende zu befürchten war. Der alte Kooperator brachte die Sterbesakramente, und mit den Zechmeister'schen beteten sie im Schein einer Kerze zu viert den Rosenkranz bis in die Nacht hinein. Plötzlich richtete sich der Dannei im Bett auf, legte knieend die Hände aufs Bettgestell und sprach: »Lieber Herrgott, vergilt dem König alles! Vergilt auch der Agathe alles! Und laß die Susanna an der Himmelstür stehen, wenn ich jetzt komm'!«
Dann fiel er seitlich sachte um.
Es war der 15. März 1822.
Der Termin für die Beerdigung am Franziskanerfriedhof mußte um zwei Tage verschoben werden, weil ein königlicher Flügeladjutant zu erwarten war, um anstelle des Königs dem Leichenbegängnis anzuwohnen. Freiherr von Plankh erschien denn auch mit zwei Kammerherren und hatte das G'schau der halben ehemaligen Fürstpropstei. Welch eine schöne Leich'! Wie er sie halt verdient hat, der gute Dannei!

o-o-o-o-o

Das letzte Kapitel

Noch am Friedhof erklärte der Freiherr, er habe im Namen Seiner Majestät um einen entsprechenden Platz zur Errichtung eines Memorialgrabmals für Anton Adner vorstellig zu werden. Der Pfarrer beeilte sich, gleich jene stimmungsvolle Grabstätte hinter dem Eingangstor rechts anzubieten, die er für sich selbst ausersehen hatte.

Monate später rückte aus der Münchner Erzgießerei eine Arbeitsgemeinschaft an und setzte das Grabmonument, das heute noch zu bewundern ist. Eine klassizistische Halbpyramide mit der dorsalen Aufschrift:

EIN HEITERES ENDE
DES LANGEN LEBENS
DESSEN GRÖSSTEN TEIL
ER ALS TRÖDLER MIT
BERCHTESGADENER WAREN
AUF REISEN ZUGEBRACHT
GEWÄHRTEN IHM
DIE WOHLTATEN DES KÖNIGS

Der Pfarrer aber schrieb ins Totenbuch den lateinischen Satz: »Senex plenus hilaritate ac jucundo spiritu per quattuor annos a rege Maximiliano paterne alitus est. Vir admirabilis memoriae.« (Ein Greis voll Heiterkeit und anziehendem Gemüt, der jahrelang von König Maximilan väterlich betreut wurde. Ein Mann von bewunderungswürdigem Gedächtnis).

o-o-o-o-o